本书受到河南省软科学研究计划项目"营商环境与企业成本管
经济后果"（项目编号：232400412003）的资助。

U0571442

高管职业经历对
企业成本粘性的影响

The Effect of Managerial Professional
Experience on
Enterprise Cost Stickiness

赵 欣◎著

经济管理出版社
ECONOMY & MANAGEMENT PUBLISHING HOUSE

图书在版编目（CIP）数据

高管职业经历对企业成本粘性的影响 / 赵欣著 . —北京：经济管理出版社，2023.6
ISBN 978-7-5096-9264-6

Ⅰ . ①高⋯　Ⅱ . ①赵⋯　Ⅲ . ①企业领导—影响—企业管理—成本管理—研究
Ⅳ . ① F275.3

中国国家版本馆 CIP 数据核字（2023）第 178662 号

组稿编辑：张广花
责任编辑：张广花
责任印制：许　艳
责任校对：蔡晓臻

出版发行：经济管理出版社
　　（北京市海淀区北蜂窝 8 号中雅大厦 A 座 11 层　100038）
网　　　址：www.E-mp.com.cn
电　　　话：（010）51915602
印　　　刷：北京晨旭印刷厂
经　　　销：新华书店
开　　　本：710mm×1000mm/16
印　　　张：18.5
字　　　数：256 千字
版　　　次：2023 年 7 月第 1 版　2023 年 7 月第 1 次印刷
书　　　号：ISBN 978-7-5096-9264-6
定　　　价：88.00 元

当前，中国经济普遍面临着产能严重过剩问题，大量的库存积压以及资金的严重不足使部分企业一度陷入困境，甚至濒临破产。产能过剩的主要表现之一就是企业的营业成本缺乏弹性，当营业收入下降时成本无法得到及时有效的调整。随着供给侧结构性改革的全面深化，"去产能""降成本"的重要性日益凸显，其中，"降成本"任务的提出以及相关举措的执行可以有效地去除企业无效或落后的产能。在企业经营管理过程中，成本缺乏弹性势必会造成较高的成本粘性（Cost Stickiness），具体表现为收入与成本变动方向上的不对称性，即销售收入下降时成本下降的幅度小于销售收入上升时成本增加的幅度。在激烈的市场竞争中，企业要想持续健康地发展，"降成本"已然成为企业尤其是制造业企业经营管理的关键环节。

在企业经营管理过程中，成本粘性问题的存在直接影响了企业资源配置效率以及利润增长水平，不利于企业的可持续发展。根据已有文献，成本粘性的成因主要从调整成本、管理层乐观预期和代理问题三个方面进行解释。然而，从根本上来看，成本粘性的出现是由管理层的决策失误导致的。高级管理人员（以下简称高管）作为一家公司核心的人力资源之一，其在制定公司战略等重要决策上扮演着极其重要的角色。尽管已有研究从高管性别、年龄、受教育水平、专业背景等统计学特征的角度对成本粘性的动因及治理进行了研究，但是这些易于观察的表象特征难以说明高管差异化决策背后的实质原因；而在企业的实际工作中，高管过去的工作经历对自身的性格、认知基础和价值观的塑造以及工作能力的培养等都具有深刻的影响，会对高管的行为偏好产生持续性的影响。为此，本书从高管不同职业经历的视角对企业成本粘性展开研究。

本书首先对企业成本粘性的存在性问题进行了实证检验，其次选取高管学术经历、财务经历和从军经历三个方面研究其对企业成本粘性的影响。本书之所以选择这三种职业经历，是因为它们之间有着内在的逻辑联系。学术经历代表着高管对理论研究的深入探讨和思考，能够带来创新的思路和方法；财务经历代表着高管对实务工作的深入了解和熟练掌握，能够将理论运用到实践中，提供实用的建议和方案；从军经历代表着高管具有较强的遵纪守法意识和行为规范意识，能够保障企业的合法经营和规范管理。这三种职业经历能够相互补充，形成一个完整的高管素质框架。为此本书基于"理论研究—实务经历—行为规范"的逻辑线条，以 2008~2019 年中国沪深 A 股制造业上市公司为研究样本，采用规范与实证相结合的研究方法对这三个方面的高管职业经历与企业成本粘性之间的关系进行了理论分析与实证检验。最终得到如下研究结论：

（1）中国制造业上市公司普遍存在成本粘性；国有企业和非国有企业均具有较高的成本粘性；相比于东部地区的企业，中西部地区的企业具有更高的成本粘性；企业内部控制质量越高，企业成本粘性越低。

（2）相比于无学术经历的高管所在的企业，具有学术经历的高管所在的企业成本粘性程度更低，且相比于具有科研协会学术经历的高管所在的企业，具有科研机构和高校学术经历的高管所在的企业其成本粘性程度更低，并且机制检验发现，高管学术经历通过管理层乐观预期和代理问题的路径降低了企业成本粘性。首先，本书在进一步的研究中区分了成本要素后得出了高管学术经历对物质资源成本粘性的负向影响要显著大于人力资源成本粘性；其次，结合企业所属地区的市场化进程分析了高管学术经历对企业成本粘性的影响，发现地区市场化进程越快，高管学术经历对企业成本粘性的负向影响越显著；最后，结合企业内部控制环境研究得出了高管学术经历对企业成本粘性的负向影响在低内部控制质量的企业中更为明显的结论，由此表明高管学术经历与企业内部控制具有替代关系，在一定程度上高管学术经历能够弥补企业内部治理机制的不足，并且发挥一定的公司治理作用。

（3）相比于无财务经历的高管所在的企业，具有财务经历的高管所在的企业成本粘性程度更低，且机制检验结果显示高管财务经历通过降低管理层乐观预期偏差和缓解企业代理冲突来降低企业成本粘性。首先，本书在进一步研究中得出了高管财务经历对企业成本粘性的负向影响主要作用于物质资源成本粘性而非人力资源成本粘性；其次，相比于市场化进程较慢的地区，市场化进程较快的地区其高管财务经历对企业成本粘性的负向影响更加显著，即高管财务经历与市场化进程具有互补关系；最后，研究了内部控制质量对高管财务经历与企业成本粘性关系的影响，得出了以下结论，即相比于高内部控制质量的企业，高管财务经历对低内部控制质量企业的成本粘性的负向影响更强，由此认为高管财务经历与企业内部控制具有一定的替代关系，能够发挥一定的公司治理作用。

（4）相比于无从军经历的高管所在的企业，具有从军经历的高管所在的企业成本粘性程度更高，机制检验结果显示高管从军经历通过提升管理层乐观预期影响企业成本粘性。首先，本书在进一步的研究中区分了成本要素后得出了高管从军经历对物质资源成本粘性的正向影响显著大于人力资源成本粘性的结论；其次，结合企业所属地区市场化进程分析了高管从军经历对企业成本粘性的影响，得出了高管从军经历对企业成本粘性的正向影响在高市场化水平地区更为显著的结论；最后，研究了内部控制质量对高管从军经历与企业成本粘性关系的影响，得出了高管从军经历对企业成本粘性的正向影响在低内部控制质量的企业中更为明显的结论，由此得出良好的内部控制环境能够削弱具有从军经历的高管对企业成本粘性的正向影响。

总之，本书研究了高管职业经历对企业成本粘性的影响，具有如下创新之处：

第一，本书深化了高层梯队理论（Upper Echelons Theory）。自高层梯队理论提出以来，学者们更多的研究集中在高管年龄、性别、学历等人口统计学特征对管理者决策的影响，而本书则是细化到高管某一职业经历，分析其对自身心理以及行为偏好产生的差异化影响。

第二，本书对高管职业经历经济后果的相关研究文献进行了有益的补充。以高管不同职业经历为视角研究其对企业成本粘性的影响，为企业未来选聘高管提供了一定的参考，使企业更加清楚拥有不同职业经历的高管在企业成本管理过程中潜在的行为倾向。

第三，本书为企业成本粘性的影响因素以及治理研究提供了新的证据，拓展了企业成本粘性研究的相关文献。最终为提升公司治理水平，更好地实现供给侧结构性改革中的"降成本"目标，助力企业健康发展提供了新的证据，具有一定的实践价值。

目 录

C ONTENTS

CHAPTER 5
高管的学术经历与企业成本粘性

CHAPTER 6
高管的财务经历与企业成本粘性

CHAPTER 7
高管的从军经历与企业成本粘性

CHAPTER 8
研究结论、政策建议、研究不足与未来展望

CHAPTER 1

绪　论

本章作为本书的开篇之论，包含四个部分：第一部分介绍本书的研究背景及研究意义，其中研究意义包括研究的理论意义与实践意义；第二部分介绍本书的研究思路、研究内容与内容框架；第三部分介绍本书的研究方法；第四部分介绍本书的主要创新点。

1.1 研究背景及研究意义

1.1.1 研究背景

自 1978 年改革开放以来，我国制造业不断崛起与发展，40 多年来取得了举世瞩目的成就，目前一直保持着世界领先的地位。然而，随着经济全球化的趋势日益明显、市场竞争的日益激烈，我国与世界先进制造业的发展水平相比依旧存在较大差距，且近几年我国制造业的发展更是面临着人力成本和运营成本不断上涨的困境，关于劳动力保护的法律制度、原材料价格的持续上涨、运输成本的不断增加等都使制造业的生存与发展变得较为艰难，这些困境的出现表明了我国制造业过去的低成本竞争优势正在不断削弱或丧失。近几年，随着人口红利衰减、国际经济格局的变化等，我国经济发展逐渐开始步入"新常态"，经济增长速度不断放缓，此时的企业普遍开始出现经营成本偏高、产能过剩等问题。在此背景下，我国政府与企业开始意识到制造业企业在拓展市场的过程中，更要注重企业的成本管理与控制以及制造业企业的转型升级。此时，供给侧结构性改革应运而生，"三去一降一补"（去产能、去库存、去杠杆、降成本、补短板）的政策开始推行。2016 年 1 月，习近平总书记在中央财经领导小组第十二次会议上重点研究了供给侧结构性改革方案；2017 年 10 月，党的十九大报告中进一步指出要"深化供给侧结构性改革""必须把发展经济的着力点放在实体经济上，把提高供给体系质量作为主攻方向"，提质升级存量供给，扩大优质增量供给，实现更高水平和更高质量的供需动态平衡。"供给侧结构性改革"是实现中国经济发展从追求数量向追求质量上转变的重要举措，其中，"降成本"便是一项重要任务。

　　一直以来，过高的生产制造成本会直接挤占企业的利润水平，阻碍企业的经营发展，并且影响外部投资者对企业的价值评估。表 1.1 是 2008~2019 年我国沪深 A 股制造业上市公司的营业成本和营业收入统计情况。从表 1.1 中可以看出，我国制造业上市公司的营业成本和营业收入的规模均已突破了 30 亿元，制造业上市公司的规模在不断扩张；我国制造业上市公司的营业成本占营业收入的比重均在 80% 左右，可见我国制造业企业普遍成本较高，成本挤占收入的现象较为严重。但我们可以发现，从 2013 年开始我国制造业企业营业成本占营业收入的比重开始出现小幅度下降，2016~2019 年，营业成本占营业收入的比重均低于 80%，这有可能是得益于我国实施的供给侧结构性改革。表 1.1 的统计结果表明，我国制造业企业的成本控制已刻不容缓，企业若想获得高利润，除了提升销售收入，还要控制销售成本，进行成本管理，避免不必要的资源投入，提升资源配置效率，以此来降低企业营业成本在营业收入中所占的比重，尤其是当公司的销售量下降时，成本的管控更为重要。而在成本管理过程中，成本性态的准确认识与研究有助于企业更好地进行成本管理。

表 1.1　2018~2019 年我国沪深 A 股制造业上市公司的营业成本和营业收入统计情况

年份	营业成本（亿元）	营业收入（亿元）	营业成本 / 营业收入（%）
2008	38.36	45.20	84.87
2009	34.83	41.89	83.15
2010	41.01	49.62	82.65
2011	45.00	54.31	82.86
2012	44.20	53.06	83.30
2013	48.27	58.43	82.61
2014	48.63	59.52	81.70
2015	44.55	55.04	80.94
2016	45.81	57.90	79.12
2017	48.92	62.68	78.05
2018	55.96	71.71	78.04
2019	57.27	73.12	78.32

　　资料来源：笔者根据中国经济金融研究数据库（China Stock Market & Accounting Research Database，CSMAR）公布的数据绘制。

传统成本理论认为，固定成本在一定时期和一定业务区间不受业务量增减变动影响，具有一定的稳定性，而变动成本则是随着业务量的增减变动呈等比例同方向变动（Noreen，1991）。然而现实中，成本与销售数量并非呈现出严格的线性相关关系。Anderson 等（2003）首次利用美国上市公司数据进行了实证检验，发现收入每增长 1%，成本就增长 0.55%；而当收入下降 1% 时，成本仅下降 0.35%，即销售量下降时，成本下降的幅度小于销售量增长时成本增长的幅度，这种收入与成本变动方向上的不对称现象表明了企业存在成本粘性问题。随后这一现象也得到了广泛的研究和证实（Calleja et al.，2006；Weiss，2010；Chen et al.，2012）。孙铮和刘浩（2004）、孔玉生等（2007）对我国的上市公司进行了研究，发现我国的企业同样存在成本粘性问题，成本整体上表现出"易增难减"的特征。企业内部成本粘性的存在使学者对成本管理的研究重心开始发生转变，成本粘性的探索逐渐成为成本管理研究课题的重要部分。在企业经营管理过程中，成本粘性问题的存在直接影响了企业的资源配置效率以及利润增长水平，在一定程度上增加了企业的经营风险，不利于企业的可持续发展，因此，对成本粘性诱因及治理的深入挖掘与剖析十分重要。

传统成本性态是一种理想化的假设，其认为企业成本的变动单一地受业务量变动的影响，然而在实际经营管理中发现，成本模型不仅受到销售量这一单一因素的影响，还会受到企业管理者行为、行业和市场环境等影响。根据高层梯队理论，高管作为一家公司核心的人力资源之一，其在制定公司战略等重要决策上扮演着极其重要的角色，高管异质性会致使其做出不同的经营决策（Hambrick & Mason，1984）。成本粘性的出现实质上也是公司管理者在面对复杂的内外部环境时，依据自身有限的认知水平和价值判断做出的战略抉择。已有研究从高管性别、年龄、受教育水平、专业背景等人口统计学特征的角度对成本粘性的动因及治理进行了研究（车嘉丽和段然，2016；全怡和陶聪，2018；黄蕾，2019），但探讨高管职业经历对企业成本粘性影响的相关文献较少。而在高管多元化的工作经历中，学术经历、财务经历和从军经历值得我们关注。

　　改革开放后，我国出现了几次大规模的高校教师和科研工作者选择离职去经商的独特现象，知识分子迎来了属于自己的舞台（周楷唐等，2017；杜勇和周丽，2019）。此外，随着市场化改革的不断深入和市场经济的发展，除了拥有深厚理论功底的学者型人才加入企业，市场对具有会计、财务等经济专业背景的职业经理人的需求也在急剧增加（姜付秀和黄继承，2013），此时我国企业高管团队中具有财务实务经历的人员比重也在不断上升，企业的经营管理逐渐趋于专业化。同时，我国还涌现了很多具有从军经历的企业家，退伍军人企业家的身上具备其他管理者所不具备的独特优势，独特的军队生活模式赋予了其勇往直前、不怕牺牲等精神（赖黎等，2016）。企业是否重视研究型人才的引进、是否重视多元化实务经历人才的引进、是否重视良好行为规范的塑造等是企业经营管理之道，高管团队的建设中既需要理论功底扎实的人才，也需要实务经验丰富的人才，更需要拥有良好行为规范的人才，他们对提升企业竞争力具有重要的作用。近年来，企业中拥有学术研究经历、丰富的财务实务经历以及良好行为规范的高管数量正在不断增加。表 1.2 是 2008~2019 年我国沪深 A 股制造业上市公司中高管（董事长和总经理）拥有学术经历、财务经历和从军经历的企业占比统计。表 1.2 显示，2008~2019 年拥有学术经历、财务经历和从军经历的个体都在争先进入公司的领导层，担任重要职务，其数量与比重都在不断增加，其中 2008~2019 年我国制造行业的上市公司中约 18.6% 的上市公司聘请的总经理具有学术经历，约 26.1% 的上市公司的董事长拥有学术经历；2008~2019 年我国制造行业的上市公司中拥有财务经历的总经理的比例均保持在 6% 以上，拥有财务经历的董事长的比例均保持在 4% 以上，其中 2019 年拥有财务经历的总经理和董事长的比例分别达到了 8.47% 和 7.45%；2008~2019 年拥有从军经历的总经理的上市公司的占比平均为 2.2%，拥有从军经历的董事长的上市公司的占比平均为 3.2%，拥有从军经历的高管的上市公司整体上保持着较为稳定的变动趋势。

表 1.2 2008~2019 年我国沪深 A 股制造业上市公司高管拥有职业经历的企业占比统计

单位：%

年份	总经理拥有学术经历的上市公司的占比	董事长拥有学术经历的上市公司的占比	总经理拥有财务经历的上市公司的占比	董事长拥有财务经历的上市公司的占比	总经理拥有从军经历的上市公司的占比	董事长拥有从军经历的上市公司的占比
2008	11.44	14.03	6.25	4.01	2.12	3.42
2009	13.16	16.72	7.34	5.39	2.16	3.34
2010	16.02	22.31	6.72	4.82	2.24	3.45
2011	18.03	24.55	6.97	4.85	2.20	3.11
2012	17.74	26.69	7.38	4.68	1.99	3.34
2013	17.85	27.06	7.81	4.53	2.09	3.35
2014	20.01	29.03	7.90	5.00	2.04	2.96
2015	23.91	33.42	8.03	6.19	2.39	3.25
2016	24.18	33.59	7.97	6.31	2.21	3.15
2017	24.99	34.39	7.67	6.13	2.36	3.04
2018	19.33	27.63	8.58	6.22	2.55	3.21
2019	17.07	24.16	8.47	7.45	2.62	3.15

资料来源：笔者根据 CSMAR 公布的数据绘制。

在企业的实际工作中，高管拥有的职业经历对自身的性格、认知基础和价值观的塑造以及工作能力的培养等都会产生深刻的影响，在公司的战略决策过程中，这些都是影响高管思考和抉择的关键因素。为此，本书以 2008~2019 年中国沪深 A 股制造业上市公司为研究样本，考察了高管职业经历在企业成本控制决策过程中的影响，具体通过理论分析与实证分析相结合的研究方法探索了具有深厚理论研究功底的学者型高管、具有丰富实务经历的财务型高管和具有良好行为规范的军人型高管对企业成本粘性的影响，并得出研究结论和提出相应的政策建议。

1.1.2　研究意义

近年来，企业成本粘性的研究逐渐成为学者们关注的热点问题之一。以往研究表明，企业经营决策的选择与执行会受到高管背景特征的影响，据此，本书以高层梯队理论为基础，在探讨了我国制造业企业普遍存在企业成本粘性的前提下研究了高管不同职业经历对企业成本粘性的影响及其影响机制，具有一定的理论意义与实践意义。

1.1.2.1　理论意义

第一，丰富了成本会计理论的研究。成本粘性理论的出现是对传统成本性态理论的继承与发展，为管理会计中成本问题的研究提供了新的思路与方法。相较于传统成本性态理论，成本粘性理论的优点在于解释了成本变动与业务量变动之间存在非线性的相关关系。实际上，成本的变动不仅受业务量变动的单一影响，还受到管理者主观因素和企业客观特征等影响。成本粘性从新的视角研究了传统管理会计中成本的性态，有助于完善成本性态理论，帮助企业进行准确的本量利分析、价值链分析、全面预算分析等，进而实现企业资源的高效利用。

第二，丰富和拓展了成本粘性的理论内容。成本粘性的研究有利于企业提升成本管控效率，从而提升企业业绩。目前，国内外学者对成本粘性问题的研究取得了一定的成果，针对成本粘性的存在性、特征、影响因素等都进行了一定的分析，但是从高管背景特征对成本粘性进行深入研究的文献数量较少。企业的各项决策、计划都是由管理者做出的，可以说管理者是企业成本粘性出现与否的主要内因。虽然已经有研究从高管性别、年龄、受教育水平、专业背景等统计学特征的角度对成本粘性的动因及治理进行了研究，但探讨高管职业经历对企业成本粘性影响的相关研究文献较少。故本书着重分析了高管职业经历对企业成本粘性的影响，丰富和拓展了成本粘性的理论研究。

第三，探索了高管职业经历对企业成本粘性影响的作用机理与调节因素。自成本粘性的实证研究广泛出现后，学者们基本上都是围绕着调整成本、管理层乐观预期和代理问题这三项成本粘性的动因展开研究。本书以此为基础对高管职业经历如何影响企业成本粘性加以理论分析，并在检验出了高管职业经历对企业成本粘性的影响效果的基础上，一方面结合企业成本粘性的动因对二者关系的作用机理进行了检验，另一方面区分成本要素以及结合企业内外部环境即企业内部控制质量和外部市场化进程进一步研究了高管职业经历对企业成本粘性的影响。

1.1.2.2 实践意义

第一，有助于提升企业成本管理水平。成本粘性的发现挑战了传统成本习性理论以及分析模型，它更符合现实中企业的成本调整情况，帮助企业合理、高效地配置资源。传统的成本性态假设过于理想化，忽略了宏观环境、管理者行为、企业特征等因素对成本变动的影响。而成本粘性则考虑了这些因素，所得出的结论更符合企业实际的经营情况，能够为企业的成本决策提供更客观和真实的信息，有利于企业进行成本预算和控制。本书发现高管职业经历会影响企业成本粘性，因此，财务分析师或外部投资者在分析判断企业的成本粘性时可以将高管职业经历因素考虑在内，以此提升预测的准确性。

第二，有助于优化企业高管的招聘政策，对企业人力资本管理、高管团队建设具有现实意义。在治理机制还不够成熟的情形下，企业高管更多地关注短期利益，而忽视企业的长远发展，吸纳不同职业经历的人加入高管团队、寻找发挥他们优势的平衡点以实现"1+1>2"的团队效应才是企业构建多元化高管团队的目的。管理者决策深受管理者自身主观因素的影响，本书深入探讨了高管不同的职业经历对企业成本粘性的影响以及影响机制，更好地了解了高管职业经历对企业成本控制决策的差异化影响结果以及差异化的影响路径。本书的研究结论为企业招聘管理者、构建多元化高管团队提供了一定的参考和指导意见，提醒企业要更加注意高管的多元化，招聘具有不同背景和经历的高管，形成企业多元化的高管梯队，以适应不同市场和环境的需求。多元化的高管梯队可以帮助企业更好地应对复杂的市场环境，提高企业的创新能力和竞争力。从广义上来看，管理者属于公司治理结构中需要考虑的因素之一，本书探索了高管职业经历在企业经营成本调控中的作用，为企业在提升公司治理水平、优化治理结构时也要进一步关注公司治理中高管职业经历这项非正式制度的治理作用提供了启示。

第三，提醒企业关注高管的行为规范和道德标准。高管作为企业的重要代表，其行为和决策会对企业的长期发展产生深远影响。具有良好行为规范和道德标准的高管可以更好地服务于企业的利益，提高企业的声誉和社会责任感。一方面，高管的道德标准和行为规范反映了企业的文化和价值观。另一方面，高管的行为和决策也会直接影响企业的财务状况和长期发展。因此，企业应当注重高管的道德标准和行为规范，并且加强对高管的管理和监督。本书的研究结论启发企业应该加强对高管的职业道德教育和培训，提升其道德素质和职业道德水平。此外，企业应该建立健全的道德评价体系，对高管的道德表现进行评估，并将道德标准纳入高管考核和奖惩机制。

1.2　研究思路、研究内容与内容框架

1.2.1　研究思路

我国制造业企业普遍存在成本粘性问题，然而从根本上来看，成本粘性的出现是由管理层决策失误导致的。高管作为一家公司最核心的人力资源，其在制定公司战略等重要决策上扮演着极其重要的角色。虽然，已有

研究从高管性别、年龄、受教育水平、专业背景等人口统计学特征的角度对成本粘性的动因及治理进行了研究，但是这些易于观察的表象特征难以说明高管差异化决策背后的实质原因，而在企业的实际工作中，高管过去的职业经历对自身的性格、认知基础和价值观的塑造以及工作能力的培养等都具有深刻的影响，会对高管的行为偏好产生持续性的影响。为此，本书从高管不同职业经历的视角对企业成本粘性展开研究。

高管往往具有多元化的职业经历，但本书基于现实的观察与思考主要选取了高管的学术经历、财务经历和从军经历三个方面进行深入研究。目前我国不断提倡优化人才配置，推动产学研深度融合，学术研究的重要性在不断提升，本书之所以选取了高管是否具有学术经历这一视角，是因为具有学术经历的高管往往拥有深厚的理论科研功底，且不同于教育背景（如取得硕士、博士学位），学术经历更能强调工作经历对自身特质的持续性塑造；此外又选取了高管是否具有财务经历的视角，通过对现实的观察发现，目前越来越多的具有财务经历的管理者走向公司的领导岗位，该经历不同于学术经历，拥有财务经历的高管通常具有丰富的实务工作经验，且也不同于那些拥有一线生产、技术研发等实务经历的管理者，拥有财务实务经历的高管具有敏锐的财务嗅觉，对外部经济市场环境的变化也更敏感，且具有更强烈的成本控制意识，能够做出客观的投资决策，在企业的财务决策中具有绝对优势；最后本书又选取了高管是否具有从军经历的视角，不同于前两种职业经历，具有从军经历的高管相对缺乏学术研究的经历和财务工作的经历，但是具有从军经历的高管身上通常具有较强的组织纪律意识和组织领导能力，拥有良好的行为规范意识，遵纪守法，服从上级命令，而管理层服从规章制度对于企业的发展很重要，守法更是企业发展的底线，具有从军经历的高管所在的企业普遍拥有良好的企业文化。

本书选择的高管学术经历、财务经历和从军经历代表着高管具有一定的优秀素质和能力，对企业的生存与发展都具有一定的积极作用。其中，高管的学术经历代表着高管拥有扎实的理论基础，能够带来理论研究和创新方面的贡献；而高管财务的经历则代表着高管拥有丰富的实务工作经验，能够在企业的财务管理方面提供实用的建议和方案；此外，高管的从军经历则代表着高管具有良好的行为规范意识和较强的遵纪守法意识，能够为企业提供稳定、规范的经营环境。这三种经历之间有着内在的逻辑联系，能够相互补充，形成一个完整的高管素质框架。虽然本书最终证明了高管的从军经历增强了企业成本粘性，但在企业中，遵纪守法的行为规范和稳定的经营环境同样重要。因此，高管的从军经历所代表的良好行为规范意识和遵纪守法意识是企业中不可或缺的素质之一。同时，高管的学术经历和财务经历具有抑制成本粘性的作用，能够为企业提供更灵活和高效的经营方式，有利于企业的生存和发展。总之，分析这三种经历对企业成本粘性的影响，是因为这三种经历代表着企业中高管的核心素质和能力，能够为企业提供稳定、规范的经营环境和创新、高效的经营方式，对于企业的生存和发展都具有积极作用。理论功底扎实的人才、实务经验丰富的人才、具有良好行为规范的人才都是企业生存与发展所需要的。总体上来看，从学术经历到财务经历再到从军经历体现了"理论研究—实务经历—行为规范"的逻辑线条特征。

基于上述分析，本书以 2008~2019 年中国沪深 A 股制造业上市公司为研究样本，重点研究了这三种不同的职业经历对企业成本粘性的影响，以期未来企业在构建高管团队时，能够结合不同职业经历人才的自身特点和潜在影响，实现不同职业经历高管的优势互补。本书在对每一种职业经历与企业成本粘性的关系研究中都进一步区分了成本要素以及考虑了公司内外部环境（内部控制和市场化进程）的影响调整，这主要是基于高层梯队理论中高管特质对企业战略选择的影响过程会受到企业内外部环境的影响，因而，考察环境和高管职业经历的交互作用更有助于我们深刻理解高管职业经历的作用。

本书的研究目的并非说明以后企业为了降低成本粘性只能聘请或不能聘请拥有某种职业经历的高管，而是表明当某个人的履历发生或结束以后正好进入实务界创业时，即当企业中的高管恰巧拥有这三种职业经历之一时我们应该注意什么问题，在今后的投资决策过程中思考自身职业经历塑造的性格特征会带来什么样的结果，以及将其推广到高管团队中的其他成员，使拥有这些职业经历的高管成员在经营管理过程中能够趋利避害，将自身过往职业经历特征的烙印发挥出企业和市场所希望的作用，提高企业资源配置效率，降低企业成本粘性。本书的研究逻辑如图 1.1 所示。

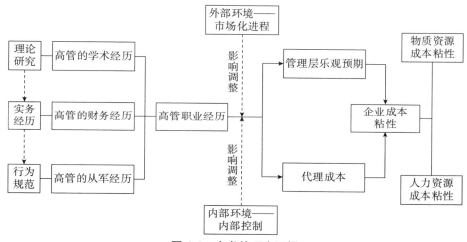

图 1.1　本书的研究逻辑

1.2.2　研究内容

本书共分为以下 8 章：

第 1 章为绪论。该章主要是引入研究主题，具体包括研究背景、研究意义、研究思路、研究内容、内容框架、研究方法与主要创新点。

第 2 章为文献综述。该章从成本粘性、高管职业经历、高管特质对成本粘性的影响三个方面进行文献回顾。具体内容分别为成本粘性的存在性、影响因素、经济后果及治理研究的相关文献回顾；高管职业经历的特征及与公司经营管理行为的相关文献回顾；高管特质对企业成本粘性的影响研究的相关文献回顾。该章的最后还将进行文献的综合述评，以表明本书的研究内容是对现有文献的继承与突破。

第 3 章为概念界定、制度背景与理论基础。该章首先对成本粘性、高管和本书提到的三种不同职业经历进行了概念界定；其次介绍了本书的制度背景，其中包括我国企业成本管理的制度背景和我国企业成本粘性的成因分析；再次介绍了本书的理论基础，其中包括管理层乐观预期理论、委托代理理论、高层梯队理论、烙印理论和声誉理论；最后对上述理论以及其在高管职业经历与企业成本粘性关系中发挥的作用进行了总结。

第4章为企业成本粘性存在性分析。该章对制造业企业成本粘性的存在性问题进行了综合性检验，且又选取了产权性质、地域和企业内部控制质量三个角度对企业成本粘性的存在性问题进行了异质性分析。

第5章为高管的学术经历与企业成本粘性。该章首先通过理论分析提出研究假设；其次是进行研究设计，包括样本选取与数据来源、变量定义、模型设定；然后是实证结果与分析，具体包括描述性统计分析、相关性分析以及多元回归分析等；接着是进一步研究；最后是小结。在进一步研究中，主要区分了成本要素并结合企业内外部环境即企业内部控制质量和外部市场化进程对高管的学术经历与企业成本粘性的关系进行了研究。

第6章为高管的财务经历与企业成本粘性。该章首先通过理论分析提出研究假设；其次是进行研究设计，包括样本选取与数据来源、变量定义、模型设定；然后是实证结果与分析，具体包括描述性统计分析、相关性分析以及多元回归分析等；接着是进一步研究；最后是小结。在进一步研究中，主要区分了成本要素并结合企业内外部环境即企业内部控制质量和外部市场化进程对高管的财务经历与企业成本粘性的关系进行了研究。

第7章为高管的从军经历与企业成本粘性。该章首先通过理论分析提出研究假设；其次是进行研究设计，包括样本选取与数据来源、变量定义、模型设定；然后是实证结果与分析，具体包括描述性统计分析、相关性分析以及多元回归分析等；接着是进一步研究；最后是小结。在进一步研究中，主要区分了成本要素并结合企业内外部环境即企业内部控制质量和外部市场化进程对高管的从军经历与企业成本粘性的关系进行了研究。

第8章为研究结论、政策建议、研究不足与未来展望。该章首先对本书的研究结论进行总结；其次结合本书的研究结论对企业的成本管理提出政策建议；再次指出本书的不足之处；最后提出本书的未来展望。

1.2.3 内容框架

综上所述，本书的研究框架如图 1.2 所示。

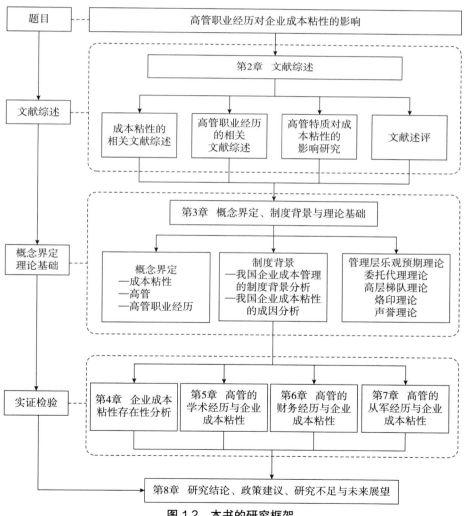

图 1.2 本书的研究框架

1.3 研究方法

本书的研究具有跨学科性，主要涉及了管理会计学、财务会计学、管理学、心理学等学科，研究过程主要采用了规范和实证相结合的研究方法，其中在文献梳理和理论分析方面主要运用规范研究法（Normative Research），在对本书样本公司公开数据进行检验时主要运用实证研究法。具体地，本书运用的研究方法如下：

1.3.1 规范研究法

规范研究法旨在为实践提供指导性建议和规范性意见。与描述性研究方法不同，规范研究法强调"应该是什么"，而不是"现实是什么"。它关注的是在某种理想状态下，应该采取什么样的行动或制定什么样的规则来实现这种理想状态。需要从文献、案例或其他途径中收集相关的信息和数据，并应用逻辑推理与批判性思维来分析和解释这些信息及数据。最终，提出一组推荐行动或规则，并阐明其理论基础和实践意义。本书在以下方面采用了规范研究法。首先，本书对企业成本粘性的相关研究文献进行了梳理，对企业成本粘性的存在性进行了回顾，接着又分别对企业成本粘性的影响因素、经济后果以及治理研究进行了文献梳理；其次，参考相关文献，采用归纳与演绎相结合的方法对本书的核心概念——企业成本粘性、高管、高管职业经历的概念进行了界定；再次，本书在对企业成本粘性的存在性进行分析时运用了数学推导，在分析成本粘性的影响因素时，又从经济学、行为学等角度，从客观环境、主观动机等视角进行了文献梳理与分析；最后，在研究高管的职业经历与企业成本粘性的关系以及二者之间的作用机制时都运用了相关理论基础，采用了规范研究法。

1.3.2 实证研究法

实证研究法是一种基于数据和实证分析的研究方法，旨在验证或推翻一个或多个假设。它的核心在于使用经验数据，通过统计分析等方法来测试假设，以获得关于特定现象的结论和洞见。实证研究法通常包括以下步骤：①提出研究问题和假设。②设计研究方法和采集数据。③进行数据分析。④得出结论。实证研究法是一种有效的研究方法，可以帮助我们理解和解决现实问题。本书的第 4 章、第 5 章、第 6 章、第 7 章均为实证章节，主要运用了 Excel 和 Stata 统计软件对本书的研究内容进行了实证检验，具体研究方法有：①描述性统计。描述性统计能够对模型中的变量进行统计和对比分析。②相关性分析。相关性分析则是对模型中的变量是否存在多重共线性问题进行直观考察。③多元线性回归分析。多元线性回归分析主要用来分析高管的职业经历与企业成本粘性之间的关系，并且本书通过分组研究的方法对高管的职业经历对企业成本粘性的影响机制进行了实证检验。④稳健性检验。本书的稳健性检验部分采取多种实证检验的方法来缓解高管的职业经历与企业成本粘性之间的内生性问题，其中包括双重差分法、倾向评分匹配法（Propensity Score Matching，PSM）、工具变量法（Instrumental Variables，IV）、控制时间和个体的固定效应回归分析法以及其他稳健性检验等实证检验方法。

1.4 主要创新点

第一，本书以高管的学术经历、财务经历、从军经历为切入点，研究其对成本决策的影响，不仅拓展了高管背景特征的研究视角，也深化了高层梯队理论。自高层梯队理论提出以来，学者们开始关注高管个人特质对企业战略决策的影响，但更多的研究都是集中在高管的年龄、性别、学历等人口统计学特征对管理者决策的影响，而本书的研究则是细化到高管的某一职业经历特征对企业决策的影响，并且研究中将管理层乐观预期理论、委托代理理论、烙印理论与高层梯队理论相结合，分析高管的不同职业经历会对自身的心理以及行为产生何种差异化影响，深入拓展了高层梯队理论在企业成本决策方面的研究。

第二，揭示了高管的职业经历对企业成本粘性的具体影响路径。不同的职业经历对企业成本粘性的影响机制可能类似，也可能不同，影响机制的探索正是本书的研究目标之一，不同的影响结果以及不同的影响机制能够帮助企业构建互补型的高管团队，有助于高管团队找到团队中复合型职业经历的一个平衡点，使未来企业高管团队差异化的职业经历能够发挥最大作用。本书探索了高管的学术经历、财务经历和从军经历对企业成本粘性的影响机制，其中，高管的学术经历和财务经历能够通过抑制管理层乐观预期、缓解公司代理问题进而有效抑制企业成本粘性；高管的从军经历的检验结果则显示，拥有从军经历的高管对未来的预期会更为乐观，由此提升了企业成本粘性。探索高管的学术经历、财务经历、从军经历对企业成本粘性的影响机制有助于企业在选聘高管时更清楚他们在企业成本管理过程中的潜在行为倾向，从而在管理公司、构建多元化高管团队时更有目标性。

第三，对高管的职业经历所产生的经济后果的相关研究进行了有益的补充。目前已有研究探讨了高管的职业经历对企业行为决策的影响，其中高管的学术经历主要涉及融资、创新、企业社会责任等方面（周楷唐等，2017；Cho et al.，2017；黄灿等，2019；文雯等，2019），高管的财务经历主要涉及企业资本结构决策等方面（姜付秀和黄继承，2013；叶德珠和李小林，2017；姜付秀等，2018；李小林等，2018），高管的从军经历主要涉及融资、投资、并购、政府补助、创新等方面（Lin et al.，2013；Benmelech & Frydman，2015；赖黎等，2016；Law & Mills，2017；邵剑兵和吴珊，2018；权小锋等，2019），综合现有的文献发现有关高管的职业经历对企业成本管理的影响研究较少，因此本书详细探讨了高管的职业经历是否会影响企业成本管理过程中的资源配置效率，其研究结论丰富了高管的职业经历所产生的经济后果的相关研究。

第四，丰富和拓展了成本粘性的研究视角。针对成本粘性的成因及治理研究，国内外学者进行了比较深入的分析，但是现有文献很少从管理者背景特征这一因素出发系统地研究成本粘性。尽管已有文献从高管的人口统计学特征研究了其对成本粘性的影响（车嘉丽和段然，2016；全怡和陶聪，2018；黄蕾，2019），但是这些类似于性别、年龄、受教育水平等易于观察的表象特征难以说明高管差异化决策背后的实质原因，比如高管性别，并非所有女性高管都会谨慎和规避风险，不同的职业经历会塑造她们不同的性格特征和管理风格；已有研究发现，不同的职业经历会对高管的行为偏好产生深刻的影响。基于此，本书从高管的职业经历视角出发，深入研究了高管的学术经历、财务经历、从军经历对企业成本粘性的影响，其结果也发现高管的学术经历和财务经历能够有效抑制企业成本粘性，而高管的从军经历则会增强企业成本粘性。本书不仅丰富了成本粘性的动因及治理研究视角，也为加强公司内外部监管、提升公司治理水平，更好地实现供给侧结构性改革中的"降成本"目标，助力企业健康发展提供了新的证据。

CHAPTER
2

文献综述

本章主要围绕研究主题，即高管的职业经历与企业成本粘性，对国内外相关研究文献进行了回顾与梳理。具体包括四部分：第一部分是就企业成本粘性进行了文献综述；第二部分是就高管职业经历进行了文献综述；第三部分是就高管特质对企业成本粘性的影响进行了研究；第四部分是本章小结。

2.1　成本粘性的相关文献综述

通过梳理成本粘性相关研究文献，本章对成本粘性的存在性、影响因素、经济后果以及治理研究方面进行了回顾与总结。

2.1.1　成本粘性的存在性

成本习性（Cost Behavior）作为成本与管理会计中最基础也是最核心的理论概念，是指企业成本与业务量变动方向上的依存关系。传统成本性态理论认为，成本可以划分为固定成本与变动成本，固定成本在一定时期和一定业务区间不随业务量的增减变动而变动，而变动成本则是随着业务量的增减变动等比例同方向变动（Noreen，1991）。从这一传统模型的表述中可以发现成本的变化具有机械性，成本的高低变动幅度只与当期的产量有关。很明显，传统的成本习性模型并没有考虑企业管理者在成本控制中的积极作用。实际调查的结果也的确与传统成本性态模型的经典假设相反，Noreen 和 Soderstrom（1997）利用华盛顿州医院的横截面数据检验管理费用是否与业务量变动成比例，结果发现，大多数管理费用账户都拒绝了管理费用与业务量严格成正比变动的假设，这也是实务界和学术界中第一次通过数据检验并指出管理费用与业务量的变动幅度并非呈对称的现象。紧接着，这一现象得到了学者的重视，Anderson 等（2003）通过对 7629 家美国上市公司的数据研究发现，当企业的营业收入平均增长 1% 时，其销售及行政开支（Selling，General and Administrative Expenses，SG&A）平均增长 0.55%，但当企业的销售额每下降 1% 时，企业的 SG&A 仅下降 0.35%，他们首次运用经济学中"价格粘性"的概念（Hamermesh & Pfann，

1996），将此不对称现象称为"费用粘性"。随后众多学者开始展开对费用粘性的研究。Subramaniam 和 Weidenmier（2003）将研究对象从企业的销售管理费用转移到了企业的总成本，他们以 1979~2000 年美国上市公司为研究对象，发现不仅企业的销售管理费用存在"粘性"现象，当企业的销售收入变动率突破 10% 的临界点时，企业的总成本也会表现出"粘性"现象，并且他们进一步研究发现，无论是费用粘性还是成本粘性在各行业间都具有明显差异性，其中制造业的成本费用粘性最大，金融行业的成本费用粘性最不明显。Calleja 等（2006）从公司治理角度出发进行研究发现，各个国家差异化的公司治理和监督管理制度会造成企业成本粘性的差异性，其中相比于法国和德国的上市公司，美国和英国的上市公司成本粘性程度较低。Banker 等（2011）利用 17 个经济合作与发展组织（Organization for Economic Co-operation and Development，OECD）成员国的成本数据进行研究发现，一半以上的国家均存在明显的成本粘性现象。

　　孙铮和刘浩（2004）对企业费用粘性的问题展开了相关研究。他们通过利用 1994~2011 年 292 家中国上市公司的相关数据研究发现，企业销售上涨 1% 时，企业的销售费用便会上浮 0.5597%，然而当销售下跌 1% 时，企业的销售费用却仅下降 0.0578%，与美国公司的数据结果相比，中国上市公司经营管理中的费用粘性问题较为严重。刘武（2006）选取 1998~2005 年我国沪深 A 股上市公司为研究样本，通过区分不同性质的行业对企业费用粘性行为进行研究，认为相比于房地产等行业，我国制造业企业和信息技术业企业存在较强的费用粘性问题。孔玉生等（2007）对我国沪深 A 股上市公司进行研究发现，我国上市公司的营业成本同样存在粘性问题，具体表现为当企业营业收入下降时，营业成本下调的幅度要小于营业收入上涨时成本上调的幅度；并且随着时间跨度的增加，成本粘性会逐渐变小，且营业收入下降幅度越大，成本粘性会越小；此外，行业和公司属性不同，企业成本粘性的水平也会不同。陈灿平（2008）进一步从宏观层面研究了企业费用粘性问题，其将我国区分为东部、中部和西部地区，通过实证检验发现，我国制造业企业的费用粘性问题存在地区差异，从东部到西部，制造业企业的费用粘性水平不断提高。万寿义和徐圣男（2012a）通过研究得出，相比于营业成本粘性，企业的销售管理费用粘性现象较为明显。万寿义和徐圣男（2012b）按照企业实际控制人的不同对费用粘性行为进行了研究，发现无论是国有企业还是非国有企业，均存在费用粘性行为，但国有企业的费用粘性水平要显著高于非国有企业，且2008年的全球金融危机对企业的费用粘性起到了加强作用，尤其是非国有企业的费用粘性水平。

通过梳理国内外成本费用粘性的相关学术文献可以发现，无论是针对企业销售和管理费用展开研究还是针对企业营业成本展开研究，二者均存在与企业当期业务量变动幅度不对称的表现，即企业的成本费用存在明显的粘性特征。

2.1.2 成本粘性的影响因素

Banker等（2011）对成本粘性的存在性进行了总结，他们将成本粘性的成因归纳为调整成本、管理层乐观预期和代理问题三个方面，这与孙铮和刘浩（2004）将成本粘性理论总结的"契约观""效率观""机会主义观"一一对应，其理论解释具有相似性。目前相关学术研究不仅对这三类动因进行了深入研究，而且也在不断地拓展成本粘性的影响因素研究。

（1）调整成本。顾名思义就是指资源调整过程中可能产生的成本，无论是增加成本费用还是减少成本费用，企业均会承担一定的调整成本。Anderson等（2003）研究发现，人力资本和实物资本较高的企业在面临宏观经济波动时难以及时有效增加或减少相应成本，进而成本粘性程度较高。这是因为这类企业初期会投放很多像专业劳动力、机器设备等承诺资源，而当企业减少人力资本时，需要支付遣散费，且在未来再招聘新的员工时，也需要承担招聘和培训费用；同样，机器设备的处置也需要承担较高的处置成本，未来重新再增加机器设备时也会承担较高的运输、安装和调试成本。基于较高的调整成本，劳动力密集度和资本密集度较高的企业在面临业务量下降时可能会选择不削减资源成本，进而会加剧企业成本粘性。Banker 和 Chen（2006a）对来自 19 个 OECD 成员国的公司 1996~2005年的样本数据进行实证研究，其中以工会的整体议价能力、集体谈判中的集中与协调程度、失业救济金的水平以及就业保护法（Employment Protection Law，EPL）的严格性四个方面来反映劳动力市场结构和政策的完善性，研究最终发现劳动力市场的这些特征是成本粘性的重要决定因素，员工保护得越好的国家其企业成本粘性程度越高。Banker 等（2013）使用不同国家的就业保护法条款作为劳动力调整成本的代理变量，实证检验后发现企业的成本粘性程度随着国家层面 EPL 条款的严格程度而增强。

企业前期的承诺性资源（Committed Resources）投入，例如机器设备和人力资本，一旦因为产量下降而削减，未来再重新购置这些新设备以及招聘新员工时所产生的相应成本会远远高于处置旧设备和解聘老员工时所发生的成本，所以管理者在面对业务量下降时一般不会轻易变卖资产和大幅度解雇员工，最终企业的闲置资产、冗余员工便会引发企业较高的成本粘性。孔玉生等（2007）的实证研究证实了企业较高的资本密集度和劳动力密集度均会提升企业成本粘性。刘彦文和王玉刚（2009）的研究证明了资本密集程度对企业费用粘性的增强作用，此外他们还检验了宏观经济增长、企业历史费用对费用粘性的影响。针对劳动力密集度对成本粘性的影响研究，刘媛媛和刘斌（2014）研究发现自 2008 年 1 月 1 日起国家实施《中华人民共和国劳动合同法》，企业的人工成本粘性呈现出了不同程度的提升，且该法律的实施对民营企业的人工成本粘性影响更大，他们认为这是一部具有倾向性的法律，其实施有助于保护劳动者的合法权益，但同时也会增加企业减员时其解除劳动合同的成本。江伟等（2016）以 2004 年我国实施的《最低工资规定》为背景对成本粘性中的调整成本动因进行了深入研究，其研究结论表明《最低工资规定》的实施提升了企业的雇员成本，实施该规定会降低企业未来业务量上升聘用新员工的意愿，进而会降低企业的成本粘性水平，并且他们进一步研究还发现，《最低工资规定》对成本粘性的弱化效应在国有企业、员工工资比较低的企业、劳动密集型行业以及市场化程度较低的地区更强。

（2）管理层乐观预期。管理层乐观预期观点认为企业的业务量从长期来看是不断增长的，因此，管理者对未来企业的销售额持乐观态度，在面对当前产量的下滑情况时，乐观的管理者并不会立即削减企业的各种承诺性资源，例如物质成本和人力成本，从而导致企业成本变动幅度与业务量变动幅度呈非对称的现象，由此产生成本粘性问题。Anderson 等（2003）、Banker 等（2010）的研究均支持了管理层乐观预期的观点。其中，Anderson 等（2003）通过多元回归得出当企业出现两年销售连续下降的情况时，管理层更容易持悲观预期的观点，此时企业的成本粘性会有所减弱；此外，他们研究发现当外部宏观经济增长速度较快时，管理层更倾向于持乐观预期观点，此时企业的成本粘性水平会有所增强。同样，Banker 等（2010）的研究结果支持了 Anderson 等（2003）的观点，他们研究发现成本粘性发生在管理者基于前期销售增长而对未来销售持乐观态度的情况下。他们还研究了替代管理层乐观驱动因素的其他变量，发现成本粘性在一贯乐观的信号出现时便会得到增强，但当这些信号相互冲突时就会得到缓解。

刘武（2006）、刘彦文和王玉刚（2009）均采用 GDP 增长率来表示宏观经济增长，结果发现宏观经济增长对企业的成本费用粘性具有加强作用，这一研究结论也符合 Anderson 等（2003）的研究结果，当宏观经济增长较快时，管理者较为乐观，因而成本粘性水平较高。李粮和赵息（2013）使用企业前一期、前两期和前三期的销量变化趋势是否一致来衡量管理层乐观预期，发现管理者乐观预期与企业成本粘性显著正相关，同时，他们还发现高管对未来营业收入的预期不仅取决于前一期、前两期或前三期的销量变化趋势，还会受到企业当年所处的宏观经济形势、面临的行业政策、公司特征、高管特征等影响。我国的宏观经济增长存在周期性波动的特征（刘树成，2009），2008 年的全球金融危机对我国的经济发展形成了较强的冲击，我国经济发展从高速增长转向较低速度增长，王睿和韦鹏（2016）认为我国正处于经济换挡期，经济的发展开始从注重速度转向注重质量，企业的投资也开始逐渐转移到了高附加值领域，然而他们通过利用中国 2008~2013 年上市公司的数据进行分析，发现经济换挡期的出现降低了企业产品的成本费用，加强了企业成本费用粘性。梁上坤（2015）从管理者过度自信的角度对管理层乐观预期与成本粘性的关系进行了直接探索，这也是我国较早对管理层乐观预期与企业成本粘性关系进行研究的文献之一，其认为过度自信的管理者往往会更为乐观，他们坚信未来经济形势会有所好转，会倾向于低估项目潜在的经营风险，高估自身的能力水平，在激烈的市场竞争中，他们有足够的自信战胜竞争对手，即使未来行情不佳，也会有扛到最后的信心，因而在面临业务收入下降时，过度自信的管理层不会立即缩减业务规模、降低营业成本，由此造成了企业严重的成本粘性问题。

（3）代理问题。代理问题的观点认为，管理者作为代理人会选择牺牲股东利益来为自身谋求私利，进而出现一系列的自利行为，这些自利行为可能会降低企业的资源配置效率，产生成本粘性问题。Calleja 等（2006）通过跨国研究发现，不同国家的治理水平和监督差异会影响企业的成本粘性水平。Chen 等（2012）利用代理理论研究认为，销售和管理费用与业务量变动幅度的不对称现象不仅是由经济因素驱动的，而且是由代理问题驱动的。他们以自由现金流、首席执行官（Chief Executive Officer，CEO）视野、任期和薪酬结构来衡量管理者代理问题，通过实证研究发现销售成本与业务量不对称的程度与经理人积极的商业帝国构建动机有关。此外，他们还发现较强的公司治理可以减弱代理问题与销售和管理费用不对称程度之间的正相关关系。在其他分析中，他们进一步发现代理问题对成本粘性的影响在成熟的企业中更强。

作为管理层自利行为的表现，盈余管理也会影响企业成本粘性。Dierynck 等（2012）研究表明管理者盈余管理动机会显著影响企业的成本结构，他们以 1994~2006 年比利时的私营企业为样本，研究了盈余管理激励与劳动力成本不对称之间的关系，发现有盈余管理激励的公司比那些没有盈利激励的公司更加具有对称的成本模式，这种更加对称的趋势会受到公司使用应计利润管理程度的影响，他们利用详细的员工数据进行测试表明，受盈余管理激励的管理者会更加关心削减成本，而不受盈余管理激励的管理者则会避免解雇员工以维持其地位。Kama 和 Weiss（2013）对经理人资源调整的动机进行了探讨，发现经理人满足盈利目标的动机和适应需求不确定性的选择都会影响企业成本粘性行为，他们的研究表明管理者为了规避亏损或收益下降，会采取真实盈余管理行为，进而会弱化企业成本粘性。Xue 和 Hong（2016）、Koo 等（2015）均探讨了盈余管理动机对销售费用粘性、一般费用粘性和管理费用粘性的影响，都发现经理人在面临销售下滑时，会积极削减相关成本费用，向上调节盈余的行为会缓解企业成本费用粘性。

孙铮和刘浩（2004）发现，中国上市公司费用粘性比美国高的一个重要原因可能是由于中国的企业管理水平较低、代理成本较高。万寿义和王红军（2011）、穆林娟等（2013）、牟伟明（2018）均采用公司自由现金流作为管理层自利行为的代理变量，发现管理层自利行为与费用粘性呈显著正相关，此外他们也发现较高的董事治理水平能够降低企业费用粘性水平。谢获宝和惠丽丽（2014）在控制了公司特征和宏观经济波动等特征后发现，股东和管理者之间的代理问题是加重企业成本粘性水平的重要原因，他们选择 CEO 任期与变更、薪酬水平以及公司自由现金流作为代理成本的替代变量，最终推导出代理问题会影响管理者的机会主义动机，进而会导致企业成本粘性加重，并且认为代理问题对成本粘性的影响程度会受到公司治理水平和企业生命周期的影响。李粮和宋振康（2013）、秦兴俊和李粮（2014）发现，并购规模越大、并购次数越多，经理人的自利动机越强，此时企业的费用粘性水平就越高，而较高的公司治理水平可以抑制经理人的自利行为，减轻企业的代理问题。

已有研究关注了企业真实盈余管理活动与企业成本粘性的关系。我国学者车幼梅和陈煊（2013）发现，当公司利润较低或增长较慢时，作为代理人的管理层为了维护自身利益往往具有保盈避亏的动机，为了实现企业短期的业绩目标，管理层会通过控制资源调整速度来降低企业成本，从而降低企业成本粘性。马永强和张泽南（2013）通过利用国内上市公司的数据进行了实证检验，结果表明管理者具有保盈动机会降低成本费用粘性，且在金融危机的冲击下，非国有控股公司的保盈动机对成本粘性的削弱作用更强，这些研究结论均支持了 Dierynck 等（2012）、Kama 和 Weiss（2013）的研究结论。然而，江伟等（2015）认为，成本粘性不仅会受到企业真实盈余管理活动的影响，还会受到企业应计盈余管理活动的影响，其中原因之一是我国的法律体系相对薄弱，公司治理水平普遍不高，不完善的内外部监督制度会进一步诱发管理层产生操纵应计盈余的动机，最终检验结果也证明了应计盈余管理确实会影响企业成本粘性，上调应计盈余会削弱成本粘性，下调应计盈余会强化成本粘性。

（4）其他影响因素。上述三个方面是成本粘性最基本也是最重要的影响因素，然而，在现实经营中，企业所面临的是复杂的经济环境，因此企业成本粘性也会受到很多因素的影响，比如宏观经济政策环境、供应商/客户关系、公司战略、企业资本结构等。目前，我国很多学者都对成本粘性影响因素进行了扩展性研究。

近年来，宏观经济波动对企业经营行为的影响研究逐渐受到了学者们的广泛关注。Holzhacker 等（2015）发现，需求不确定可能会增强企业的成本弹性，他们在研究中假设引入固定价格管制会导致企业成本压力和随之而来的企业经营风险增加，然后 Holzhacker 等利用 1993~2008 年德国医疗行业的 16186 家医院年度数据进行了实证检验，最终结果表明，固定价格管制提高了成本弹性，降低了成本不对称。然而 Banker 等（2014）实证分析了需求不确定性与成本行为之间的关系，认为随着需求不确定性的增强，出现异常高的需求变得更有可能，因此当不确定性增强时，企业会选择更高容量的固定投入，而更高的固定投入意味着更刚性的短期成本结构，即更高的固定成本和更低的可变成本，这会降低企业的成本弹性。孙玮和钱俊伟（2019）研究了需求不确定性对费用粘性的影响，认为需求不确定性会增加企业费用粘性，这是因为高的需求不确定性会降低管理层的投资预期准确度、加重企业的代理问题，进而影响其成本决策。

不仅外部宏观经营环境的不确定性对企业成本粘性具有影响，经济政策的不确定性也会影响企业成本管理。Beaudry 等（2001）对英国上市公司 1970~1990 年的公开数据进行了实证研究，结果表明货币政策的不稳定不利于企业资源的投资配置。Gulen 和 Ion（2016）通过使用新闻的政策不确定性指数（Baker et al.，2013），证明了企业层面的资本投资与未来政策、监管的总体不确定性水平之间存在很强的负相关关系，政策不确定性阻碍了经济增长，原因是企业投资减少，而这与企业不可逆的投资能力和由于外部信用成本的增加而导致的预防性延迟有关。Bhattacharya 等（2014）研究证明了政策不确定性越高会抑制组织和个人的创新动机。马永强和张泽南（2013）探讨了 2008 年全球金融危机冲击下企业成本粘性行为表现，研究发现全球金融危机的爆发加剧了政策性负担较重的国有企业的成本粘性，而减弱了以盈利为目的的非国有企业的成本粘性。章贵桥（2015）发现，企业成本粘性也会受到人民币汇率波动的影响，人民币升值越快，成本粘性越强。赵振洋（2015）发现，宽松的宏观货币政策会增加企业费用粘性，紧缩的货币政策则会抑制费用粘性。王菁华和茅宁（2019）基于中国 A 股上市公司从调整成本、风险对冲和实物期权这三个角度考察了经济政策不确定性与企业成本粘性之间的关系，研究表明，经济政策不确定性的增加降低了企业成本粘性，当企业处于衰退期、企业财务冗余度较低时，经济政策不确定性对成本粘性的影响会更为明显。梁上坤（2020）发现当政策不确定性较高时，管理者会因为较高的调整成本，而在面对业务量下滑时，可能会推迟项目削减，进而导致企业成本粘性增强。

供应商与客户都是企业重要的利益相关者，企业在采购环节与供应商保持良好关系、在销售环节与客户保持紧密联系均对企业的生产经营具有重要影响，会影响企业的生产效率。目前，学术界对企业与供应商关系如何影响企业成本管理的经验研究较少，但已有研究提出，企业与供应商的关系会影响企业的存货管理效率、营业成本、企业绩效等（Kalwani & Narayandas，1995；Cannon & Homburg，2001；Schloetzer，2012）。于浩洋等（2017）研究认为，企业与供应商的集中度会削弱企业成本粘性，而企业与供应商关系的波动程度会通过企业调整成本和管理层机会主义的路径加剧企业成本粘性，且进一步研究发现，高质量的内部控制有助于减弱供应商波动程度对企业成本粘性的加剧作用。陈良华等（2019）基于我国制造业上市公司的数据样本研究发现，供应商集中度与企业成本粘性的关系呈倒"U"形，前期"竞争效应"导致企业成本粘性增加，后期"合作效应"降低企业成本粘性，且供应链的地理距离与成本粘性呈显著正相关，他们的进一步研究发现供应链长期的合作关系有助于缓解企业成本粘性。

针对客户集中度对企业成本管理的影响研究目前比较匮乏，Chang等（2015）研究了客户集中度对企业成本结构的影响，他们通过分析1976~2013年制造业企业样本的成本数据发现，客户集中度和成本弹性之间存在负相关关系，即在较高的客户集中度下，企业通过增加特殊资产的投资来维护与客户的业务往来关系，但随着公司业务量的减少，以往对客户投资的承诺性资源由于资产的专用性会增加企业后期转换用途的难度，并且与客户保持紧密的关系可以帮助企业准确预测未来销售情况，因此企业不会立即减少之前对客户的资源投入成本，最终得出客户集中度越高，企业越会降低当前向下的资源调整成本的结论，以此在企业业务量恢复时可以减少成本投入。他们的研究表明，管理者在做出关键的成本结构决策时，应考虑其客户群的组成。江伟等（2017）考察了客户集中度与企业成本粘性的关系，研究得出二者之间呈"U"形关系，当客户集中度较高时，考虑到业务量下降的经营风险以及冗余资源的机会成本，企业可能会减少这些多余资源，降低企业成本粘性，而随着客户集中度的进一步增加，企业为了稳定客户关系，也可能会愿意投入更多资源，此时在面临业务量下降时，之前的较高资源投入就会提高企业减少承诺性资源的成本，他们认为企业与客户保持紧密关系对企业准确预测未来销售趋势具有帮助，基于此，企业成本粘性也可能会增加，最终证明了客户集中度与成本粘性的"U"形关系只存在于民营企业中。王雄元和高开娟（2017）探讨了客户对成本粘性的影响，结果证明客户通过"合作效应"降低了企业成本粘性，但仅存在于高需求不确定性或高竞争程度组中，同时发现"敲竹杠"效应在关系专用性投资高的样本客户中存在。以上研究都进一步丰富了供应链关系对企业成本管理影响的相关研究。

公司战略也会影响企业成本粘性。实施差异化战略的企业往往投入的资源都具有很强的专用性，这些资源未必适用于其他企业，因此很难在市场上进行交易，若要削减这部分资产，企业就会承担巨额的调整成本（Peteraf，1993），并且类似于员工培训、研发人员对企业的了解与熟悉、管理人员的能力培养等无法用实物衡量的资源供应通常又不具有弹性，这些缺乏弹性的资源也会使企业在面临销量下降时很难削减这部分开支（Peteraf，1993；Barney，2001）。Banker 等（2013）证明了与追求成本领先战略的企业相比，追求差异化战略的企业表现出更大的成本粘性。Tang 等（2011）检验了战略差异度对企业业绩的影响，认为当企业实施的战略偏离行业的均值时，企业可能会面临波动性较大的业绩，或取得极端的利润，或面临巨大的损失。Banker 等（2014）进一步表明，经营业绩波动越大意味着企业的经营环境不确定性较高，当企业销售量显著增加时，管理者为了满足需求会投入大量资源，而当企业销售显著下降时，前期所投的资源又会很难变现，较大幅度地向上调整成本和较小幅度地向下调整成本，最终导致企业出现成本粘性。颉茂华等（2016）、周兵等（2016）、孙嘉舸和王满（2019）一致认为，相比于选择低成本战略的企业，那些选择差异化战略的企业具有更高的成本粘性，这主要是因为实施差异化战略的企业在产品制造方面力求创新，会投入很多用于研发的专用投资，而用于创新的专用投资在转化为收益时通常又具有一定的时滞性，因此企业在面临当期业绩下滑时会从长远利益出发来考虑企业的发展问题，并不会立即削减研发成本。杨澄（2018）认为，从长期来看，实施差异化战略的企业其成本粘性会显著降低。车嘉丽和段然（2016）从企业战略差异度的大小对成本粘性的影响进行了研究，结果发现战略差异度与成本粘性呈显著正相关。

除此之外，我国很多学者也从更多的角度对成本粘性的影响因素进行广泛研究。王明虎和章铁生（2017）发现，资本结构波动会助推企业费用粘性。周林洁等（2019）考察了董事会留任前任总经理对公司资源调整的影响，结果表明董事会留任前任总经理会加剧企业成本粘性。毛洪涛等（2015）基于社会成本理论研究了企业成本粘性行为的非经济动因，结果表明非经济动因会引致企业成本粘性，且由于国有企业承担了更多的社会成本，其成本粘性程度更高。全怡等（2019）基于政策优惠和政策性负担的视角研究了注册地变更对企业费用粘性的影响，结果表明若上市公司跨省份变更注册地址，公司的费用粘性会增强。

2.1.3 成本粘性的经济后果

目前，成本粘性的经济后果大致可以分为以下几个方面：对企业盈余能力预测的影响、对企业信息传递的影响、对企业投融资的影响、对企业绩效评价的影响、对企业风险的影响。

公司盈利能力预测是投资者和债权人评估公司价值时重点关注的地方（Kothari，2001），Banker和Chen（2006b）首次提出了一种基于变动成本和成本粘性的盈余预测模型（CVCS），与传统盈利预测模型不同，该模型确认了随着销售变化的成本可变性以及销售下降时的成本粘性，CVCS模型记录了粘性成本行为，即成本不会随着销售的减少而减少，而是随着销售的增加而增加，他们认为使用 CVCS 模型进行盈余预测比使用那些基于财务报表项目进行预测的模型能够更好地代表市场的收益预期，此模型对企业未来会计盈余预测的信息含量更高，但他们也提出，投资者对成本粘性在较长时期内对未来盈利的影响抱有的理性预期有多强仍需进一步探索。Banker 等（2010）进一步完善了 Banker 和 Chen 提出的 CVCS 模型，具体在使用该模型进行盈利预测时，Banker 等考虑了管理者预期的影响，结果发现此时的 CVCS 模型会具有更强的信息预测能力。苏文兵等（2012）借鉴 Banker 和 Chen 的研究方法，运用考虑成本粘性后的盈利预测模型对公司的盈利进行预测，其预测结果也支持了 Banker 和 Chen 的研究结论，即基于成本粘性构建的盈利预测模型会比传统预测模型具有更强的预测能力和更高的预测精准度。

另外，Homburg 和 Nasev（2008）发现，成本费用粘性对会计稳健性也具有一定影响。Homburg 和 Nasev（2008）认为，成本粘性的背后是经理人面对销售下降时，要承担未利用资源的成本，成本粘性的出现增加了企业的经营风险，他们发现，不同的公司在应对成本粘性时的反应也不同，由于条件稳健性的存在，市场会将有效率和无效率的成本粘性企业区分开来，以表明信息不对称程度的降低，他们提出未来的研究可以进一步检验条件稳健性是否有助于减轻由成本粘性引起的信息不对称。步丹璐等（2016）也指出了销售收入的增减和成本粘性的出现会加大盈余反应不对称的差异，而在控制住成本粘性的相关变量后，企业可以得到更加准确的盈余稳健性。吴应宇和蔡佳丽（2017）基于盈余反应非对称的视角研究了成本粘性与会计稳健性的关系，发现曾经计量会计稳健性的模型会高估会计稳健性水平，未来在使用股票回报等模型计算企业会计稳健性时应考虑成本粘性的潜在影响。这些研究结果均表明了在判断公司的盈余信息和盈余稳健性时要将成本粘性的影响考虑在内。

Anderson 等（2007）、Weiss（2010）认为，成本粘性可以向外界传递企业的经营信息。Anderson 等（2007）观察到，当收入下降时，成本的固定性和成本的粘性都会导致销售和行政管理费用与销售额成比例上升，而不是与销售额成比例下降。事实上粘性成本可能代表了经理人对未来收入增长的预期而有意保留销售与管理资源，在这种情况下，销售和管理费用与销售额的比重的增加可能实际上传达了有关经理人对未来收益预期的积极信息，他们进一步估计了一个盈利预测模型，发现在收入下降期间，未来盈利与销售和管理费用与销售收入之间的比例的变化呈正相关，这与传统上对销售和管理费用变化的解释不一致。Anderson 等（2007）还发现，在收入下降期间，如果长期投资于销售与管理费用与销售收入比重高的公司，投资者可能会获得异常的正回报。Weiss（2010）又从分析师与投资者反应的角度对成本粘性的信息传递效应进行了研究，探讨了企业的非对称成本行为如何影响财务分析师盈利预测准确性，他认为成本粘性会降低企业的会计盈余，增加企业的盈余波动性，由此增加财务分析师盈余预测的难度，Weiss 也通过实证研究证明得出与成本粘性行为较弱的公司相比，财务分析师对成本粘性行为较强的公司的盈利预测准确性的确较低。此外研究结果还显示，财务分析师作为资本市场上的信息中介，其较低的会计盈余预测准确性又会进一步影响投资者对公司价值的评价，此时投资者在进行投资时会较少依赖于公司的会计信息，可见成本粘性行为强的公司的信息透明度往往较低。蒋德权和徐巍（2016）研究了费用粘性的信息传递效应，发现费用粘性正是企业较低盈余信息质量的重要诱因，分析师对成本粘性较强的企业进行预测时其准确度会降低，分析师作为重要的信息中介，其对企业的盈利预测会直接影响投资者的判断，此时投资者很可能会出现"用脚投票"的行为。惠丽丽等（2019）同样证明了成本粘性降低了财务分析师盈利预测质量，主要表现为盈余预测误差增加、分歧度增大，且研究发现基于《企业会计准则》的《可扩展商业报告语言（XBRL）技术规范》的实施与推广有助于缓解成本粘性对财务分析师盈余预测的负面影响。

Iyer 和 Miller（2008）认为，企业充足的资源会促使企业产生并购的动机。杜剑和于芝麦（2018）、徐高彦等（2020）研究指出，成本粘性表明企业成本没有及时随收入下降而下降，这为管理层下一步决策争取了一定的缓冲时间，且丰富的冗余资源也为企业的并购扩张提供了条件，他们的研究最终也证明了成本粘性对企业并购具有一定的促进作用。成本粘性不仅对企业的并购活动产生影响，其对企业的研发投入也具有一定的影响。企业的研发创新需要大量的资源投入，而成本粘性的一个典型特征就是当业务量下降时，企业会保存大量的闲置资源，而这些闲置资源对企业的创新具有一定的缓冲作用，为企业尝试较高风险的创新项目提供了更多可支配的人力、物力等资源。然而，也有研究发现，费用粘性会挤占企业现金流（蒋德权，2014；章贵桥，2015），影响企业扩大再生产，导致企业投资不足，而宽松的货币政策能够减轻费用粘性对投资不足的影响（蒋德权，2014）。Nohria 和 Gulati（1996）、Herold 等（2006）的研究均表明，组织资源是创新成果的重要决定因素，企业合理的剩余资源有助于企业研发创新。胡华夏等（2017）研究表明，成本粘性促进了企业的创新投入，股权集中度越高会削弱成本粘性对创新的积极作用，且管理者过度自信也会负向调节成本粘性与研发投资之间的关系，胡华夏等进一步研究了宏观环境的动态性对成本粘性与研发创新之间关系的影响。耿云江和王丽琼（2019）以创新投入来衡量企业的投资风险，发现成本粘性会提高企业的投资风险，但是高水平的公司治理能够显著地缓解成本粘性对企业风险的负面影响。可见成本粘性虽然具有消极影响，但是对企业研发投入具有一定的促进作用，研发创新本身又具有较高的未知性，存在较高的风险，因此企业应不断提升公司治理水平，真正促使企业过剩资源转化为企业发展创新的助力。

关于成本粘性对企业绩效的影响研究目前比较少，且都未得出一致的结论。Weiss（2010）发现，成本粘性是管理者自利行为的表现，会影响企业绩效水平和经营业绩。Kama 和 Weiss（2013）发现，短期的业绩压力会使管理层出现短视行为，加剧企业成本粘性，但从长期来看，成本粘性不利于企业价值的提升和长期业绩的增长。孙铮和刘浩（2004）对费用粘性与企业绩效的关系做了猜测，他们认为费用粘性与企业长期绩效呈"N"形非线性相关关系。王海红（2017）的研究支持了孙铮和刘浩的研究结论。朱乃平和刘志梧（2009）认为，成本粘性较高对企业的短期绩效和长期效益均会产生消极影响。然而，葛尧（2017）基于我国上市公司的样本数据，研究发现在我国经济转型升级过程中，持有一定的冗余资源可以有效应对市场环境变化带来的冲击，有助于企业抓住市场机会，同时成本粘性的迟滞性特征为管理者提供了决策时间，有助于管理者做好降低风险的准备，因此葛尧认为公司的成本粘性对企业的绩效也具有积极的影响。耿云江和胡姝敏（2018）同样从企业绩效的角度研究了成本粘性的经济后果，结果发现，成本粘性从短期来看不利于企业业绩增长，但从长期来看有助于企业绩效提升，表明了成本粘性对企业的长期发展具有积极作用，然而他们的进一步研究发现了不同的成本粘性水平对企业长期绩效发展的影响又具有差异性。企业绩效是企业价值的体现，但成本粘性对企业价值的影响结论并未统一。王珏和王明丽（2017）认为，成本粘性不利于企业价值提升，且企业成长性会加强成本粘性对企业价值的不利影响。杜剑和于芝麦（2018）以我国上市公司并购交易的样本进行研究发现，成本粘性对并购企业的价值提升具有积极作用。

谢获宝和惠丽丽（2017）认为，成本粘性反映了外部宏观环境不稳定的情形下企业潜在的经营风险和决策风险，他们基于企业风险的视角研究指出，成本粘性会降低高管薪酬业绩敏感性。耿云江和王丽琼（2019）研究了成本粘性对企业风险的影响，发现企业成本粘性会加剧经营风险和决策风险，因为一方面，成本粘性本身可能反映了企业较低的资源配置和使用效率，这会影响企业的经营活动；另一方面，成本粘性会降低企业传统盈余预测模型的准确性，而这会影响管理层对企业未来销售业绩的准确认识和判断；此外，该研究还认为，高质量的内部控制能够缓解成本粘性对企业风险的负面影响。

2.1.4 成本粘性的治理研究

关于成本粘性的治理研究目前主要集中在内外部公司治理对企业成本粘性的影响上。但是国外关于公司治理与成本粘性的关系研究相对较少，Chen 等（2012）提出，较高的公司治理水平能够抑制企业代理成本，降低企业费用粘性水平。目前，国内关于公司治理对成本费用粘性的影响研究较为丰富。

关于公司外部治理对企业成本费用粘性的影响研究主要从外部市场竞争、机构投资者、证券分析师、审计师、媒体监督等方面展开。梁上坤和董宣君（2013）、肖士盛等（2016）均指出，行业竞争度越高的市场环境，其成本费用粘性水平越低。颉茂华等（2016）、王明虎和章铁生（2017）均发现，产品市场竞争程度与企业成本费用粘性显著负相关，他们的研究均表明企业外部较高的市场竞争度具有一定的治理效应。梁上坤（2018）从成本粘性成因之代理问题的角度出发研究了机构投资者持股对企业费用粘性的影响，结果表明机构投资者主要通过缓解企业代理问题进而降低企业费用粘性。李颖等（2020）基于成本粘性的视角研究了证券分析师跟踪对降低企业产能的作用，他们结合成本粘性的三个动因发现，分析师跟踪通过纠正管理层乐观预期偏差、缓解企业融资约束、降低代理成本三种路径抑制企业成本粘性，由此证明得出外部分析师的跟踪能够发挥一定的外部治理作用。外部审计对企业成本费用粘性也具有一定的治理作用，梁上坤等（2015）研究发现，相比国内审计的公司，国际四大审计公司的费用粘性更低。宋常等（2016）进一步研究发现，拥有行业专长的审计师能够发挥更好的公司治理作用，更能够有效抑制企业费用粘性。除此之外，梁上坤（2017）还考察了媒体关注对公司费用粘性的治理作用，作为新兴经济体的代表，在法律制度不够完善、投资者保护和公司治理较弱的环境下，媒体发挥了很好的弥补作用，经过研究发现，较高的媒体关注度能够抑制公司费用粘性，且在公司内外环境较差的情况下关系更加显著。

内部公司治理主要从董事会特征、管理层特征、管理层激励、股权结构、内部控制机制等进行探讨分析。穆林娟等（2013）、牟伟明（2018）选取董事会规模、独立董事比例、董事会会议次数、董事长/CEO两职合一四个方面衡量董事会治理水平，结果表明，完善的董事会治理结构能够有效抑制管理层的自利行为，降低企业费用粘性。全怡和陶聪（2018）研究了管理层性别对企业费用粘性的影响，研究指出，相比于男性，女性一般具有较低的自利风险偏好，进而会降低企业的过度投资水平，因此当女性处于公司核心领导职位时，公司的成本费用粘性水平也会较低，该研究支持了女性高管的公司治理作用。张路等（2019）探讨了管理者能力对成本粘性的影响，结果表明管理者能力具有"治理效应"，在一定程度上缓解了企业成本粘性，且当经济政策不确定性较高时，管理层能力对成本粘性的治理作用更为明显，该研究表明了企业家资源对企业的重要性。成本粘性是管理层的决策结果，已有研究发现管理层激励有助于降低管理层的自利行为，研究发现薪酬激励和股权激励能够降低公司的成本费用粘性（罗宏等，2015；梁上坤，2016）。此外，吴思和陈震（2018）发现，股权制衡度较高的公司其成本粘性程度较低。牟韶红等（2015）、韩岚岚和马元驹（2017）均发现企业良好的内部控制有助于抑制企业成本费用粘性。

2.2　高管职业经历的相关文献综述

本书研究的高管职业经历主要包括高管的学术经历、财务经历、从军经历，为此本书就这三种职业经历进行了相关文献梳理，由于这三种职业经历都具有一定的中国特色，特别是学术经历和从军经历，因此梳理文献可以发现相关研究主要集中在国内。下面本书就高管不同职业经历的特征、高管不同职业经历与公司经营管理行为进行文献梳理。

2.2.1　高管学术经历的相关研究

2.2.1.1　高管学术经历的背景

高管的学术经历是指企业高层管理人员在大学或其他高等教育机构获得的学术背景和经历。随着经济全球化和市场竞争的加剧，企业对于高素质、专业化管理人才的需求日益增加，高管的学术经历成为企业重要的招聘、选拔和培养标准之一。

高管学术经历的发展背景可以追溯到西方管理教育的兴起。欧美等国家开设了众多商学院和管理学院，培养了大批的商业精英和管理人才。这些人才在企业中担任高管职位，推动了企业的发展和改革。在我国，高管学术经历的发展背景也逐渐受到重视。改革开放以来，我国高等教育水平得到了大幅提升，这为我国高管多元化的学术经历提供了更广阔的空间。在改革开放初期，我国大量引进外国先进技术和管理经验，同时积极推进本土人才的培养。因此，中国高管学术经历呈现出两个主要方向：首先，大量高管选择在国外学习和工作，积累丰富的学术和实践经验。许多中国高管选择前往发达国家的名校攻读硕士和博士学位，以获得国际化的教育背景和丰富的实践经验，这使得他们更具有全球化的战略视野和创新能力。其次，我国高校发展迅速，培养出大量优秀的管理人才。近年来，国内高校的管理教育水平不断提高，已经逐步形成了一批拥有丰富学术经验的管理专家和学者，其中包括许多中国高管。这些高管不仅具备深厚的学术素养，而且深谙管理实践，可以将理论与实践相结合，推动企业发展。总之，改革开放以来中国高管的多元化学术经历使其更具有国际化的眼光和思维方式，能够更好地面对全球化的竞争环境和复杂多变的市场环境。

2.2.1.2　高管学术经历的特征

第一，学者型高管具有独特的学术思维习惯和较强的逻辑分析能力。在做决策时，经历过严格学术训练的高管一般会更加依赖自身的专业知识和可获取的科学数据，以保证决策的审慎性和准确性，尤其是当外部环境的不确定性增加时，学者型高管的决策会更加稳妥（Jiang & Murphy，2007）。经过高校或研究所系统且缜密的学术训练能够增强高管的信息收集和问题分析能力（Francis et al.，2015）。苑泽明等（2019）指出，文科出身的高管大多都具有博士学位或者副教授（副研究员）和教授（研究员）职称，他们普遍具有较强的逻辑分析能力和独立的决策能力，会更加关注企业的长期发展和价值提升。Francis 等（2015）、李晓溪等（2016）研究均表明，严谨的学术精神会使学者型高管具有较低的风险容忍度，其身上会被打上"风险厌恶"的烙印。

第二，高管学术经历不仅会影响高管的专业知识和技能，还会塑造高管良好的价值观，过往的高校和科研院所任职经历塑造了高管"严于律己"的形象和较高的道德情操。罗伊摩根研究所（Roy Morgan Research）在2017 年对职业形象做了调查，调查结果显示半数以上的受访者对大学教师这一职业的道德水准与诚信意识给予"高"或"很高"的评价。大学教师、大学教授通常被外界视为道德楷模，他们身上有着很强的道德责任感和无私奉献的精神（Charnov，1987）。类似地，在中国，大学教师和科研工作者一直都在民众心中具有较高的声望，Francis 等（2015）认为，中国学术工作者一直以来都传承着中国传统的儒家文化，道德责任感较强，他们在进入企业管理层后会更加关注自身的声誉和良好形象。中国自古以来讲究"师德"的优良传统深入学者心中，学为人师、行为世范的良好道德素质为世人树立了好的典范、成为社会的楷模和表率，可见学术经历会在高管身上形成深刻的"道德认知"烙印。学术职业工作更是以教书育人和科学研究为使命，其工作性质要求学者能够严于律己、安贫乐道、乐于奉献，真正摆脱名利诱惑，以追求人类知识进步为毕生事业（张晓亮等，2020）。

与其他职业所处环境相比，高校或研究所等公共部门的工作环境相对纯粹，人和人之间的利益关联较少，学者能够更专注于自身的科研工作，较少受到商界利欲气息的熏染，这有助于日后学者型高管自律意识和高尚道德情操的养成（姜付秀等，2019）。

第三，高管学术经历能为企业日后经营积累一定的社会资本。Lin（2001）在研究中提出，高管较高的社会地位有助于其获得丰富的社会资源，他们背后强大的社会关系能够为企业带来额外的优势资源，增强企业的市场竞争力。郭文静（2019）认为，高管学术经历有助于企业与外部高校、科研院所建立社会关系网络，这可以为企业引进更多的创新人才，增强企业的竞争力。因此，从资源角度来看，高管的学术经历为企业带来了更广的人脉圈和社会资源，随着学者进入企业的高级管理层后，会对企业的社会资源产生更大的影响，为日后企业攻克研发难题提供人力和智力的支持（朱敏，2019）。

2.2.1.3　高管学术经历与公司经营管理行为

高管学术经历会深刻影响管理者的专业知识储备、认知判断力、道德责任感以及人脉资源，而这些会进一步影响高管的行事风格，使企业的经营表现带有明显的个人烙印，因此，本书进一步分析高管学术经历对公司经营管理行为的具体影响。本节将从以下几个方面梳理高管学术经历与公司经营管理行为的相关研究：

（1）融资和投资方面。周楷唐等（2017）对高管学术经历与企业债务融资成本的关系进行了实证研究，得出拥有学术经历的高管具有较高的道德责任感，其责任意识更强，当外部监督机制较弱时，高管学术经历可以发挥治理作用，因此可以减少公司代理问题，且具有学术经历的高管所在的公司其会计信息质量较高，这都有助于降低企业的债务融资成本。赵慧（2018）研究发现，具有学术经历的高管能够提高企业的会计信息质量，他们较强的预测能力有助于捕捉好的投资机会，学者型高管较高的声誉也会抑制高管的投资短视行为，因此长期且严谨的学术训练有利于提高企业的投资效率。杜勇和周丽（2019）基于烙印理论研究了高管学术经历对企业金融化的影响，他们发现严格的学术经历使得高管更加自律，行为更加审慎，且社会道德感和责任感更强，这些特征会抑制学者型高管盲目投资，他们会更倾向于投资实体和有助于企业持续发展的创新活动，而不是热衷于投资金融资产。苑泽明等（2019）从绿色发展的角度研究了具有学术经历的高管对企业环保投资的影响，结果表明具有学术经历的高管能够显著促进企业的环保投资，且在国有企业中其促进作用更为显著。

（2）财务信息披露方面。拥有学术经历的高管具有风险规避效应，理性和不爱冒险的特征会对企业的会计信息质量具有较高的要求（Francis et al., 2015）。Huang 等（2016）认为，聘请学者担任外部董事的现象在我国已十分普遍，作者基于此特殊环境考察了董事会的会计学术经历是否影响其公司的财务报告质量，作者指出，尽管越来越多的证据表明，作为外部董事的学者能够改善公司业绩，但以往的研究并没有关注会计学者本身在会计质量方面的作用，作者观察到，当会计学者在董事会中担任财务专家时，报告的盈利具有更大的价值相关性，特别是在那些影响力更显著的公司中，他们的证据表明会计学术经历有助于提高资本市场的效率，并有可能满足董事会对财务专家的需求。赵黎兵（2019）研究指出学者型高管具有高度的专业性和谨慎性、较强的社会责任感和道德意识，这些都会成为高管自身的内部约束机制，抑制管理者盈余管理行为，从而提升企业会计信息质量。

（3）审计收费和税收规避方面。沈华玉等（2018）发现，拥有学术经历的高管会以较高的道德水平和声誉要求自己，从而降低企业操纵性应计盈余管理等违规行为，提高企业会计稳健性以及内部控制质量来降低企业的审计风险，进而降低企业审计收费。文雯等（2019）指出，学者型CEO通常具有强烈的社会责任感和风险规避意识，他们所在的企业出现税收规避行为的可能性较低，且高管学术经历对企业税收规避行为的负向影响主要存在于民营企业中，此外对于那些从知名高校或者国家级科研机构获得学术经历的 CEO，其对企业避税行为的抑制作用会更为明显。

（4）社会责任方面。Cho 等（2017）通过对标准普尔 1500 家公司进行研究发现，其中 38.5% 的公司董事会中至少有一位教授，他们调查了学术教师作为董事会成员（教授兼董事）的企业是否更有可能表现出较高的企业社会责任（Corporate Social Responsibility，CSR）绩效评级，最终结果表明，有教授兼董事的公司其社会责任绩效评级确实比没有教授兼董事的公司要高出很多，然而教授兼董事的存在与企业社会责任绩效评级之间的正相关关系只有当其学术背景专业化（如科学、工程和医学专业背景）时才显著，最后当教授兼董事在他们的大学里担任行政职务时，这种积极的联系就会减弱。姜付秀等（2019）进一步研究了 CEO 的学术经历在公司慈善捐赠决策中的作用，结果发现学者型 CEO 具有更强的道德责任担当意识、高尚的道德观念以及道德情操感，因此他们会更富有社会责任感，会提高企业慈善捐赠水平。曹越和郭天枭（2020）基于"道德认知"烙印和"价值认知"烙印的理论对高管学术经历与企业社会责任之间的关系进行了分析，发现道德动机和声誉动机是推动学者型高管履行社会责任的动力来源，且研究发现拥有高校学术经历和科研协会学术经历的高管对企业履行社会责任的影响更为显著。

（5）创新方面。沈艺峰等（2016）发现，具有学术背景的独立董事能够发挥咨询和信号传递的作用，有助于提升企业的研发投入水平，其进一步研究发现学者型独立董事与企业的产品市场竞争力之间并非持续的线性关系，而是呈现倒"U"形的关系。黄灿等（2019）从人力资本和信息效应两个方面进行研究，发现高管学术经历对企业创新具有促进作用，他们的研究指出，严谨的学术训练和优良的学术氛围为创新提供了优秀的人才，而其丰富的学术研究经验以及缜密的思维习惯均有助于提升研发的成功率，并且学者型高管较高的道德水平和正面形象具有信号作用，他们为企业带来的价值也会吸引更多的分析师，这些都可以缓解企业的信息不对称程度，促进企业创新。张晓亮等（2019）也发现 CEO 的学术经历能够提升企业创新能力，且从海外取得学术经历或者具有高层次学术经历的 CEO，其所在公司的创新水平更高，此外他们进一步研究发现 CEO 的自然科学学术研究经历对企业创新能力的影响力更强。赵珊珊等（2019）从学者型高管的客观特征、高校资源、财务柔性和企业风险承担能力四个方面证明了高管学术经历对企业创新的促进作用。郭文静（2019）、朱敏（2019）均从高管学术经历的客观特征和社会资源两个角度支持了高管学术经历与企业创新之间的正向关系。苑泽明等（2020）基于创新效率的视角研究发现，拥有学术经历的高管会"坚守本心"，抵制不良投机行为，抑制企业的研发操纵行为，该研究结论为高管学术经历提升企业创新水平的路径研究提供了新的思路。

（6）数字化转型方面。在新一轮技术革命的迅猛发展下，整个宏观经济形态、中观产业组织与微观企业组织模式都不同程度地被大数据、移动互联网、智能算法与区块链等数字智能技术所颠覆，数字经济已经成为区别于传统工业经济时代的全新经济形态，也成为"十四五"时期主导我国经济社会转型的价值利器。基于此背景，阳镇等（2022）研究认为，既有的对企业数字化影响因素的研究主要聚焦外部数字经济环境（外部产业环境）与制度环境（制度合法性压力）对企业数字化转型的具体影响，忽视了内部战略团队的决策情境因素对企业数字化转型的传导机理，为此他们以 2013~2019 年中国沪深 A 股上市公司为研究样本，探究了高管团队的学术经历对企业数字化转型的具体影响及其内在传导机理，进一步考察高管股权激励在高管学术经历与企业数字化转型中的调节效应，研究结果表明：①高管学术经历有助于推动企业数字化转型，对企业数字化转型产生显著的正向促进效应；②内在机理表明，高管学术经历主要通过缓解企业融资约束、强化企业社会责任战略导向以及获取政府资源补贴三重机制推动企业数字化转型，且高管股权激励在高管学术经历与企业数字化转型之间产生显著的正向调节作用；③价值效应检验结果表明，高管学术经历有助于推动企业数字化转型以提升企业创新绩效，即企业数字化转型具备创新绩效的赋能效应。其研究结论为审视高管战略驱动的数字战略决策提供了理论框架与经验基础，也为发挥企业数字化转型的内部治理效应提供了相应的经验借鉴。

（7）其他方面。Francis 等（2015）、秦翡（2019）在研究中都证明了拥有学术经历的高管所在的公司其绩效水平更高。Pang 等（2018）认为，学术型独立董事在董事会中占有相当大的比例，发挥着独特的作用，他们通过监督和咨询功能为股东创造了更大的价值，Pang 等提出行业管理人才供给的有限性和他们的价值创造能力，以及社会对学术的尊重，都有助于解释我国学术型独立董事的重新流行，他们还研究了学者型独立董事对股市的影响，结果发现学术型独立董事的辞职会使公司股价平均下跌 1.39%。秦翡（2019）、朱焱和邢路杰（2019）的研究均表明高管学术经历与企业现金持有水平显著正相关，且在非国有企业中，二者关系更为显著，企业持有更多的现金主要是用于应对未来各种不确定经营风险，他们的研究结果支持了拥有学术经历的高管具有较低的风险偏好程度的观点。刘继红等（2020）认为，拥有学术经历的高管具有较强的风险规避态度，其决策会更保守，且他们严谨的逻辑思维会提升他们的风险应对能力，此外，基于高管学术经历的治理效应而言，高管学术经历具有自我约束作用，这也有助于优化企业风险管理环境，总体上来看，这些学者型高管的特征表现会显著抑制企业的汇率风险。张晓亮等（2020）研究认为，出于角色认同和维护个人声誉的需要，具有学术经历的高管会强化内心的道德操守、增强自律意识，自觉减少在职消费行为，维护股东和公司利益。

2.2.2 高管财务经历的相关研究

2.2.2.1 高管财务经历的背景

高管财务经历的制度背景是指制度对于财务人才培养和选拔机制的影

响，这种影响在中国改革开放之前主要是由计划经济体制所导致的。在计划经济体制下，企业的财务部门是为了满足国家计划需要而存在的，企业的经营活动基本不受市场需求和竞争的影响。因此，企业财务人员在此时期主要是从事会计核算、填报报表等常规性工作，并没有较高的财务管理水平要求。

改革开放之后，随着社会主义市场经济的发展和企业竞争的加剧，企业需要更多高质量的财务人才来应对日益复杂的财务管理和决策需求。在这个背景下，国家开始对财务人才的培养和选拔机制进行改革。其中，一次重要的变革是实行会计专业分科，开设了会计学、财务管理等相关专业，并逐步建立了各级各类财经院校和培训机构。此外，还出台了一系列政策措施，如"引进人才计划""高层次人才计划"等，旨在引进和培养更多的财务人才，从而提高国家整体财务管理水平。

企业内部也出台了一些改革措施，如设立财务管理部门、引进高层次的财务人才等，这使企业财务管理更加专业化和规范化。同时，财务人才的职业地位和待遇也逐渐得到提高，吸引了更多的人才从事财务管理工作。在这个过程中，高管的财务经历开始逐渐受到重视，成为企业招聘和选拔高管的重要标准之一。

总之，高管财务经历的制度背景是计划经济体制向社会主义市场经济体制转型所带来的制度变革，以及国家和企业内部对财务人才的培养和选拔机制的改革。在这种背景下，高管财务经历逐渐受到重视，成为企业选拔高管的重要标准之一。

2.2.2.2 高管财务经历的特征

第一，曾经的财务经历会使个体拥有丰富的从业经验和较高的专业素养。周虹和李端生（2018）认为，具有财务经历的高管通常会具备比较完整的知识结构和专业的管理能力。拥有财务经历的高管在曾经的工作中一般会接受财务方面的专业技能训练，他们会有较高的财务分析能力，会对公司的经营信息和财务信息更为敏感（毛新述等，2013）。丰富的理论知识和长期的实践经验使他们对企业的经营状况的分析和资本市场需求的应对都会更加及时、全面和深刻（Graham et al.，2013）。Custódio和Metzger（2014）认为，曾经的财务经历能让董事会秘书快速掌握丰富的财务理论和最新的财务政策，他们对市场政策的变化具有很快的反应能力，能够及时调整信息披露策略，以确保财务信息披露的及时性、完整性和规范性。张川等（2020）指出，注册会计师专业能力较强，可以很好地掌握审计规则。此外，具有财务经历的管理者更了解法律，深知财务舞弊等不当行为产生的法律后果，因此他们会恪守准则，具有较高的财务素养。

第二，在过往的职业培训中，谨慎性的要求对财务人员产生了深刻的影响。Hambrick和Mason（1984）发现，有财务经历的管理者在做预算时会更加认真，更加关注预算的细节和完整性。长期的财务工作经历使他们的行为表现更为谨慎，研究发现拥有财务经历的人员一般接受了更多公司财务方面的知识传授，相比其他工作人员，他们对风险的理解会更深刻和透彻，出于谨慎性的要求他们会在经营过程中表现得更为保守，会具有较高的风险规避倾向，其做出的财务决策也会更加稳健（Barker & Mueller，2002；Custódio & Metzger，2014）。Belghitar和Clark（2012）的研究也得出财务型高管谨慎的性格习惯使他们具有较强的风险规避心理。一直以来，会计从业人员都保持着谨慎性的思维方式，在会计的确认、计量和报告中，他们尽量做到不虚增资产，对赊账企业进行坏账估计时，不少计费用和负债等，这些均体现了会计人员的谨慎性（谢庆，2008）。由于会计信息本身具有复杂性，要求管理者具有较高的专业判断力，而谨慎性是会计信息质量的要求之一，基于职业道德约束，具有财务经历的高管一般会有较高的会计稳健性，他们在企业财务信息披露方面更为保守（林晚发等，2019）。

第三，管理者曾经的财务工作经历能够帮助企业积累一定的社会资源，获得更多的资金支持。一直以来，有财务经历的高管在工作过程中都会与银行、政府等建立良好的关系，隐性的人力资本能够帮助缓解企业融资约束（邓建平和曾勇，2011；Kaplan et al.，2012；Graham et al.，2013）。James 和 Houston（2001）认为，具有丰富财务知识和实践技能的管理者能够通过合理的沟通方式为企业与金融机构建立紧密的联系。王堃等（2020）提到，具有财务经历的董事会秘书有着更强的沟通能力，且我国又是一个关系型社会，其认为董事会秘书以前的财务经历为董事会秘书日后与金融机构保持良好的关联性提供了优势，良好的社会关系和沟通能力为他们获取了更多的银行贷款。

2.2.2.3 高管财务经历与公司经营管理行为

总体来看，高管财务经历会深刻影响管理者的知识结构、管理能力以及社会关系，而这些会进一步影响公司的经营管理行为，为此，本书对高管财务经历的经济后果进行了总结。

（1）融资方面。Mizruchi 和 Stearns（2002）考察了经济、组织和社会网络因素对美国大型公司债务融资的影响程度，研究发现首席执行官具有财务和会计职业背景有助于企业获得外部债务融资。Graham 等（2013）通过调查问卷的方式发现，财务型 CEO 对公司的资本结构决策会有更深的理解和认识，他们善于使用债务融资的方法为公司带来价值。Custódio 和 Metzger（2014）认为，财务专家型 CEO 在财务管理方面一般表现得更加老练，他们管理财务的政策相对积极，在信贷紧缩的情况下，财务专家型 CEO 能够筹集到更多的外部资金，因此财务型高管所在的公司其负债水平往往较高，且现金持有较少。姜付秀和黄继承（2013）以上市公司 CEO 变更为研究视角，研究得出具有财务经历的 CEO 对企业的资本结构决策具有正面作用，具有财务经历的 CEO 显著提升了公司负债水平和资本结构调整速度，但整体上却降低了资本结构偏离目标的程度，进一步研究发现，CEO 财务经历对资本结构的影响受公司股权制衡度的影响。何瑛和张大伟（2015）发现，有财务工作经历的高管容易过度自信，因此他们会更加偏好负债融资。James 和 Houston（2001）认为，与金融机构有关系的公司能够获得更多低成本的贷款。姜付秀等（2018）的进一步研究认为，具有财务经历的管理者会与金融机构保持紧密的联系，丰富的财务知识和专业技能培养了他们良好的沟通能力，与金融机构保持良好的沟通渠道再加上他们娴熟的交流方式，有助于其日后在经营管理中及时获取更多有效的融资信息和资金支持。Güner 等（2008）分析了具有财务专业知识的董事如何影响公司决策，结果发现财务专家发挥了显著的作用。王堃等（2020）以新三板的公司为样本，研究发现董事会秘书具有财务经历能够显著降低公司的投资 - 现金流敏感性，进而缓解企业的融资约束。此外，也有研究认为高管财务经历会增加企业的债务资本成本，叶德珠和李小林（2017）通过选取 2001~2014 年中国沪深两市 A 股上市公司为研究对象进行研究，他们发现 CEO 的财务经历会加剧企业代理成本，进而增加企业债务资本成本，他们的研究支持了"自利性假说"。此外，李小林等（2018）的研究发现，CEO 的财务经历通过降低公司的盈余管理程度、缓解企业的融资约束也能够降低公司的权益资本。

（2）投资方面。相比其他高管，拥有财务经历的高管对风险会有较强的防御心态，他们更多属于风险规避型管理者（Barker & Mueller，2002）。然而也有研究与之结论相反，认为具有财务背景的高管的风险偏好更为激进，主要表现为进行更多的资本性支出和负债（Bertrand & Schoar，2003）。在投资方面，学者们的结论也并未达成一致。Finkelstein（1992）发现财务高管占主导地位的公司可能更多样化，会进行更昂贵的收购，而 Michel 和 Hambrick（1992）的研究发现，拥有更多生产（而不是财务）职能背景经验的高管所在的公司多元化程度较低。这些研究结果表明，公司高管的职能背景与公司随后的多样化和收购战略之间具有密切的联系。Jensen 和 Zajac（2004）对 1985~1995 年的财富 500 强公司进行分层随机抽样，结果发现拥有财务经历的 CEO 所在的公司的多样化程度以及收购活动水平更高。与国外学者的研究结论相反，国内学者陈传明和孙俊华（2008）发现，在中国情境下的上市公司中具有财务经历的企业家并未选择多元化的经营战略。李焰等（2011）在研究中发现，管理者的财务职业经历有助于提高非国有企业的投资规模和绩效水平。姜付秀等（2009）的研究发现，具有财务工作背景的董事长对风险和收益的理解会更为全面和深刻，因此他们所在企业的过度投资水平更低。

（3）企业信息披露方面。Matsunaga等（2013）研究了2003~2009年标准普尔1500家公司的CEO继任情况，以调查公司任命具有CEO经验的个人担任该公司CEO的具体原因，以及其上任前对公司财务报告、信息披露和税收政策的影响，结果发现，其上任后公司的信息披露质量通常会随之提高，他们的研究表明了财务经验在公司最高领导层中的重要性。Jiang等（2013）研究了CEO的财务经历对盈余管理的影响，结果显示，有财务经验的CEO往往不太会进行真正的盈余管理，且没有证据表明，有财务经验的CEO或多或少地进行基于应计收益的盈余管理。王霞等（2011）的研究发现，CEO的财务专业能力（如注册会计师）有利于提升企业的会计信息质量，有助于降低企业会计差错发生的概率。赵文平等（2015）的研究支持了Jiang等（2013）的研究结论，即发现高管财务经历能够显著抑制真实盈余管理，但对应计盈余管理的抑制作用并不显著。林晚发等（2019）基于盈余管理的视角对高管财务经历与企业信用评级的关系进行了研究，结果表明企业的高管具有财务经历会获得更高的信用评级，他们认为这主要是因为高管财务经历有利于减少企业的盈余管理行为，且当业绩压力较大、外部监督较强时，财务型高管进行盈余管理的动机更小，由此使评级机构会给予企业较高的信用评级。此外，他们的研究还发现，公司高管是否具有财务经历的这项软信息会受到具有外资背景的评级机构的格外关注。张正勇和吉利（2013）从企业伦理的角度研究了企业家人口背景对社会责任信息披露的影响，他们发现企业家具有会计、金融、经济管理类的教育背景能够显著正向影响企业的社会责任信息披露水平，因为这些背景的高管更加关注收益与风险、成本的权衡，更重视企业履行社会责任后带来的长期经济收益。

（4）创新方面。Custódio 和 Metzger（2014）在研究中得出具有财务经历的 CEO 所在的公司具有较低的研发投资水平。钱学洪（2016）研究了董事的财务背景对企业研发投资的影响，得出了不同于 Custódio 和 Metzger（2014）的研究结论，他认为董事具有财务经历会显著提升企业的研发投资水平，因为他们的财务工作经历使其对投融资有更多经验，并且他们更加知道节约经营成本的重要性，因此具有财务经历的董事有能力也有需要进行研发投资，以帮助企业获得竞争优势。石贝贝等（2019）发现，具有财务背景的 CEO 在企业创新方面会表现得较为保守，但并不是因为具有财务背景的 CEO 本身很保守，而是因为他们"术业有专攻"，长期的专业训练使他们在财务决策方面具有更深的理解，进一步研究发现，若财务背景的 CEO 持股或者企业是国有企业时，CEO 的财务背景对企业创新的抑制作用会被削弱。

（5）其他方面。董红晖（2016）、郑建明等（2018）的研究均发现具有财务从业经历的高管能够抑制企业的股价崩盘风险。王晓等（2019）研究了高管财务背景在企业内部控制和外部审计之间所发挥的作用，他们的研究发现，在获得非标准审计意见的公司中，高管团队中具有财务背景的成员比例越高，企业进行内部控制缺陷修正的概率越大。王守海等（2019）的研究得出审计委员会中的财务专家能够抑制企业财务重述的发生，但高管权力会影响审计委员会中财务专家对企业发挥的治理作用。

2.2.3 高管从军经历的相关研究

2.2.3.1 高管从军经历的背景

企业界普遍认为，退役军人具有优秀的领导和管理能力，适应能力强、执行力强、稳定性高，并且具有高度的纪律性和责任感。因此，不少企业在招聘和聘用高管时也愿意优先考虑退役军人，为退役军人提供了如职业培训、教育补贴、就业补贴等各种政策和服务，以帮助退役军人更好地适应社会和在企业工作。改革开放以来，我国对军队改革和现代化建设的重视程度不断提高，对退役军人的政策也逐步完善，这为退役军人进入企业领导层提供了有利的制度背景。2021 年，我国正式实施了《中华人民共和国退役军人保障法》，该法案的实施为退役军人提供了一系列的优惠政策和保障措施，如就业优先政策、教育优惠政策、住房保障等，为退役军人提供更加细致、全面的服务。在这样的制度背景下，退役军人能够更好地适应和融入企业管理工作，也能够更好地发挥其在军队中所培养的领导和管理能力。

随着我国经济的发展和国家军队的现代化建设水平不断提升，越来越多的年轻人选择入伍从军，这些人不仅在部队中得到了训练和锻炼，还积累了各种实践经验，具有较强的组织和管理能力，因此受到了众多企业的青睐。这些退役军人由于具备丰富的管理经验和较强的决策能力，成为企业中的重要人才，因此吸引了众多企业的关注。退役军人进入企业可以为企业注入新鲜血液，带来更好的管理和组织效果，从而提高企业的整体实力和竞争力。同时，各国政府和企业界也都意识到退役军人的价值，为其提供了相应的政策和服务，以促进其更好地适应和融入企业工作。

2.2.3.2　高管从军经历的特征

管理者可以从军队的培养模式中获得商场、职场和人生的一些启迪，从军经历会在军人身上形成深刻的烙印，从而影响其个人行为。从进入军队的第一天起，他们便要接受心理素质训练和价值观培养，因此会形成军人特有的优秀品质，如正直、诚信、自律、甘于奉献等，此外，军队特殊的性质要求军队必须时刻保持高效率的组织形式，要具有完善的组织结构和严明的规章制度，军人要具有非常强的服从力和执行力，这些都会造就军人较强的组织纪律意识和组织领导能力。军人身上的特殊品质会影响个体的认知、偏好和价值观等，进而也会影响个体行为及组织结果。Griffith（2002）认为，军队的特殊历练和熏陶培养了军人正直、担当、诚信和自律等重要品质。军人的特殊身份使他们拥有更强的责任感和荣誉感，他们会表现得更加自律和诚信，因此，当聘任退役军人为公司 CEO 后，他们往往拥有更强的道德信念感，具有更崇高的服务和自我牺牲精神（Özlen，2014），经营过程中他们也会表现出更强的领导力（Daboub et al.，1995；Duffy，2006）。O'Keefe（2010）的研究发现，一些大型的跨国公司，例如沃尔玛、通用电气公司等，它们在招聘管理人员时更倾向于选择退伍军人，因为他们拥有更强的领导力和奉献精神。

改革开放以来，我国涌现了很多具有从军经历的企业家，他们带领中国企业飞速发展，成为中国经济增长的脊梁，甚至在国际舞台上也大放光彩，塑造了中国良好的国际形象。他们的成功很大程度上得益于自身过往的从军经历，曾经的军旅生涯培养了他们果敢和积极进取的优秀品质，其思维逻辑至今仍保留着军队式的模式。权小锋等（2018）认为，军队通常纪律严明，且在社会上军队有着极高的评价，这些都使退役军人在企业管理中对制度规定等表现出很强的遵从性和服从性。特殊的军队生活经历在军人高管身上留下了深刻的印记，廖方楠等（2018）指出，无私奉献精神作为军队重要的组织文化之一，培养了军人甘于奉献的优秀品质，且军队艰苦的生活经历也磨炼了军人强大的意志力，严明的纪律更是培养了具有从军经历的高管严格的组织纪律意识。

Berkowitz 和 Lepage（1967）的研究认为，军队会接触很多武器，而武器又会不断激发军人勇敢自信、敢于冒险和强大的风险承受力等品质，且军队的训练大都是在极端环境下进行的，以此来挑战军人的生理和心理承受力，进而增强他们面对困难时的应对能力。现实中，军人往往拥有比常人更高的自信和风险承受力，Elder（1986）、Elder 和 Clipp（1989）、

Elder 等（1991）通过心理学的跟踪与调查研究，结果发现退役军人会表现得更为自信，他们更相信自己应对高压力和高风险问题时的处理能力，因此他们不会逃避困难。Wansink 等（2008）、Killgore 等（2008）研究均发现，退役士兵会表现出更强的风险承受力，他们敢于冒风险和从事具有危险性的工作。Malmendier 等（2011）直接使用"管理者是否具有从军经历"作为管理者过度自信的替代指标进行实证研究，他们认为过度自信是具有从军经历的高管身上最关键的特征。冯正直等（2007）在其提出的军人心理素质"大五维度"模型中指出，乐观自信是军人重要的品质。赖黎等（2016）通过实证研究发现，勇敢自信的具有从军经历的高管有更强的风险偏好，其行为决策往往会表现得更加激进。

2.2.3.3 高管从军经历与公司经营管理行为

总体来看，过往的军旅生涯会深刻影响管理者的心理素质和价值观培养等，具体可表现为：正直、诚信、自律、奉献、自信、冒险等品质，这些特征表现又会进一步影响企业的行为表现，因此，本节进一步分析了高管从军经历对公司经营管理行为的具体影响。

（1）融资方面。具有从军经历的高管在公司会表现得更激进和采取有偏好风险的财务行为（Killgore et al.，2008；Malmendier et al.，2011）。Wansink 等（2008）研究发现，第二次世界大战结束后，退伍的士兵成为企业高管后，企业更可能会实施并购、增发股票等行为。Lin 等（2013）认为部队塑造的正直、诚信、奉献等品质和精神有助于约束管理者的自利行为，降低并购中的代理成本。Malmendier 等（2011）通过实证研究发现，具有从军经历的高管有着较低的风险厌恶，他们在经营管理过程中会选择激进的融资政策，其所在的公司会表现出更高的资产负债率。我国学者赖黎等（2016）的研究也支持了 Malmendier 等（2011）的观点，研究发现具有从军经历的高管确实更加偏好具有风险、激进的财务决策行为，具体会提升公司负债水平、降低现金持有水平，且发现激进的融资偏好会给企业的经营绩效带来负面的影响。

（2）投资方面。赖黎等（2017）从并购的角度研究高管从军经历的影响，其结论也支持了 Lin 等（2013）的研究结论，他们的研究发现军人管理者具有较强的并购风险承受力，他们更偏好发起并购行为，且并购支出更多，其研究结论支持从军经历管理者"冒险论"的证据。曾宪聚等（2020）研究了高管从军经历与企业并购溢价之间的关系，他们认为军人身上不达目的誓不罢休的毅力、较强的纪律性和执行力等特征，使具有从军经历的高管为完成并购任务而愿意付出较大的代价，从而产生较高的并购溢价。于连超等（2019）以烙印理论为基础研究了高管从军经历与企业金融化的关系，研究发现高管从军经历会显著促进企业金融化，且高管从军经历通过提高管理者过度自信程度和企业战略激进度来促进企业金融化。他们的研究结论也支持了从军经历管理者"冒险论"的观点（Gee，1931；Palmer，2008；Wansink et al.，2008）。

（3）财务信息披露方面。Bamber 等（2010）发现，那些在第二次世界大战前出生和有过从军经历的高管在信息披露上会更加谨慎和保守，他们正直、诚信、守纪律的优秀品质会抑制自身的自利行为和不道德行为，其所在的企业会更喜欢精确披露信息，更少披露盈利预测信息。Benmelech 和 Frydman（2015）的研究认为，有从军经历的高管会选择更为保守的公司政策，公司整体不太可能会卷入到欺诈舞弊活动中。Law 和 Mills（2017）研究了高管从军经历对企业税收筹划的影响，他们发现相比非军人背景的CEO，有着军人背景的 CEO 所在的公司不太可能涉及财务欺诈、财务报表重述和公司诉讼行为，会避免激进的税收筹划。Koch-Bayram 和 Wernicke（2018）使用两个不同的数据集研究了 CEO 的军事背景与财务不当行为的关系，首先他们利用美国证券交易委员会（United States Securities and Exchange Commission，SEC）发布的会计和审计信息强制披露（Accounting and Auditing Enforcement Releases，AAERs），其中包含了重大的财务欺诈案件，其次使用一个"幸运授予"（Lucky Grant）的数据集，它可以衡量

CEO 股票期权授予日期被操纵的可能性，这两个数据集的结果表明，在军队服役的 CEO 更不容易参与虚假财务报告和回溯股票期权。在信息披露质量方面，我国学者从盈余管理的视角出发研究了高管从军经历对企业盈余管理的影响，但是并未形成一致的研究结论。张静等（2019）从军人高管较强的自律意识和道德约束感的角度出发进行分析，得出高管的从军经历可以抑制企业盈余管理行为，他们认为具有从军经历的高管的诚信意识会影响其价值判断，其较强的遵守纪律意识减少了管理者的违规乱纪行为，且具有从军经历的高管的奉献精神促使他们更多地关注股东与投资者的利益，除此之外，具有从军经历的高管基于较高的声誉损失成本，也会自觉减少自利行为，这些都在一定程度上有利于抑制管理者谋取私人利益的盈余操纵行为。

（4）公司研发投入方面。我国学者关于高管的从军经历对研发投入影响的观点并未达成一致，其中罗进辉等（2017）认为，具有从军经历的高管不倾向于进行研发投资活动，他们认为研发新产品往往具有高度的不确定性，投资回报具有很大的风险，从军的经历会促使其面对研发投资决策时更加保守和谨慎。一方面，这是因为军人恪守纪律往往意味着其可能具有较强的风险规避意识（Benmelech & Frydman, 2015）。另一方面，"不打无准备之仗"的传统军队文化环境使军人管理者在做决策时会对结果具有更高的可控性和可预见性要求，有从军经历的高管更可能会规避风险和不确定性。此外，军人具有更强的权威性和领导力（Wong et al., 2003; Duffy, 2006），如若决策失误会对有从军经历的高管的权威形成挑战，因此有从军经历的高管不太可能进行失败风险极高的研发投资活动。罗进辉等（2017）的研究结论支持了 Benmelech 和 Frydman（2015）的观点，他们认为当面临较高的不确定性环境时，有从军经历的高管普遍会更加谨慎、保守，他们所在公司的负债水平通常较低，其投资水平、研发支出也显著低于其他企业。王元芳和徐业坤（2019）进一步对有从军经历的高管与公司风险承担的关系进行了研究，结果发现，从军经历使军人高管更加保守而非激进，其所在的公司的风险承担水平也会显著降低。但是，权小锋等（2019）、陈伟宏等（2019）认为，高管从军经历对企业的研发投入、创新产出具有促进作用，他们的研究均是从军人高管过度自信、偏好风险和较强的执行力的角度出发，证明有从军经历的高管在创新方面更可能会表现出"冒险"的倾向，且权小锋等（2019）的进一步研究发现，个体从军的年限越长、军衔越高，企业的创新水平越高。

（5）社会责任方面。邵剑兵和吴珊（2018）基于慈善捐赠和冗余雇员的双重视角对管理者从军经历与政府补助的关系进行了研究，结果发现具有从军经历的管理者所在的公司会获得更多的政府补助，其影响路径研究结果支持了慈善捐赠视角的理论分析，冗余雇员视角的理论分析未得到证明，他们认为拥有从军经历的高管会更有同情心和责任心以及团结互助精神，这些均会提高军人管理者对社会上贫困现象的关注度，他们更可能会做出慈善捐赠的决策，而拥有从军经历的高管的慈善捐赠行为会得到政府的赞赏，从而提升企业的形象，此时他们所在的企业也会获得政府更多的在财政上的支持，即慈善捐赠在高管从军经历与政府补助的关系中发挥着中介传导作用。

（6）公司治理方面。前文分析高管从军经历在财务信息披露方面的影响时已经发现高管从军经历具有一定的治理作用。拥有从军经历的高管往往更加有责任心，更诚信、无私，这些较高的道德水准会进一步降低拥有从军经历的高管的风险偏好程度，以及他们较强的纪律服从意识也会抑制他们激进的行为倾向，同时军事训练锻炼了他们的领导力，这些领导技能的习得有助于军人高管为企业营造良好的治理环境。基于拥有从军经历的高管的这些特质分析，王元芳和徐业坤（2020）的研究也证明了高管从军经历确实可以显著提升公司治理水平，他们的研究发现，拥有从军经历的高管所在的民营上市公司中被出具非标准审计意见的可能性和实施盈余管理的程度都较低。廖方楠等（2018）研究了高管从军经历对企业内部控制质量的影响，发现高管从军经历能够发挥公司治理作用，拥有从军经历的高管较强的纪律感和道德感有助于提升企业内部控制质量。权小锋等（2018）从代理风险、诉讼风险和审计风险三个方面研究了高管从军经历与审计费用的关系，得出高管从军经历具有一定的公司治理作用，对上述三种风险均具有抑制作用，进而审计师在对拥有从军经历的高管所在的公司进行审计时会收取较低的费用。曹雅楠和蓝紫文（2020）从股价崩盘风险的角度研究了高管从军经历的治理作用，结果发现高管从军经历能够有效抑制股价崩盘风险，且当公司治理环境较差时，其作用更为显著，由此表明高管从军经历与公司治理具有替代作用，证明了从军经历对个人价值观正面塑造作用给企业带来的积极影响。

2.2.4　高管职业经历的相关文献述评

通过文献梳理总结出高管学术经历对企业的经营发展具有很多重要启示。第一，高管学术经历有助于提高公司的战略规划和决策能力。高管的学术背景意味着他们接受过系统的培训，拥有更广泛的知识面和更深入的理解。这些经验和技能可以帮助高管更好地理解企业和市场，预测未来的趋势和挑战，以及更好地规划和制定战略。因此，高管学术经历可以促进企业的长期成功和可持续发展。第二，高管学术经历可以提高企业的创新能力。高管经常扮演着"企业的创新推动者"和"领袖"的角色，他们需要具备创造性的思维和创新的能力。高管学术经历可以帮助他们更好地理解新兴技术、行业趋势和市场动态，并将这些知识应用于企业的战略规划和产品开发中。高管的学术经历还可以促进企业内部的知识共享和团队协作，进一步促进创新和创造性的思维。第三，高管学术经历有助于提高企业的社会责任感。高管的学术背景通常伴随着更广泛的社会视野和价值观。他们不仅关注企业的利润和业绩，还关注企业的社会影响和责任。高管学术经历可以帮助企业制定更有意义的社会责任战略和行动计划，提升企业的社会声誉和品牌形象。第四，高管学术经历可以提高企业的管理效率和提升团队领导力。高管需要具备管理技能、领导能力和团队合作能力，以便有效地管理企业和员工。高管的学术经历可以帮助他们更好地理解员工的需求和动机，并利用这些知识建立更高效的工作流程和团队合作。高管学术经历还可以提高高管的沟通和领导能力，让他们更好地激励和管理员工。总体来看，高管学术经历对企业具有重要的价值。拥有学术经历的高管通常具备更广泛的知识和技能，可以促进企业的长期成功和可持续发展。

高管财务经历具体是指企业高层管理人员在职业生涯中积累的财务管理经验和专业知识。这种经历对于企业的发展和长期成功具有重要的影响。综合文献梳理可知，高管财务经历对企业发展具有重要性。第一，高管财务经历能够提高企业财务管理水平。高管财务经历使高层管理人员能够更好地理解财务报表和财务分析，他们了解如何制定和实施有效的财务战略，掌握财务预测和规划技能，能够更好地管理和控制企业财务风险，从而提高企业财务管理水平。第二，高管财务经历能够促进企业的融资活动。高管财务经历使高层管理人员更加熟悉融资渠道和融资工具，他们能够更好地管理企业资本结构，制定合理的融资方案和资本预算方案。这不仅能够降低企业融资成本，还能够提高企业融资效率，促进企业的融资活动。第三，高管财务经历能够提高企业的绩效。高管财务经历能够提高高层管理人员对于企业经营绩效的认识和理解，他们能够通过财务分析来评估企业的盈利能力、成长潜力和风险状况，制定和实施科学的经营决策，进一步提高企业的绩效水平。第四，高管财务经历能够提升企业透明度。高管财务经历可以帮助高层管理人员更加有效地实施企业治理和提高企业治理的透明度，他们能够更好地理解财务信息披露的重要性，提高企业公开透明度，进一步提升企业的社会声誉和信誉。总体来看，高管财务经历对于企业的财务管理、融资活动、经营绩效和治理透明度等方面都具有积极的影响。因此，企业应该注重培养高管的财务管理经验和专业知识，提高企业的管理水平和绩效水平。

　　高管的从军经历在企业经营发展中具有重要性。第一，高管的从军经历可以为企业带来领导力和战略思维。在军队中，高管们需要担任领导职务，管理士兵并指挥作战。这种经历让他们在领导力和团队协作方面得到了训练，并形成了独特的领导风格。此外，军队中需要进行战略规划和决策，高管们通过这种经历学会了如何进行长远规划和战略决策，这对企业获得发展和掌握竞争优势非常重要。第二，高管从军经历可以为企业带来执行力和紧迫感。在军队中，执行力和纪律性非常重要。高管们在军队中锤炼了严谨的工作态度和执行力，这种经历可以让他们将这种态度和执行力带到企业管理中。第三，高管从军经历可以为企业带来团队协作和危机管理能力。在军队中，高管们需要带领团队完成任务和应对危机。这种经历让他们形成了卓越的团队协作能力和危机管理能力，可以帮助企业更好地协调各个部门和应对各种挑战。第四，高管从军经历可以为企业带来公信力和社会责任感。军队是国家的一支重要力量，高管们在军队中担任职务表明他们具有为国家服务的精神和责任感。这种经历可以让企业在社会中拥有更高的公信力和社会责任感，提升企业的声誉和形象。总体来看，高管从军经历对企业具有非常重要的意义。它可以为企业带来领导力、战略思维、执行力、紧迫感、团队协作能力、危机管理能力、公信力和社会责任感等方面的优势，有助于提高企业的竞争力。然而通过文献梳理可以发现，从军经历也具有消极的作用。高管从军经历是指企业高层管理人员在军队服役的经历。虽然这种经历可能对个人的成长和能力提升有积极作用，但从企业经营发展的角度来看，也存在着一些消极的影响。例如，高管从军经历可能会导致管理理念和经验与企业不匹配。军队和企业是两种不同的组织形式，管理方式和目标也不同。高管的从军经历可能导致其将军事管理方式和经验带入企业中，这可能与企业的发展需求和管理模式不相符合，从而导致管理不当。

　　综上所述，高管学术经历、财务经历与从军经历对企业的经营发展可能存在积极或消极影响。企业在选择高管时，需要综合考虑各种因素，尽可能发挥高管职业经历的积极作用，更好地为企业的长期发展服务。

2.3 高管特质对企业成本粘性的影响研究

管理者是企业经营决策的核心，其背景特征会影响决策行为。Hambrick 和 Mason（1984）提出了高层梯队理论，其中强调了管理者特质的重要性，认为管理者特质通过影响管理者的心理认知和价值观等影响其行为选择，他们还指出管理者的心理认知和价值观等会受到管理者背景，如年龄、性别等人口统计学特征的影响。目前，高管特质对企业成本粘性的影响也越来越受到学者们的重视，相关研究逐渐增多。

在管理者特质对其行为决策的影响中，管理者过度自信和管理者风险偏好较早引起关注，但多数是研究管理者过度自信、风险偏好对企业财务决策的影响。Roll（1986）的研究发现，过度自信的管理者在并购交易中更可能支付溢价。Malmendier 和 Tate（2005）的研究表明，管理者过度自信会引发企业投资偏离现象。Graham 等（2013）对高级管理人员进行了心理测试发现，CEO 比普通员工更乐观、更能承受风险，他们提供的证据表明，CEO 的乐观和管理风险厌恶等特质会影响公司的财务决策行为。我国学者的很多研究也表明管理者过度自信会导致企业过度投资、并购溢价等行为（王霞等，2008；傅强和方文俊，2008；姜付秀等，2009；潘爱玲等，2018），管理者的风险偏好也会影响企业的投资水平、创新、盈余管理等行为（龚光明和曾照存，2013；孙文章等，2016；张传奇等，2019）。结合企业成本粘性，Anderson 等（2003）、Banker 等（2011）研究了管理层预期与成本粘性的关系，结果发现管理层乐观预期会增强企业成本粘性。梁上坤（2015）进一步将管理者过度自信与成本粘性直接连接起来，研究了管理者过度自信这一心理特质对其成本决策产生的影响，结果发现管理者过度自信会增加企业成本粘性。而风险偏好程度高的管理者更倾向于扩大企业规模，出现过度投资、大规模并购等活动，从而会加大企业成本粘性出现的概率（穆林娟等，2013；车嘉丽和段然，2016；张传奇和孙毅，2018）。如果说管理者过度自信、管理者风险偏好会影响其成本控制决策，那么高管特质中如年龄、性别、任期、学历等都可能是管理者过度自信、管理者风险偏好的深层次影响因素，管理者的背景特征会影响其对所面临现象的心理反应，或影响其情绪和态度，或影响其风险偏好，目前也有很多研究开始使用管理者的年龄、性别、学历、教育背景、任期等作为管理者特质的代理变量来研究其对成本粘性的影响。

（1）年龄。在一定程度上，管理者的年龄代表了其工作经验，管理者年龄也会影响其心态，从而影响其行为决策。Chown（1960）的研究指出，年龄大的管理者其思维比较陈旧，他们喜欢有条不紊的行为方式，其对新知识的学习能力比较差。Morin 和 Suarez（1983）发现，年轻高管的风险规避系数相对较低，他们对未来的收入预期较高。Bantel 和 Jackson（1989）的研究表明，高管团队的平均年龄与企业的战略激进度负相关，平均年龄越大，越可能采取稳健的公司战略。Taylor（1975）和 Forbes（2005）发现，相比年龄小的管理者，年龄大的管理者所做出的决策判断其误差水平较低，年龄大的管理者往往具有更多成功和失败的工作经验，他们能够更准确地评估自身的能力，以此减少对自身知识和能力的高估，由此提高预测的准确性，降低过度乐观的预期。Banker 和 Johnston（1993）的研究认为，高管团队的年龄差异越大，团队的价值观冲突会越大，高管团队做出的决策虽然会更加的多样化，但是可能会对企业的价值造成一定的损害。Yim（2013）的研究认为，年轻的 CEO 具有更强的风险偏好，他们愿意调整高难度的工作，其所在的公司发生并购的可能性会更高。江伟（2011）的研究发现，董事长的年龄越长，越不会出现过度自信的倾向，他们所在的公司会具有较低的负债比率。王鹏和毛霁箴（2018）的研究也得出年长的 CEO 更可能是风险规避者。结合企业成本控制决策，黄蕾（2019）研究了高管团队异质性对企业成本粘性的影响，其认为作为企业决策主体，高管团队的认知差异和价值观差异等会影响他们的管理风格和行为表现，从而可能会影响企业成本粘性，作者发现，高管团队年龄较大的异质性会加强企业成本粘性，这主要是因为年龄大的管理者在团队中更有经验，但思维可能会更局限，相反，年龄小的管理者接受新事物的速度更快，更具有工作激情，但是他们做出的决策可能会缺乏稳定性，由此团队的年龄差异过大必然会增加团队决策的难度，可能会无法及时调整成本决策，由此产生成本粘性。李丹蒙等（2020）在研究客户集中度对企业费用粘性的影响过程中发现，CEO 的背景特征会影响二者关系，CEO 的年龄越大，客户集中度对企业费用粘性的强化作用会更加显著，这是因为年龄越大的管理者具有较低的风险偏好程度，当客户集中度较高时，如果出现业务量下降的情况，他们为了规避客户流失和声誉损失的风险而选择保留资源投入现状，选择降低销售和管理费用支出的可能性较低。

（2）性别。社会心理学和行为金融学的相关文献表明，男性普遍比女性更加自信。Peng 和 Wei（2006）考察了企业高层管理人员的性别差异对企业投资决策的影响，他们以性别作为过度自信的衡量标准，提出假设即女性高管所在的企业投资对现金流的反应程度不如男性高管所在的企业，他们使用标准普尔的高管性别数据集，最终研究结果支持了该研究提出的假设。此外，很多学者的研究也发现男性要比女性更具冒险性（Eckel & Grossman，2008；Wang et al.，2009），女性天生就没有男性那么有竞争力（Croson & Gneezy，2009）。Wieland 和 Sarin（2012）对竞争倾向中的性别差异进行了探讨，他们发现，相比女性，男性在竞争中会考虑自尊的重要性，更急于证明自己。Charness 和 Gneezy（2012）对于男性是否比女性更愿意承担财务风险的问题进行了研究，通过实验研究的方法最终得出，相比男性，女性投资会更少，女性比男性更不愿意承担财务风险。Huang 和 Kisgen（2013）的研究发现，相比女性高管，男性高管实行更多的收购行为和发行更多的债券，女性高管对收益预期的限定范围更广，更有可能提前行使股票期权，他们的研究证据表明，与女性相比，男性在重大的公司决策中会表现出相对的过度自信。此外，女性高管还会发挥一定的公司治理作用，女性高管为了保护自己的声誉和避免法律责任会抑制自身的机会主义行为，采取与股东利益一致的行为，从而有助于缓解企业的代理冲突（Gul et al.，2008；Adams & Ferreira，2009；Srinidhi et al.，2011；Byoun et al.，2011）。目前，我国学者对管理者性别的研究也普遍认为，管理者性别会影响其心理特征，进而影响其行为表现。张海亮等（2018）的研究指出，女性 CEO 在决策过程中会表现得更为谨慎，她们会更加注重自己的声誉以及保护自己的薪酬优势，因此，会更倾向于做出规避风险的企业决策。许晓芳等（2018）的研究认为，女性 CEO 可以降低国有企业过度投资程度，证明了女性高管的公司治理作用。结合企业成本粘性问题的研究，车嘉丽和段然（2016）的研究表明，相比男性高管，女性高管会选择规避风险和避免过度自信，在投资时女性高管会更倾向于选择保守的公司战略，会更加关注股东和公司的整体利益，因此女性任职高管时可以降低企业代理成本，从而能够缓解战略差异对成本粘性的增强作用。全怡和陶聪（2018）研究了管理层性别对企业费用粘性的影响，指出女性高管较强的自我约束感会抑制管理者自利的风险偏好，从而减少有损公司利益的决策行为，因此当女性处于公司核心领导职位时，公司的费用粘性水平较低，该研究支持了女性在公司中的治理作用，与已有的研究结论一致。

（3）学历。研究认为学历（教育水平）越高，管理者的认知能力和专业能力会越高，他们对问题的分析和处理能力也较强，做出的决策也会更理性（Kimberly & Evanisko，1981）。Finkelstein 和 Hambrick（1996）的研究得出管理层的平均学历水平越高，公司绩效表现会越好。Lichtenstein 和 Fischoff（1977）的研究发现，学历水平的高低会影响人们的决策，他们证明了教育水平高的人不太可能出现过度自信的心理，因为学历高的人善于从正反两方面收集信息并考虑问题，更可能会降低决策中的判断偏差。

Flood 等（1997）发现高管学历水平越高，其越倾向于规避风险。姜付秀等（2009）的研究表明，管理者团队的平均学历水平越高，其所在的公司发生过度投资的可能性越小。江伟（2011）在考察过度自信对企业资本结构的影响时发现，董事长的学历水平越低，董事长过度自信行为会更强，因此更可能会选择高的债务融资。池国华等（2014）对高管背景特征与内部控制质量的关系进行了研究，结果发现学历高的高管会对内部控制有更深的理解，会更容易识别出内部控制存在的问题以及内部控制有效制定的措施，从而促使内部控制质量的提升。与江伟（2011）的研究结论相反，王昌荣和李娜（2019）的研究则认为，较高的学历水平会提升个人的能力，他们认为拥有更丰富的专业知识和技术能力提升了个人的自信度，他们的研究也证明了学历高的高管更可能实施创新战略。结合企业成本粘性的研究，黄蕾（2019）的研究不仅证明了高管团队的年龄异质性对成本粘性具有影响，还发现高管团队教育水平的异质性也会加强企业成本粘性。李丹蒙等（2020）的研究也得出当学历越低时，客户集中度对企业费用粘性的强化作用更加显著，这是因为学历高的 CEO 在面临销售下滑、客户流失时，会更相信自身的谈判能力以及开发新产品或新市场的能力，因此在面临成本费用调整时，学历高的管理者会表现得更灵活。

（4）教育背景。Wiersema 和 Bantel（1992）认为，具有技术背景的企业家能够显著提升企业的创新水平。李四海和陈旋（2014）的研究也支持了 Wiersema 和 Bantel 的研究结论。在财务决策方面，相比拥有理工类专业背景的高管，拥有经济管理类专业背景的高管会具有更多与财务相关的专业知识，因此其会影响公司的决策结果。Jensen 和 Zajac（2004）研究了高管财务背景对企业投资行为的影响，得出财务型 CEO 会促进企业多元化投资。姜付秀等（2009）的研究表明董事长的教育背景会影响企业的投资水平，他们的研究发现，国有企业中董事长拥有金融、会计或经济管理类专业背景更可能进行过度投资，因为受金融、会计等经济管理类教育的董事长更看重投资收益，忽视投资的风险与成本，为了获得丰厚的收益可能会采取激进的行为。江伟（2011）的研究发现，拥有经济管理类教育背景的董事长具有更专业的财务决策相关知识，较高的专业水平和对财务政策、会计准则较高的熟悉度会增加财务型董事长的过度自信程度，因此他们更可能会运用自己所掌握的融资业务经验提升企业的资产负债比率。张继德等（2013）的研究得出，具有金融、会计等经济管理类专业背景的高管会努力提升企业的内部控制质量，因为这一方面的教育背景使得他们更加清楚内部控制的重要性和必要性。曾三云等（2015）的研究认为，具有金融、会计或经济管理类教育背景的 CEO 所在的企业具有较低的现金持有水平，因为具有财务相关专业背景的管理者对外部市场环境以及产品的竞争情况会有更准确的认识，他们对项目投资风险和收益的估计也会更准确，投资失败的可能性会较低，因此他们会选择将企业的现金流投入到盈利的项目中。结合企业成本粘性研究，黄蕾（2019）认为具有经济管理类教育背景的高管团队成员在财务决策中具有优势，他们更熟悉财务决策过程，最终得出，高管团队的专业背景差异有助于降低企业的信息收集成本，为企业决策提供多样化的信息，帮助企业制定更贴合实际的解决方案，从而有利于降低企业成本。

（5）任期。Hill 和 Phan（1991）的研究认为，管理者较长的任期加强了管理者的决策控制权。随着任期的增加，管理者会通过过度投资、在职消费等自利行为来增加自身的薪酬和隐形利益（Gibbons & Murphy，1992；Berger et al.，1997）。在任职初期，高管可能会更关注短期利润而忽视企业的长远利益，他们急于证明自己的能力，站稳脚跟，而任职后期，高管已建立了良好的声誉，此时他们会注重维持声誉而减少自身的机会主义行为（Ali & Zhang，2015），且相比任职初期，处于既有任期后期的管理者一般思想都会比较保守，他们不喜欢变化，也不愿意承担风险，面对企业的经营管理甚至会表现出不思进取、消极对待的态度（Liu et al.，2012）。Taylor（1975）、Fraser 和 Greene 等（2006）也都表明任期越长的管理者会更理性，其过度自信程度会更低，在政策选择时他们会倾向于风险较小的政策，面对风险时整体上采取一种规避的心态。任期不仅包括既有任期还包括预期任期，Chen（2015）的研究发现，管理者的预期任期越短，越可能会规避风险，他们会更多地考虑自身的短期利益，出现短视行为，对于风险较高、回报周期长的投资项目，例如研发创新，他们会选择放弃。李培功和肖珉（2012）的研究发现，一方面，CEO 较长的既有任期会促进企业过度投资，尤其会促进国有企业过度投资；另一方面，CEO 较短的预期任期则会抑制企业过度投资，该结果表明高管长期的任职会增加企业代理成本，而较短的预期任期则会降低企业代理成本，对高管既有任期与企业过度投资的正向关系具有修正作用。池国华等（2014）的研究发现，高管任职时间越长，越有利于提升企业内部控制质量，这主要是因为任职时间越长，他们越能够了解企业的经营环境，且任职时间越长，他们所掌握的知识和经验不断增加，可以更好地控制企业的经营风险，提升决策质量，而任职时间越短，高管可能会为了实现个体的利益而采取激进的经营管理行为，会抵触内部控制的实施。结合企业成本粘性的研究，江伟和姚文韬（2015）从高管任期的角度对企业成本粘性进行了研究，他们认为任期越长的高管，其权力也会越大，他们会产生通过扩大企业规模来构建商业帝国，为自己谋取私利，这与 Hill 和 Phan（1991）、Berger 等（1997）的研究发现具有一致性，他们得出高管任期与成本粘性存在显著的正相关性，因为在面临销售量下降时，任期长的高管不愿意削减资源投入，由此增强了企业成本粘性，这一现象主要存在于国有企业中，且江伟和姚文韬的进一步研究发现，在非国有企业中，高管临近离任时，其成本粘性行为会有所减少，表明非国有企业的高管预期任期较短时，会出现"不求有功，但求无过"的行为表现，抑制自利行为。李丹蒙等（2020）的研究发现，CEO 任期越长，客户集中度对企业费用粘性的强化作用更显著，他们从 CEO 乐观预期和代理成本两个角度进行了分析：一方面，任职时间越长，CEO 在工作中会更有信心，更为乐观，因此不会削减成本费用支出；另一方面，CEO 为了保持和客户建立的良好关系，在面临销售量下降时，他们愿意支出一定的费用来维持与客户的网络关系，因此 CEO 较长任期会强化客户集中度对企业费用粘性的正向影响。

2.4　本章小结

通过对企业成本粘性、高管职业经历、高管特质与企业成本粘性间关系的相关研究文献进行梳理后，本书发现并总结出了所研究的主题以及相关线索与支持。

首先，对成本粘性的相关文献进行梳理后，本书发现，这部分的研究比较成熟，尤其是在企业成本粘性影响因素和治理研究方面，即将成本粘性作为被解释变量的研究文献已非常丰富。成本粘性的成因主要从调整成本、管理层乐观预期和代理问题三个方面进行解释（Anderson et al.，2003；Calleja et al.，2006；Chen et al.，2012）。也有很多学者从更多方面对其影响因素进行扩展，他们从经济环境、行业差异、公司战略等视角丰富了企业成本粘性的影响因素（刘武，2006；Banker et al.，2013；Banker et al.，2014；王菁华和茅宁，2019）。通过对成本粘性的经济后果以及治理研究的文献进行梳理后可以得出，目前，很多学者开始关注成本粘性给企业带来的影响，更多集中于不利影响，毕竟成本粘性的本身就代表了企业资源配置效率低下和企业经营风险的问题，因此也有很多学者开始从公司治理等角度对成本粘性的治理进行研究（Chen et al.，2012；穆林娟等，2013；梁上坤，2017），且从关于成本粘性治理的相关文献分析中可以发现，大部分研究从成本粘性的三个主要动因，即调整成本、管理层乐观预期和代理问题的增减变化来进行研究（梁上坤等，2015；车嘉丽和段然，2016；张路等，2019；李颖等，2020），本书主要从管理层乐观预期和代理问题的角度进行机制分析。此外，通过文献梳理可以发现，大部分研究都将成本粘性作为企业行为的结果进行分析和研究，并根据结论提出一系列政策建议，但实际上建议的有效性欠缺。

其次，对高管特质与成本粘性关系的相关文献进行梳理后可以发现，企业成本粘性不应仅仅被视为企业行为的结果去分析，更应该从管理者背景特征的视角去分析其影响因素及治理机制。根据高层梯队理论，高管作为一家公司核心的人力资源之一，其在制定公司战略等重要决策上扮演着极其重要的角色，高管异质性会致使其做出不同的经营决策（Hambrick & Mason，1984）。现实中的高管并非经济学假设的"完全理性人"，他们更多表现为有限理性，这会影响其自身的认知能力、价值观等心理特征。然而这些心理特征又很难衡量，但又与个体背景特征紧密联系（Daniel & Tversky，2000；Fraser & Greene，2006）。高管的背景特征可以代替管理者个人的理念、观念、价值观、风险意识、经营理念等，进而会影响企业的决策行为，例如相比女性高管，男性高管可能会更偏好风险、更加过度自信，其决策行为会更激进（Eckel & Grossman，2008；Wang et al.，2009）。目前，也有很多研究开始使用管理者的性别、年龄、学历、教育背景、任期等人口统计学特征作为管理者特质的代理变量来研究其对企业成本粘性的影响（江伟和姚文韬，2015；车嘉丽和段然，2016；全怡和陶聪，2018；黄蕾，2019；李丹蒙等，2020）。梁上坤（2015）从管理者过度自信的心理特征的视角研究其对企业成本粘性的影响。可见高管个人特征对企业成本粘性的影响逐渐受到学者们的关注。然而，由于企业成本粘性这一现象的出现以及其受到学者关注的时间较短，目前在探讨企业成本粘性的文章中，从管理者背景特征的角度出发进行探讨的文献数量并不多。这一点启发我们可以从高管的其他背景特征出发对企业成本粘性进行更为深入的研究。

最后，对高管职业经历的研究文献进行梳理后得出，高管过往的工作经历会对自身的性格、认知基础、价值观塑造以及工作能力的培养等方面产生深刻的影响，在公司的战略决策过程中，这些也是影响高管思考和抉择的关键因素（Field & Mkrtchyan，2016；Dittmar & Duchin，2016）。

Hitt 和 Tyler（1991）认为，长期的任职经历有助于高管储备更多的专业知识和积累更多的工作经验，进而影响高管的认知水平和行为表现。长期的从业经历中，高管的工作环境、工作性质、工作习惯等都会在其身上形成深刻的烙印，进而影响管理者的管理风格和行为模式（Bamber et al.，2010）。本书在梳理高管特质与企业成本粘性关系的相关文献时发现，从高管特质的角度对企业成本粘性的分析还留有很大的研究空间，目前从高管职业经历的异质性角度对企业成本粘性的影响研究相对较少。而相比高管职业经历特征，高管人口统计学特征又只是表象特征（张路等，2019），无法有效区分统一特征背后的不同以及行为背后的其他原因，例如，同样是女性，但是不同的职业经历可能会塑造出不同的性格，并非所有女性都是谨慎保守的，过往的职业经历能够更好地衡量管理者的心理和行为特征，此时，高管职业经历的异质性为本书提供了一个很好的研究视角。

总体来看，不同职业经历的管理者具有不同的性格偏好和价值观选择，且与高管性别、年龄、教育背景等差异性特征相比，不同的职业经历对高管的思维模式和行为习惯的影响会更深刻。为此，本书将进一步考察高管职业经历异质性这一高管背景特征在企业成本控制决策过程中的影响。本书将从高管学术经历、财务经历和从军经历三个方面进行研究，其中拥有学术经历的高管一般具有扎实的理论基础，拥有财务经历的高管通常会具有丰富的实务工作经验，而拥有从军经历的高管往往具有良好的行为规范，他们会更加服从上级安排，具有较强的遵纪守法意识。现实中，企业对研究型人才、实务型人才以及具有良好行为规范人才的重视是企业经营管理之道，企业的健康发展需要这些多元化人才的支撑，既需要理论型人才也需要实践型人才，更需要遵守企业规章制度、服从上级安排、具有良好行为规范的人才，本书希望能够为公司的人力资源管理提供有益的启示，未来企业在构建多元化高管团队时能够清楚地认识到不同职业经历的人才在企业成本控制决策过程中潜在的行为倾向，实现不同职业经历人才的优势互补，从而降低企业成本粘性，提升资源配置效率。

CHAPTER
3

概念界定、制度背景与
理论基础

本章主要围绕研究主题,即高管职业经历与企业成本粘性,对相关概念、制度背景以及研究的理论基础进行了总结。具体包括四部分:第一部分是概念界定,分别对成本粘性和高管以及高管职业经历进行了概念界定;第二部分是制度背景,分别对我国企业成本管理的制度背景和我国企业成本粘性的成因进行了分析;第三部分是理论基础,主要介绍了与本书研究相关的五个理论,分别是管理层乐观预期理论、委托代理理论、高层梯队理论、烙印理论和声誉理论;第四部分是理论小结,主要是对本书研究中的理论基础以及该理论在高管职业经历与企业成本粘性关系中发挥的作用进行了总结。

3.1 概念界定

3.1.1 成本粘性

传统成本性态假设中将成本划分为固定成本和变动成本，固定成本是指在一定时期和一定业务量范围内，成本不受业务量增减变动的影响，相反，变动成本则在一定时期和一定业务量范围内随业务量的增减变动而成正比例地变动。一般情况下，企业发生的成本不会是完全意义上的固定成本或变动成本，而是包括两者的混合成本，用数学表达式表示为：$y=\alpha+\beta x$，其中，y 为总成本，x 为业务量，α 和 β 分别为固定成本和单位变动成本。在这个数学表达式中可以发现，业务量每增加或减少 1 个单位，成本就会增加或减少 β 个单位，我们对 x 求导可以得出：$dy/dx=\beta$，此处，β 作为常数说明成本的边际变动率与业务量的变动方向无关。

然而，现实中的成本变化与业务量变化并非像上述传统成本性态模型一样呈简单的线性关系。越来越多的经验证据表明，企业的成本在业务量上升时的边际增加量要显著大于业务量下降时的边际减少量，即随着业务量的变动，成本变动整体上是易增难减，这里可以用数学表达式来描述，如果 $x_n<x_{n+1}$，$dy/dx=\beta_1$；如果 $x_t>x_{t+1}$，$dy/dx=\beta_2$；则有 $|\beta_1|>|\beta_2|$，由此可知，β 不再是一个固定的常数，可见成本与业务量之间的变动关系并非呈现对称性。Anderson 等（2003）首次通过采用公开数据对上述现象进行了实证研究，且证实了上述现象，他们将此现象称为成本粘性，Anderson 等对美国的上市公司进行了研究，结果发现当企业的销售收入增长 1% 时，其成本费用增长 0.55%，但当企业销售收入下降 1% 时，企业的成本费用仅

下降 0.35%，这种成本随着收入易增难减的现象表明企业存在成本粘性。之后，学者对我国上市公司的成本粘性进行了研究，也证实了成本粘性的存在性（孙铮和刘浩，2004；孔玉生等，2007）。

目前国内外关于成本粘性的研究其说法略有差异，大致有成本粘性、费用粘性、成本费用粘性三类说法，但它们的研究框架、研究方法以及研究内容都十分接近，例如关于其影响因素的研究基本一致，都是从调整成本、管理层乐观预期、代理问题三个角度进行分析，因此本书对成本粘性的理论分析不做详细区分。但不同于费用粘性，主要采用销售费用和管理费用的变化来衡量费用变动情况，也不同于成本费用粘性，即采用成本和销售管理费用的变化来衡量成本变动，本书主要研究纯粹的成本粘性。具体来看，成本粘性指标的衡量不是用某一个单一变量来进行衡量，而是用成本变化率和收入变化率之间的变化关系来进行解释，借鉴 Anderson 等（2003）、孔玉生等（2007）的度量方法，用营业成本变化率（当期营业成本与上期营业成本的比值再取自然对数作为被解释变量）、营业收入变化率（当期营业收入与上期营业收入的比值再取自然对数作为解释变量），最后观察成本变化率和收入变化率之间的变动关系，当收入向下变动时，成本向下变动的幅度小于收入向上变动时成本向上变动的幅度，即成本变化率呈现"易增难减"的状态则表明企业存在成本粘性。

3.1.2 高管

本书以高管学术经历、财务经历、从军经历为切入点进行研究，所以首先要对"高管"这一概念进行定义。中国证券监督管理委员会（以下简称中国证监会）对高管的定义是，高管主要指公司的总经理、副总经理、财务负责人、合规负责人、董事会秘书以及实际履行上述职务的人员。现实中，广义的高管定义是指除上述中国证监会在定义中提及的人员外，还包括公司的董事和监事。目前，国内外学术界对"高管"概念的界定也并未达成统一认识。赵慧（2018）通过对 2015~2017 年国内《经济研究》《管理世界》《会计研究》三本刊物进行整理发现，对高管的定义大致可以分为以下七种：①董事长、总经理、CEO 与总裁；②总经理、总裁、CEO、副总经理、副总裁、董事会秘书等；③董事、监事与高级管理人员；④ CEO；⑤ CEO、总经理、执行总经理、副总经理、执行副总经理、总会计师与财务负责人；⑥董事长、总经理与财务总监；⑦未明确定义。本书对高管的定义参考第一种，高管选取董事长和总经理，这是因为在中国董事长和总经理在企业的经营决策和战略执行中发挥着至关重要的作用，他们作为企业最高管理者有着全面管理的职能，对企业投资决策的影响具有前瞻性和决定性。

3.1.3　高管职业经历

3.1.3.1　高管学术经历

高管学术经历的定义参考周楷唐等（2017）的做法，主要指高管正在或曾在高校任教，或者在科研机构、科研协会从事研究工作。需要特别指出的是，高管学术经历与高管教育背景的概念既有联系又有明显区别，拥有学术经历的高管大多受过高等教育，具有较好的教育背景，高管的教育背景则更多体现了高管的知识水平和个人能力，但具有丰富教育背景的人员未必具有学术研究的工作经历，相比于高管教育背景，高管学术经历对高管的知识储备、性格、认知、价值观、行事风格等都有重大的影响。

3.1.3.2　高管财务经历

高管财务经历的定义借鉴姜付秀和黄继承（2013）的做法，将具有财务任职经历的高管定义为曾经担任过财务负责人、财务总监、首席财务官、总会计师职务的人员。可以看出这类高级别的财务职位使高管能够接触到更高级别的财务工作，使他们可以积累更多的财务工作经验，而这些宝贵的经验会影响他们以后的经营决策行为。此外，为了使研究结论不失一般性，本书在稳健性检验中借鉴了姜付秀等（2016）的做法，将高管财务任职经历的定义广义化，将高管财务经历界定为高管担任过以下职务：财务负责人、财务（副）总监、首席财务官、（副）总会计师、财务主管、财务处（副）处长、财务科（副）科长、财务部（副）部长、财务部（副）经理、基金经理、投资经理、投资研究员、证券研究员、证券投资部部长、资本运作主管、投资总监、投行部经理、投行部高级经理、行业分析师等。可以看出，该定义相对比较全面，使本书的研究基本不会存在遗漏样本的问题。

3.1.3.3 高管从军经历

改革开放以来，我国涌现了很多具有从军经历的企业家。刘伟和刘洋（2010）在研究中将"具有从军经历的企业家"定义为那些从战场转业到商场并取得成功的退役军人群体。他们的成功在很大程度上得益于过往的军旅生涯，军队作为特殊的组织，有着鲜明的特征，曾经的军旅生涯会对个体的性格、价值观等产生深刻的影响。研究发现军人退役后依然会表现出勇敢自信和偏好风险的性格特征，他们往往会高估自己解决高风险问题的能力（Elder，1986；Elder & Clipp，1989；Elder et al.，1991）。Wansink等（2008）通过对美国上市公司进行研究后发现，有过第二次世界大战从军经历的军人进入企业后会表现出更高的风险偏好程度。冯正直等（2007）构建了军人心理素质"大五维度"模型，指出勇敢是军人最突出的心理品质，自信是其重要的品质。此外，军队也有着自己特殊的组织文化，军队里强调爱国主义教育，强调对军人责任感和不怕牺牲精神的教育，这些都深刻地影响着军人的价值观。军队具有完善的组织结构和严明的规章制度，这也造就了具有从军经历的高管日后较强的组织纪律意识。因此，军人的特殊身份会对个体的性格和价值观产生深刻的影响，而这又会进一步影响他们退役之后的工作和生活，潜移默化地影响着他们的行为决策。

因此，作为本书的研究对象，高管从军经历的选取较为广泛，借鉴邵剑兵和吴珊（2018）、王元芳和徐业坤（2019）的度量方法，通过对董事长和总经理的简历筛选关键词确认其是否具有从军经历，筛选的关键词主要包括"解放军""参军""入伍""退役""退伍""转业""部队""战士""士兵""海军""空军""陆军""军衔""参谋""班长""排长""连长""营长"等，并且具有从军经历的高管还包括是否曾是武警、具有军籍的医生和老师，以及是否具有军校的学习经历，虽然这些高管不是传统意义上的军人，但是他们也曾长期接受军队的生活和训练模式。限于数据的不可获得性，本书并没有进一步细分高管从军经历的服役时间、服役年限、军种等。此外，区别于"具有从军经历的企业家"，此处的具有从军经历的高管也包含决策失误、未取得成功的具有从军经历的高管。

3.2　制度背景

3.2.1　我国企业成本管理的制度背景分析

成本管理的制度背景可以追溯到现代工业化的兴起。随着工业化的进程，生产过程变得越来越复杂，需要对成本进行精细化的控制，以确保企业的利润最大化。20 世纪初，美国的泰勒提出了科学管理理论，将管理过程进行了系统化的规划和分析，实现了对生产成本的有效控制。随着时间的推移，成本管理的理论和实践逐渐成熟，并成为现代企业管理的核心要素之一。随着全球经济的快速发展，市场竞争日益激烈，企业必须采取一系列措施来控制成本并提高效率。因此，成本管理成为企业管理的重要组成部分，也成为企业竞争的关键要素。

当前，随着我国经济的快速发展和对制造业的重视，政府为制造业企业的成本管理提供了一系列的政策支持。2015年中央经济工作会议强调，要坚持"三去一降一补"，即去产能、去库存、去杠杆、降成本、补短板。此次会议提出的"降成本"政策是中国制造业企业成本管理的重要政策背景之一。之后，国家陆续出台了一系列的成本管理政策文件，例如，2016年，国务院印发了《降低实体经济企业成本工作方案》（以下简称《方案》），对今后一个时期开展降低实体经济企业成本工作作出了全面部署。这些方针政策的出台为我国制造业企业提供了明确的成本管理指导和标准，推动了我国制造业成本管理的规范化和现代化。此外，我国政府还在税收政策上采取了一系列的措施，如实行增值税转型、简化税制流程、减免企业所得税等，为企业降低成本提供了政策支持。

近年来，我国制造业企业也面临着国内外市场竞争的加剧，以及劳动力、原材料、环保等各种成本的上升，这些问题使企业在保持盈利的同时必须注重成本管理，以提高自身的竞争力。随着市场竞争的加剧，企业不得不通过降低成本来提高产品的价格竞争力。在这种情况下，注重成本管理成为企业的一种必要选择。同时，消费者对产品的品质和价格要求也越来越高，使企业必须在保证产品质量的前提下控制成本，以满足消费者的需求。此外，随着科技的不断发展，越来越多的企业开始采用先进的生产技术和管理方式，进一步提高了企业成本管理的重要性。这些技术和管理方式不仅能够提高生产效率、降低成本，还可以提高产品质量和企业的服务水平，增强企业的市场竞争力。总之，我国制造业企业为了在激烈的市场竞争中立于不败之地，必须注重成本管理，提高产品的价格竞争力和产品质量，以满足消费者的需求。

成本管理是企业管理的重要组成部分，通过有效的成本管理，企业可以实现成本降低、利润最大化以及更有效的资源利用。在成本管理制度的背景下，企业需要对成本进行分类和管理。成本通常被分为固定成本和变动成本两种类型。固定成本是指企业在一定期间内不随产量的变化而发生变化的成本，如租金、员工薪酬等；变动成本是指与产量相关的成本，如原材料、能源等。在企业固定成本和变动成本的发展变化方面，随着企业管理水平和技术的不断提高，成本管理制度也不断演变。在早期，企业主要关注固定成本的管理，而忽视变动成本的管理。随着市场竞争的加剧，企业开始重视成本管理，特别是变动成本的管理。随着信息技术的不断发展，成本管理的方法和手段也不断改进。如今，许多企业采用计算机辅助的成本管理系统来帮助它们更好地管理成本。这些系统可以帮助企业实时监测成本，快速识别成本问题，从而采取相应的措施。

成本管理和成本粘性是密切相关的两个概念，成本粘性是指企业在面临销售量下降时，往往不会立即向下调整成本，而是在一定时间内保持不变，这导致了成本粘性的存在。成本管理则是企业为了控制成本、提高效益而进行的管理活动。一方面，成本粘性的存在意味着企业在短期内难以应对成本的变化，因此需要采取更加有效的成本管理策略来应对。在成本粘性的背景下，企业需要在长期的规划中考虑成本的控制和管理，而不是在成本上升后再采取措施。这就要求企业建立完善的成本管理制度，包括成本控制、成本核算、成本分析等方面的管理制度，以便在成本上升时能够及时采取措施，避免对企业经营造成不利影响。另一方面，成本粘性的存在也需要企业在制定成本管理策略时考虑市场竞争情况，以保持企业的市场地位和盈利能力。在市场竞争激烈的背景下，企业需要不断提高产品或服务的附加值，以吸引消费者，从而保持市场份额。在这个过程中，成本管理的重点不仅在于降低生产成本，还需要在保证产品或服务质量的前提下提高产品或服务的附加值，从而提高利润率。因此，企业需要建立有效的成本管理制度，以实现最佳成本与附加值的平衡。

综合来看，我国制造业企业成本管理具有良好的制度背景，这些制度背景有助于促进我国制造业企业成本管理的不断完善和发展。而成本粘性是影响企业成本管理质量的一个重要因素，它要求企业建立完善的成本管理制度，考虑长期规划和市场竞争情况，实现最佳成本与附加值的平衡。在这个过程中，企业需要进行成本控制、成本核算和成本分析等方面的管理活动，以实现成本管理的目标，提高企业的市场竞争力和盈利能力。

3.2.2 我国企业成本粘性的成因分析

3.2.2.1 从经济学角度分析成本粘性的成因

成本粘性是企业面临的一个重要问题，其成因可以从经济学角度进行分析。通常，成本粘性主要由以下三个方面的因素导致：

首先，固定成本。固定成本是指与生产无关的成本，如租金、工资、管理费用等。这些成本不随生产量的变化而变化，因此在低产量时单位成本较高，在高产量时单位成本相对较低。这使得企业在降低产量时很难降低单位成本，因为它们必须继续承担固定成本的负担。

其次，规模经济。规模经济是指随着生产量的增加，单位成本逐渐降低的趋势。这是因为固定成本在总成本中所占比例越来越小，从而实现了生产成本的降低。但是，规模经济的存在也使得企业在降低产量时很难降低单位成本，因为规模经济对产量的要求很高。

最后，市场需求的不确定性。当市场需求波动较大时，企业往往需要调整产量来适应市场需求，这可能导致成本的大幅波动，从而增加了成本粘性。此外，市场需求的不确定性也使得企业在短期内很难对成本进行精确的预测和控制，从而增加了成本粘性。

总之，成本粘性是企业面临的一个普遍问题，其成因主要由固定成本、规模经济和市场需求的不确定性三个方面因素导致。在实践中，企业可以采取一系列措施来降低成本粘性，如优化生产规模、降低固定成本比例、增加产品差异化、提高供应链效率等。

3.2.2.2 从行为学角度分析成本粘性的成因

成本粘性的成因除了经济学因素外，行为学因素也对其产生了重要影响。行为学是一门研究人们如何做出决策和行动的学科，将人们的行为视为一种心理学和社会学的过程。在成本粘性问题中，行为学因素通常包括组织内部因素和外部因素。

首先，组织内部的行为学因素包括管理者的心理和行为，以及组织内部的文化和惯例等。管理者在决策中通常会考虑到成本粘性因素，他们会考虑到更换供应商、调整生产线等措施可能带来的风险和不确定性。但是，由于人们的固有偏见，管理者往往会对已有的经验和观念持续地保持一种认知惯性。例如，过去的经验可能导致管理者更倾向于选择已有的供应商，而不愿意冒险选择新的供应商。此外，一些组织的文化和惯例也可能导致成本粘性，比如组织内部存在一种"不变更就是最好的"思维定势。

其次，组织外部的行为学因素包括市场与行业中的不确定性、压力和惯例等。市场与行业中的不确定性可能导致企业难以预测市场变化和需求波动，从而难以做出相应的调整。一些企业在市场竞争中可能会受到压力，需要降低成本来提高市场份额，但它们可能会面临一定的风险，从而更倾向于选择保守的策略。此外，市场与行业中的惯例也可能导致成本粘性。例如，一些行业中存在长期稳定的市场结构和规则，新进入的企业可能难以改变这些规则，因此可能需要接受当前的成本结构和供应链等。

总的来说，成本粘性的成因是多方面的，行为学因素是其中一个重要的因素。管理者和企业需要认识到这些行为学因素的影响，制定合理的成本管理策略，提高企业的反应速度和决策效率。

3.3 理论基础

3.3.1 管理层乐观预期理论

管理层乐观预期是指管理层对未来公司业绩的预期持乐观态度的现象。根据自我确认偏差理论，管理层倾向于确认和寻求证据，以支持他们的预期，并排除不符合他们预期的证据。这种倾向会导致管理层的乐观预期超出了实际情况，从而产生一些不利于公司的决策和行为。同时，根据期望理论，管理层对未来业绩的期望不仅取决于实际业绩的预期值，还取决于预期的不确定性。如果管理层认为未来业绩的不确定性较低，他们会更乐观地预期未来业绩；反之，如果管理层认为未来业绩的不确定性较高，他们则会更保守。因此，管理层的乐观预期可能导致对风险的低估，从而导致决策风险偏好过高。

在公司管理中，管理层乐观预期的过高和不合理可能导致一系列问题，如高估未来业绩、过度投资，甚至做出不可持续的决策。因此，管理层应该意识到自我确认偏差和期望理论，采用客观、科学的方式评估未来业绩和不确定性，并尽可能避免主观偏差的影响。有学者发现，作为独立个体的人会有不同的心理情绪，按其性质可以分为积极情绪和悲观情绪（Lerner & Keltner，2000）。拥有积极情绪的个体会表现出更加正面、乐观的心理和行为，相反，具有悲观情绪的个体其心理状态和行为表现会更加负面和消极。当企业的管理者具备乐观或悲观的情绪时，其在公司的行为表现也会有很大的差异，尤其是对企业未来的发展趋势会有不同的预期。李粮和赵息（2013）的研究认为，具有积极情绪的管理者会对企业未来业务量增长持乐观预期，他们会乐观地认为未来的市场需求会增加，因此会更倾向于增加企业生产力，扩大企业投资规模；而具有悲观情绪的管理者则会对未来的业务量增长持悲观预期，进而会选择削减企业资源投入，减少企业生产力。

研究发现人们普遍都会对未来有着不切实际的乐观预期，通常会高估未来有利环境和有利事件发生的概率，认为未来的一切都是总体趋于良好的（Frank，1935；Weinstein，1980）。这种心理反应在企业管理中具体表现为：持乐观预期的管理者会看好企业未来的发展前景，不管企业当前的销售量相比于上期是增加还是减少，他们都会预计企业未来的销售量将持续增长，尤其是当企业的利润额增长时，乐观的管理者会进一步扩大企业资源配置，增加企业成本费用支出，且即使后期销售收入出现下降，乐观的管理者也会认为这只是短暂的波动，进而不会削减业务规模，这就会导致企业成本粘性的产生（Anderson et al.，2003；Banker et al.，2010）。此外，管理层预期也并非一成不变地倾向于乐观，管理层的乐观预期倾向主要是受企业上一期业务量增加的影响，而当企业管理者不能根据上一期的业务量对企业整体业务量或下一期业务量进行预测时，或者企业业务量出现连续下降时，管理层便会出现悲观预期，选择削减目前的资源投入，降低企业成本费用支出，此时企业成本粘性便不会显示出来（Anderson et al.，2003）。

总体来看，管理层乐观预期理论认为企业的业务量从长期来看是不断增长的，因此管理者对企业未来的销售额持乐观态度，在面临当前产量下滑时，乐观的管理者并不会立即削减企业的各种承诺性资源，例如物质资源成本和人力资源成本，从而导致企业成本与业务量呈现非对称变动的现象，由此产生成本粘性问题。较早时期，由于管理者心理因素较为抽象，难以通过数据有效衡量，导致在成本管理领域关于管理者心理因素的理论分析研究和实证分析研究比较缺乏，但是目前国内外学者开始通过采取替代性变量对成本粘性成因中的管理层乐观预期方面进行实证研究，其中Anderson 等（2003）通过使用 GDP 增长率来衡量外部宏观经济环境，且发现当外部宏观经济增长较快时，管理者往往会更乐观，而当企业前期销售收入下降时，管理者则会表现得较悲观；Banker 等（2010）通过划分行业是处于成长期还是衰退期来对管理层乐观和悲观预期进行区分，且研究得出管理层乐观预期会增强企业成本粘性；刘武（2006）、刘彦文和王玉刚（2009）均采用 GDP 增长率来衡量外部宏观经济环境，间接证明管理层乐观预期与成本粘性之间的关系；李粮和赵息（2013）使用企业前一期、前两期和前三期的销量变化趋势是否一致来衡量管理层乐观预期，并发现管理者乐观预期与企业成本粘性显著正相关。

3.3.2　委托代理理论

委托代理理论是经济学中一种重要的理论框架，用于研究代理关系下的经济行为。在委托代理关系中，委托人（委托方）将权利或任务交给代理人（受托方）执行，代理人在执行任务时，有可能出于自身利益而对委托人的利益产生不利影响，这就引发了委托代理问题。1932 年，美国学者 Berle 和 Means 提出了公司所有权和经营权合一会产生很多弊端，他们建议所有者将经营管理公司的权力让渡给职业经理人，只保留剩余索取权，因为相比于所有者，职业经理人拥有丰富的专业知识和较强的管理能力，由此公司内部便出现了所有权和经营权分离的现象，产生了委托代理关系。随后，学者们开始对两权分离问题展开了深入的研究。1976 年，Jensen 和 Meckling 正式提出了代理理论，他们认为委托人和代理人之间通过签订契约的方式形成委托代理关系，契约的签订会授予代理人一定权力，委托人会对代理人的服务提供相应报酬，由此委托人与代理人之间就形成了权、责、利的关系。然而在现实中，契约不完备、信息不对称、利益不一致等也造成了严重的委托代理问题。因为在委托代理关系中，委托者和代理者的目标函数并不一致，委托人作为公司的所有者关注股东利益最大化，但代理人并不一定按照委托人的意志进行公司经营，相比于委托人，代理人作为公司的实际管理者更多地参与公司的经营管理，他们有机会也有动机为了实现自身利益最大化而忽视公司所有者的利益。委托代理问题一直都是学术界和实务界关注的热点，一些学者在研究中会将委托代理问题称为"机会主义观"或者"管理者自利行为"。

委托代理关系所产生的代理冲突主要表现在以下三个方面：首先是管理者与股东之间的代理冲突，由于管理者在经营中创造的收益并不能由其单独享有，而是由所有股东全部分享，但经营风险则由管理者独自承担，不对等的付出与收获使得管理层有动机偏离股东利益目标而追求私利，管理层工作的积极性也会大幅下降，他们开始出现构建"商业帝国"（Jensen，1986）、追求更多在职消费（Stulz，1990）等有损股东利益的自利动机。其次是股东与债权人之间的代理冲突，现实经营中债权人作为企业资金的委托者，将资金出借给企业后并不参与企业的经营管理，公司的股东作为资金的代理人拥有使用权，由此债权人与企业股东之间也就构成了委托代理关系。在实际的资金运用过程中，债权人具有较低的风险偏好，希望股东投资于风险较小、收益稳定的项目，而股东则偏好风险，倾向于投资高风险、高收益的项目，因为债权人能够与之共同分担投资风险，由此便产生了股东和债权人的利益冲突。为此，债权人也会在签订契约时增加一些保障性条款，如增加债务利息，这便是债务代理成本。最后是大股东与中小股东之间的代理冲突，大股东持有股份最多，通常掌握着公司的重大经营决策权，处于优势地位，而剩下的股东大多持有很小一部分股份，相比于大股东，这些小股东处于信息劣势方，他们的权力很容易受到大股东的侵害，由此也就造成了大股东和中小股东之间的利益冲突。为此，外部监督管理部门要不断加强对中小股东利益的法律保护，公司也要进一步完善治理结构。

委托代理理论可以应用于许多领域，如公司治理、政府监管、金融市场等。在公司治理中，委托代理问题可能导致高管过度自信和高管腐败行为。为了避免发生这些问题，公司可以通过建立内部监管机制、加强外部监管、完善激励和约束机制等方式来规避委托代理问题。委托代理理论很好地解释了企业成本粘性问题。由于股东和管理层之间存在严重的委托代理问题，管理层在进行成本费用决策时很可能会采取偏离股东利益最大化的行为决策，当企业业务量上升时，管理层为了自身利益最大化会增加资源投入，扩大企业规模，同时也会不断提升自己的薪酬水平，而当业务量下降时，管理层为了保持自己的资源控制权和维护自己的地位，他们不愿意减少自己所能控制的资源，更不会轻易降低自己的薪酬水平，这会使得企业的业务量变化与成本费用变化呈现非对称的状态，导致企业出现成本费用粘性。高管学术经历、财务经历、从军经历对公司的代理成本可能会产生一定的影响，由此可能会影响企业成本粘性。

3.3.3 高层梯队理论

高层梯队理论是组织行为学中的一个重要理论，旨在探讨组织中高层管理者的作用、特征以及对组织绩效的影响。Hambrick 和 Mason 于 1984 年在其经典论文《高阶：组织作为高层管理人员的反映》（*Upper Echelons: The Organization as a Reflection of Its Top Managers*）中提出了高层梯队理论，不同于新古典经济学的理性经济人假说，他们认为现实生活中不存在完全理性的"经济人"，在公司经营管理的过程中，任何一项决策都会受到管理者的心理特征等因素的影响，该理论以"经济人的有限理性"为前提，成功地将高管的个人背景特征、战略决策和企业绩效三者结合起来。图 3.1 就是高层梯队理论模型。Hambrick 和 Mason（1984）认为，复杂的内外部环境下，高管的财务行为决策可能会超过其认知范围，在进行战略决策和判断时，高管需要对其获取的信息进行筛选和整合，而这个过程会受到自身的认知结构和价值观的影响。Finkelstein 和 Hambrick（1990）进一步指出，公司领导在决策时需要考虑很多信息，但是他们只能根据自身的知识水平、价值观念以及信念来筛选重要信息，过滤掉与决策相关性不高的信息。在实际研究中，高管的心理特征，如认知基础、价值观、感知、信念等是很难衡量和获取的，在心理调查中，高管比较抗拒这些调查，在这种情况下，学术研究中逐渐开始选用高管的个人背景特征，如高管的性别、年龄、学历、教育背景、任期、工作经历等作为高管心理特征的替代变量进行研究。Wiersema 和 Bantel（1992）也表示使用高管背景特征研究其心理特征相对更客观、易于理解、易于测度。

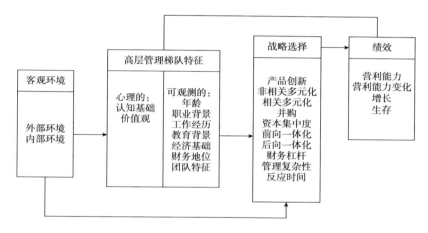

图 3.1　高层梯队理论模型

资料来源：Hambrick D. C., Mason P. A. Upper Echelons: The Organization as a Reflection of Its Top Managers［J］. Academy of Management Review，1984，9(2)：193-206.

高层梯队理论的核心在于认为高层管理者在组织中具有独特的影响力，这种影响力主要来自以下三个方面：①资源控制能力。高层管理者通常掌握着组织的重要资源，如预算、技术、人才等，通过对这些资源的控制和分配，高层管理者可以影响组织的发展方向和节奏。②知识和经验。高层管理者通常拥有丰富的经验和知识储备，这些经验与知识对组织的决策和发展具有重要的指导作用。③影响力和权威。高层管理者拥有较高的权威和影响力，他们的言论和行为对组织内外部的利益相关者都有很大的影响力。高层梯队理论认为，高层管理者的作用对于组织绩效的影响非常重要。高层管理者的个人特征、经验和行为都会影响组织的战略制定、目标设定、资源分配、组织结构设计和文化建设等方面。因此，组织应该在高层管理者的选拔、培养和激励方面下功夫，建立起一支具有较高素质、管理能力和领导才能突出的高层管理团队，从而提高组织的绩效和竞争力。

高层梯队理论也具有一定的理论优势（Hambrick & Mason，1984）。首先，对于学者来说，高层梯队理论相比目前的其他战略管理理论在预测组织行为或组织结果方面具有很强大的预测力；其次，从公司的人力资源角度进行分析，高层梯队理论有助于选拔和培养核心高层管理人员，例如，较年长的、受过正规管理教育的主管往往具有较强的管理能力；最后，存在一个优势，可能会使试图预测竞争对手行动和对策的战略家产生。例如，一家主要通过运营晋升的高管团队所领导的公司，是否会对新产品开发反应迟缓，或者一个从行业外引进的 CEO 将倾向于引导公司进入新的业务，而这是否会使企业核心业务在短期内相对脆弱等。高层梯队理论的优势有助于外界判断企业的运营方式和战略规划，这是因为只要了解公司高管的背景特征就可以洞悉其认知和管理偏好，从而可以进一步预测公司的现状以及发展趋势。因此，高层梯队理论为公司治理开辟了一种新的可能，即帮助外部投资者预测公司经营行为，换句话说，要了解公司行为选择背后的成因可以从高管个人特征的角度入手。而高管背景特征中除了高管人口统计学特征外，高管职业经历对高管的认知基础、思维习惯、价值观念等也具有显著影响。基于此，本书研究了高管的学术经历、财务经历、从军经历对其个体行为偏好的影响。

高层梯队理论还具有一定的创新性，它创新了对管理者与企业行为、产出之间关系研究的理论框架，但该理论也存在一定的不足，学者们认为高管背景特征对企业行为的影响需要考虑一定的中间调节变量，其中，管理者自由裁量权也称自主决策权、管理自主权，是研究高管特质对企业行为结果影响的重要调节变量（Hambrick & Finkelstein，1987）。若高管拥有较大的自由裁量权，则高管特质就可以发挥实际效果，高管自身的职业习惯、性格特征、专长、预测能力等才会如实、充分地反映在企业的决策中。

然而，如果高管的自由裁量权较小，这些高管特质背后的优势就会失去原有的意义。总之，高层梯队理论对于我们认识和理解组织中高层管理者的作用和影响具有重要的意义，同时也为组织管理者提供了有益的思考和借鉴。因此，本书在高管职业经历对企业成本决策影响的研究中进一步考虑了管理者自由裁量权的影响。

3.3.4　烙印理论

烙印理论也被称为标签效应理论，是指在社会交往中，人们的行为和判断受到既定印象或标签的影响。这些标签可以是性别、种族、社会地位等方面的特征，也可以是其他人对该人的评价或标签。烙印理论最早源于生物学研究，具体指主体在环境的"敏感"时期为适应特定环境而养成的与该环境特点相匹配的特征，并且这些特征在后续期间会对主体的认知和行为模式产生持续性影响，即使主体所处环境发生改变（Marquis & Tilcsik，2013）。烙印理论的概念突出了三个关键因素：首先，主体存在敏感期，即该发展阶段对主体的影响较为深刻；其次，主体养成与环境相匹配的新特点，即在敏感期内，主体形成了自己特有的思考、认知过程，被特定的环境打上了烙印；最后，这些特点随着环境、时间的变化依然会对主体产生持续性影响，即敏感期在主体身上形成的烙印会持续存在。

烙印理论是社会心理学的一个重要理论，在组织管理领域也有广泛的应用。根据烙印理论，一个人的外貌、性别、种族等特征被其他人认为是"不同寻常"的，就会被贴上一个"标签"，并产生持久的影响。这个标签会影响人们对其行为的评价和对其未来表现的期望，从而影响到他们在组织中的职业发展和机会。烙印理论在组织管理中的应用主要包括两个方面：首先，它可以帮助管理者认识到对员工进行标签化行为的危害性，从而采取措施来减少或消除标签对员工的影响。其次，烙印理论也可以作为一个解释职业发展中差异的框架。烙印可能会影响员工的职业发展和晋升机会，因此，组织可以采取一些措施，例如，实施多样化的人力资源管理策略，以减少或消除标签化行为的影响。总之，烙印理论是一种重要的社会心理学理论，可以帮助我们认识到标签化行为对员工和组织的影响，从而采取措施来减少或消除这种影响。

烙印理论的出现为组织学和管理学等的研究提供了新的视角，但这些研究的重点更多地集中在烙印理论对组织的影响，而对企业家个体的影响研究较少（Mathias et al.，2015）。随后，很多学者开始关注烙印理论对个体层面的影响，其中，管理者的职业经历对其后期企业管理中的认知与行为方式的烙印影响受到了越来越多的关注。杜勇和周丽（2019）指出，学术经历在高管身上形成了自律、审慎、道德感、责任感等烙印，这些烙印特征会促使高管注重企业长期利益，抑制企业金融化程度。赖黎等（2016）认为，从军经历磨炼了高管的意志力，具有从军经历的高管有更强的风险偏好。个人的经历会塑造自身特有的的认知模式、性格、价值观、行为偏好等，且后期个体的行为决策也会持续受到这些经历所形成的烙印特征的影响，并会带入自身的工作中，而高管在企业中具有较高的决策权，因此其在制定公司成本控制决策时，势必也会受到其过往职业经历所形成的烙印特征的影响。

3.3.5 声誉理论

契约的有效执行可以通过对管理者制定有效的激励条款来得到保障，早在1763年，亚当·斯密就已经发现声誉可以作为经理人的隐性激励机制来约束管理者的机会主义行为，进而提高契约的履行效果。声誉理论是一种经济学理论，它指出企业在商业活动中通过建立良好的声誉来获得经济利益。声誉理论的核心概念是"声誉"，指的是消费者和市场对企业的信任程度和好评度。声誉的形成受到多种因素的影响，包括企业的品质、服务、社会责任、道德标准等。之后，经济学家迈克尔·斯宾塞进一步发展了声誉理论，提出了"信号传递"理论，即企业可以通过展示一些可观察的信号来传递信息，建立良好的声誉，从而赢得市场信任和好评。

声誉一直都是资本市场中投资者决策过程中重点关注的因素。由于本书研究的是高管职业经历带来的经济后果，因此本书的声誉理论主要是指高管层面的声誉。那么声誉到底是什么？在《现代汉语词典》中，声誉是"声望名誉"，具体来讲，"声望"是指为众人所仰望的名声。"名誉"是指社会对特定公民的品行、思想、道德、作用、才干等方面的社会评价[①]。总体上看，声誉的一般意义是指主体在人们心目中的评价。

在实际应用中，声誉理论被广泛地应用于企业管理、市场营销、金融风险管理等领域。企业可以通过提高产品品质、改进服务质量、积极履行社会责任等方式来建立良好的声誉，进而提高市场竞争力和经济效益。同时，声誉理论还可以用于解释市场中的"信息不对称"问题，即市场参与者在信息获取和处理方面存在差异，从而引起市场扭曲和不平衡。总之，声誉理论是一种经济学理论，强调企业可以通过建立良好的声誉来获得市场信任和好评，从而提高市场竞争力和经济效益。它在实际应用中得到了广泛的应用，对企业管理和市场营销具有重要的启示作用。

目前声誉理论主要是从声誉能力观和声誉印象观两个方面进行研究。其中，高管声誉能力观认为高管声誉越高，其自身能力也越强，声誉是其能力的一种体现；高管声誉印象观认为高管良好的声誉可以向市场传递出公司财务状况良好的积极信号，并且公司良好的财务运转状况反过来也会影响高管的声誉水平。无论是高管声誉能力观还是高管声誉印象观都有助于获取外部利益相关者的重点关注和较高评价。Gaines-Ross（2000）的研究发现，分析师在对公司未来股票走势进行分析预测时会考虑公司高管声誉，声誉高的高管会得到分析师的重点关注和较高评价。此外，高管声誉也是一种公司外部治理机制，高管对声誉的重视以及外界对高管声誉的较

---

① 详见 https://baike.baidu.com/item/%E5%90%8D%E8%AA%89/2990090? from Module=Lemma_search-box。

高关注有助于约束管理者的短视行为，对其自利行为起到治理的作用。本书研究的拥有学术经历、财务经历、从军经历的高管通常都很重视过去职业经历所积累的良好声誉，但其声誉是否能够发挥一致作用有待于进一步研究。

3.4　本章小结

成本粘性是指企业在成本发生改变时，不愿或难以立即调整成本，从而导致成本的滞后效应。根据上述的理论分析可以发现，管理层对未来经营的乐观态度会促使企业保留更多的冗余资源，甚至扩大企业当前的业务规模，以此应对未来有可能上涨的业务需求，且管理层也会出现自利行为，其"帝国构建"的动机会使得他们在面临企业业务量下降的情况时不愿意放弃自己所掌握的资源而向下调整成本费用，从而导致企业出现成本粘性问题。除了管理层乐观预期理论和委托代理理论外，如不完全契约理论和资产专用性理论等，这些理论也都能够解释企业出现成本粘性的原因。根据高层梯队理论，高管作为一家公司的核心人力资源，在公司战略决策上扮演着重要的角色，而企业成本粘性的出现实质上是管理层决策所致，管理层作为企业的决策主体，更可能是产生成本粘性的主要内因。因此，本书从高管自身的角度出发对成本粘性的动因及治理进行分析研究。

首先，基于高层梯队理论，我们在了解公司行为选择背后的成因时可以从高管的个人特征角度入手，不同于高管人口统计学特征，高管职业经历对高管的认知模式和价值取向等具有显著的影响，而这些会进一步影响管理者的决策行为，因此本书将从高管学术经历、财务经历、从军经历的角度研究高管不同职业经历对企业成本粘性的影响。从职业经历的角度来看，具有学术经历和财务经历的高管通常具有更高的学历和更广泛的知识背景，能够提供更全面和深入的意见与建议，减少了决策的盲目性和错误性，从而对企业的成本管理产生积极影响。相反，部分具有从军经历的高管由于其通常具有较为集中和单一的背景经历，可能会导致其部分决策较主观和偏颇，从而对企业的成本管理产生消极影响。

其次，结合烙印理论的分析可知，不同的职业经历会在高管身上形成不同的烙印特征，这些差异性的特征表现是高管在特定时期与所处环境相匹配的结果，且这些烙印特征会对个体以后的行为表现产生持续性的影响。具有从军经历的高管由于在军队中的表现，通常会被赋予更高的荣誉和威信。这种荣誉和威信可能会在企业内部产生类似于"烙印"一样的效应，即高管的从军经历可能会让他们获得更高的信任和尊重，也可能会让他们在组织中具有更大的影响力和权威性。然而，这种影响并不总是积极的。高管的从军经历可能会导致他们更加偏向于使用保守的管理方式，从而导致企业的成本风险更高。具有从军经历的高管通常在军队中接受了许多严格的规定和训练，这可能会让他们更加注重纪律和执行力，但也可能会导致部分高管在企业采取的管理方式过于刻板，缺乏创新性和灵活性。

最后，基于声誉理论分析，高管曾经或当前的职业经历往往会为高管积累一定的声誉，而声誉会进一步影响高管的成本决策行为。基于声誉理论可知，拥有较高声誉的高管一般都具有较强的自我约束感，声誉作为一种外部治理机制，能够抑制高管的机会主义行为。例如，拥有博士学位或发表过高水平学术论文的高管通常被视为有才华、有能力的领导者，这可以提高企业的知名度和声誉，从而降低企业的代理成本；财务经历也会使高管更加注重企业的财务状况和财务绩效，从而提高企业的透明度和信誉度。

总之，结合不同职业经历的特质表现可知，拥有学术经历的高管道德责任感往往更强，会更加关注自身的声誉；拥有财务经历的高管一般具有较为专业的财务知识储备与严谨的工作习惯；拥有从军经历的高管其身上则可能会具有更多重的烙印特征表现等。然而，这三种不同的职业经历是否会对高管的成本决策行为产生差异化的影响有待进一步探索。接下来，本书将从高管不同职业经历的特征表现出发，研究高管不同职业经历对企业成本粘性的影响差异。在后续的研究中本书会紧密结合管理层乐观预期理论、委托代理理论、高层梯队理论、烙印理论和声誉理论对高管不同职业经历与企业成本粘性的关系进行理论分析，分析不同职业经历在高管身上所形成的特质表现是否会通过影响管理层乐观预期和代理成本进而影响企业成本粘性，这些理论基础为本书后续提出研究假设奠定了相应基础。

CHAPTER
4

企业成本粘性存在性分析

　　成本粘性是指企业在面临外部变化时，其成本难以立即调整到新的水平。在当今竞争日益激烈的市场环境下，成本粘性已经成为企业面临的一个重要问题。对于企业来说，研究和认识成本粘性问题的重要性体现在以下几个方面：

　　首先，成本粘性问题直接影响企业的生产经营活动。成本粘性较高的企业，面对外部环境变化时，其成本难以立即调整到新的水平，这就会影响企业在市场中的竞争力和生产经营活动的效率。同时，如果企业无法调整成本结构，可能会导致企业面临更大的风险和更严重的经营问题。其次，成本粘性问题影响企业的投资和融资决策。在投资决策过程中，成本粘性问题需要被纳入到决策考虑因素中，以便更好地评估项目的风险和回报。对于融资决策而言，了解企业的成本粘性情况，有助于评估企业是否有能力承担贷款或发行债券。再次，研究和认识成本粘性问题有助于企业提高经营效率。通过研究企业成本粘性的原因和影响，企业可以识别出哪些成本难以立即调整，从而采取措施降低成本粘性。这将有助于提高企业的经营效率，降低生产经营风险，增强企业的可持续竞争力。最后，了解和研究成本粘性问题可以帮助企业制定更加合理的价格策略。成本粘性高的企业需要通过一定的方式来平衡成本和收益，以确保企业的生产经营活动的可持续性。合理的价格策略可以帮助企业充分利用资源和市场机会，提高利润水平。

综上所述，认识和研究成本粘性问题对于企业来说至关重要。了解企业的成本粘性情况，可以帮助企业更好地应对外部环境变化，制定更加合理的投资和融资决策，提高经营效率和利润水平，增强企业的可持续竞争力。基于此分析，本章将综合考察我国企业成本粘性的存在性和异质性表现。本章包括四个部分：第一部分为企业成本粘性存在性的理论分析与研究假设；第二部分为研究设计，包含了样本选取与数据来源、变量的定义、模型设定；第三部分为实证结果与分析，包含了样本分布及描述性统计和多元回归检验；第四部分是本章小结。

4.1 企业成本粘性存在性的理论分析与研究假设

企业成本粘性是指企业在成本调整时的滞后现象，即成本上升时，企业不会立即将成本完全反映在产品价格中，成本下降时也不会立即反映在产品价格中。这种现象主要是由于企业内部固有的成本结构、市场竞争环境、行业政策等多种因素所致。企业成本粘性的存在性对于企业的经营决策、市场营销策略、风险控制等方面都具有重要的影响，因此，了解和分析企业成本粘性的存在性是企业管理者必须要认真对待的问题。

4.1.1 企业成本粘性的存在性

Banker 等（2011）对成本粘性的存在性进行了总结，他们将成本粘性的成因归纳为调整成本、管理层乐观预期和代理问题三个方面，这与孙铮和刘浩（2004）关于成本粘性理论所总结的"契约观""效率观""机会主义观"一一对应，其理论解释具有相似性。基于这三个方面的原因分析可以推测出我国上市公司具有更高的成本粘性。这是因为我国上市公司的内部治理问题较严重，从而更加有可能会诱发我国上市公司出现成本粘性行为，即企业成本费用的增减与业务量的增减不对称，企业业务量上升时成本费用的边际增加量大于成本费用下降时成本费用的边际减小量。

企业所属行业大致分为制造业和非制造业，中国上市公司协会发布的《中国高端制造业上市公司白皮书 2022》显示，截至 2022 年 12 月 10 日，我国 A 股上市公司中制造业上市公司占 A 股全部的 65.5%，相比于其他行业，制造业行业的上市公司的显著特征是其具有偏高的经营成本。近年来，我国制造业成本上升速度也远远超过了其他相同发展水平国家的上升速度。导致我国制造业成本快速上升的主要原因如下：①人口红利减少使得我国劳动力成本持续上涨。人口红利的减少首先影响的就是我国的制造行业，劳动力的短缺、人工成本的不断上涨直接增加了企业的成本。例如，富士康等劳动密集型企业选择在越南、印度等地投资扩厂，其主要目的就是降低企业成本。②中国生产要素成本持续上升。例如，目前我国企业大量资金流向房地产行业，较高的土地价格和房价使得企业的经营成本不断加大。此外，较高的物流成本、配件成本、税收成本等都是我国制造业成本高昂的原因。③能源成本的上涨。我国部分资源依赖进口，受定价机制、交易税费、流通费用、开采成本等因素的影响，我国能源成本相对较高。制造业高昂的成本诱因是引发企业成本粘性的重要因素，当企业的销售量下降时，成本偏高的制造业行业的上市公司可能会选择"等待观望"的策略，因为如果其选择随着销售量的下滑而削减成本只会增加其未来的恢复成本，因此面临高昂的资源调整成本，制造业企业可能会选择维持现有生产经营决策，因此具有较高的成本粘性。基于此，本书提出以下研究假设：

H1：制造业行业的上市公司普遍存在成本粘性。

4.1.2　企业成本粘性──区分产权性质

不同产权性质的企业，其成本粘性的强弱也会有所不同。对于非国有企业而言，一是非国有企业通常面临着更加激烈的市场竞争。为了在市场上立足，非国有企业往往需要采用更多的营销手段，如提升产品宣传、促销力度等，这些营销成本对企业成本的粘性有较大影响。同时，非国有企业通常规模较小，生产规模不足以享受规模经济的优势，而且采购成本也可能会因为规模较小而偏高，这些都会导致成本粘性的增加。二是非国有企业在资源配置和获取方面的不足也是其成本粘性高的原因之一。国有企业通常拥有更多的资源储备，包括政策支持、银行信贷等。相对国有企业，非国有企业则需要通过市场获取各种资源，面临着更多的资源不确定性，这也会导致成本粘性的增加。三是非国有企业通常面临着政策和市场环境变化等不确定性风险。这些不确定性因素可能会导致企业需要调整经营策略或者产品结构，而这些调整都需要一定的成本投入，从而会增加企业成本粘性。总体而言，非国有企业成本粘性高的主要原因有：市场竞争激烈、资源获取途径存在缺陷、外部环境不确定性等。对于非国有企业来说，需要在提高资源配置效率、降低融资成本、增强市场敏锐度等方面提高自身竞争力，从而降低企业成本粘性。基于此，本书提出以下研究假设：

H2：相比于国有企业，非国有企业具有更高的成本粘性。

4.1.3 企业成本粘性——区分地域

企业成本粘性指企业的成本相对较难调整，导致企业难以迅速适应市场变化。不同地域的营商环境、政策支持和产业基础等因素会影响企业的成本粘性表现。首先，对于东部地区，由于其在改革开放初期率先开放，基础设施发达，外资引进较早，因此具有一定的产业基础和竞争优势。且东部地区市场化程度高，市场竞争程度也高，具有活跃的市场交易、完善的法治环境、畅通的信息渠道等优势。这些优势使得东部地区企业更容易获取生产资源、人才、技术等要素，这些优势有助于降低企业成本粘性。此外，东部地区市场化程度高，市场竞争更为激烈，使企业在获得各种要素的同时，也会面临更多的市场风险。所以东部地区的企业会更加注重降低成本，提高生产效率，以提高市场竞争力。由于东部地区市场化程度高，市场上各类资源信息更加透明，企业会更容易获取市场信息，进而更好地满足市场需求。除此之外，东部地区还存在着较高的经济效率，能够吸引更多的外部投资和外商投资，增加市场交流的多样性，拓宽企业的市场渠道。因此，对于东部地区的企业而言，企业会获得更多准确的市场信息，进而当东部地区的企业业务量下降时，企业会及时向下调整经营成本，避免盲目投资。其次，对于中西部地区而言，总体市场竞争程度较低，市场交易不活跃，且法治环境有待完善，这些因素导致企业在获取生产资源、人才、技术等要素方面较困难，因此成本粘性更高。除此之外，中西部地区由于市场交流不畅、信息不透明，企业往往面临的风险相对更大，市场竞争程度相对较低，企业难以拓展业务，市场规模相对较小，这些因素均限制了企业的发展和成本的降低。总之，地区经济的发展程度对企业成本粘性的影响很大。东部地区的企业会有更多的机会和资源供企业选择，而这些能够有效降低企业成本粘性，提高生产效率和市场竞争力；而中西部地区主要受制于基础设施和科技创新等方面的滞后、市场竞争不足、信息不畅等问题，企业成本粘性较强。基于此，本书提出以下研究假设：

H3：相比于东部地区的企业，中西部地区的企业具有更高的成本粘性。

4.1.4 企业成本粘性——区分企业内部控制质量

成本粘性是指企业在面临外部变化时，其成本难以立即调整到新的水平。区分企业的内部控制质量，企业成本粘性的表现可能会有所不同。一方面，内部控制的本质就是对企业的运营管理进行风险管控，企业内部控制质量越好，说明企业的内部控制体系越完善，此时企业具有较强的风险防范能力。一套设计完善、运行良好的内部控制制度，可以有效地降低企业由于信息不对称带来的种种风险，进而削弱现有成本费用粘性程度。以我国为例，财政部 2010 年发布了《关于印发企业内部控制配套指引的通知》，对不同层次、不同内容的企业风险进行了详细规定，其中不难发现对带来成本费用粘性的各种信息和风险因素的控制。另一方面，良好的内部控制环境能够提升企业的经营管理效率，企业成本费用是影响企业利润的核心因素，而企业内部控制质量越高，企业管理层越会严格按照企业的规章制度来合理支配成本费用，进而避免由于企业成本费用粘性导致的资源浪费行为的发生；此外，企业内部控制质量越高，企业信息质量会越高，企业的信息不对称程度会越低。信息与沟通是内部控制的要素之一，实践证明，良好的内部控制能够起到信息沟通的作用，降低企业由于信息不对称而导致的种种风险，进而有助于抑制企业代理问题所导致的成本粘性。基于此，本书提出以下研究假设：

H4：企业内部控制质量越高，企业成本粘性越低。

4.2　研究设计

4.2.1　样本选取与数据来源

本书选取 2008~2019 年沪深 A 股制造业的上市公司为初始研究样本，由于被解释变量成本变化率、解释变量收入变化率以及收入下降虚拟变量均需要前一年的收入成本数据，因此在搜集企业收入和成本数据时实际采用的样本区间为 2007~2019 年，本书在整理样本的过程中剔除 ST 和 *ST 的公司以及相关数据缺失的样本公司。本书中其他财务数据、产权性质数据等均来自于 CSMAR 数据库和 WIND 数据库。为控制极端值的影响，本书对主要变量进行了 1% 和 99% 分位上的缩尾处理。本书主要采用 Excel 和 Stata 统计软件对数据进行处理与统计分析。

4.2.2　变量的定义

4.2.2.1　被解释变量

依据成本粘性的定义，成本粘性意味着公司相对于销售收入上升时，销售收入下降时成本的边际减少量更少，通常采用营业成本变化率与营业收入变化率之间的变动关系来衡量，即营业成本是否随着营业收入的变动等额地变动（Anderson et al.，2003）。为此本书借鉴 Anderson 等（2003）的衡量方法，确定本书的被解释变量为成本变化率的自然对数 $[\ln(COST_{i,t}/COST_{i,t-1})]$，其中，$COST_{i,t}$ 为本期营业成本，$COST_{i,t-1}$ 为上期营业成本。

4.2.2.2 解释变量

（1）收入水平变化率。成本粘性用收入和成本的变动关系来进行解释，因此本书采用收入水平变化率的自然对数，即 $\ln(REV_{i,t}/REV_{i,t-1})$ 作为解释变量，其中 $REV_{i,t}$ 为本期主营业务收入，$REV_{i,t-1}$ 为上期主营业务收入。

（2）收入下降虚拟变量。$D_{i,t}$ 为哑变量，当第 t 年的主营业务收入较第 t-1 期时下降，取值为 1，否则为 0。

4.2.3 模型设定

为了有效验证 H1 至 H4，本书借鉴 Anderson 等（2003）的研究，构建模型（4-1），并进行 OLS 回归检验。回归过程中本书对行业和年份进行了控制，其中本书根据中国证监会行业分类（2012 年）标准保留了制造业前两位代码。

$$\ln(COST_{i,t}/COST_{i,t-1})=\alpha_0+\alpha_1\ln(REV_{i,t}/REV_{i,t-1})+\alpha_2 D_{i,t}\times\ln(REV_{i,t}/REV_{i,t-1})+$$
$$\sum Year + \sum Ind+\varepsilon_{i,t} \tag{4-1}$$

根据成本粘性的定义，当企业收入上升时，成本的变化量是 $\alpha_0+\alpha_1$，当企业收入下降时，成本的变化量是 $\alpha_0+\alpha_1+\alpha_2$。在模型（4-1）中，若系数 α_2 显著为负，即 $\alpha_0+\alpha_1+\alpha_2$ 小于 $\alpha_0+\alpha_1$，表明企业的成本在业务量下降时的减少幅度小于业务量上升时的增加幅度，则说明企业成本粘性更强，如果 α_2 显著为正，则表明企业成本粘性更低。具体变量的定义和说明如表 4.1 所示。

表 4.1　变量定义

变量	符号	定义
营业成本变动	$\ln(COST_{i,t}/COST_{i,t-1})$	当年营业成本与上年营业成本的比值再取自然对数
营业收入变动	$\ln(REV_{i,t}/REV_{i,t-1})$	当年主营业务收入与上年主营业务收入的比值再取自然对数
收入下降	$D_{i,t}$	哑变量，当本年的主营业务收入较上年下降时取值为1，否则为0

4.3　实证结果与分析

4.3.1　样本分布及描述性统计

本书对上市公司成本粘性主变量进行了描述性统计，结果如表 4.2 所示。营业成本变化 $[\ln(COST_{i,t}/COST_{i,t-1})]$ 的均值为 0.130，最大值和最小值分别为 1.896 和 −1.254。营业收入变化 $[\ln(REV_{i,t}/REV_{i,t-1})]$ 的均值为 0.127，最大值和最小值分别为 1.838 和 −1.007。收入下降（$D_{i,t}$）的均值为 0.270，表明收入下降的上市公司占总样本的 27%。

表 4.2　变量描述性统计

变量名称	观测值	均值	标准差	最小值	最大值	中位数
$\ln(COST_{i,t}/COST_{i,t-1})$	24139	0.130	0.312	−1.254	1.896	0.109
$\ln(REV_{i,t}/REV_{i,t-1})$	24139	0.127	0.297	−1.007	1.838	0.109
$D_{i,t}$	24139	0.270	0.444	0.000	1.000	0.000

4.3.2　多元回归结果分析

4.3.2.1　H1实证检验结果分析

表 4.3 列示了制造业企业成本粘性存在性的结果。其中，第（1）列结

果显示企业成本粘性［$D_{i,t} \times \ln(REV_{i,t}/REV_{i,t-1})$］的系数为 −0.049，在 1% 的水平上显著，由此证明上市公司普遍存在成本粘性现象。第（2）列为改变了成本粘性的度量方法后的检验结果。Anderson 等（2003）、谢获宝和惠丽丽（2014）认为，企业的销售费用和管理费用同样存在粘性，而财务费用基本不受企业业务量变动的影响，因此本书采用销售费用和管理费用的变化率［$\ln(SGA_{i,t}/SGA_{i,t-1})$］来作为被解释变量的替代变量；此外，我们也使用了更广义的成本，即营业成本与销售和管理费用之和的总成本变化率［$\ln(TC_{i,t}/TC_{i,t-1})$］来作为被解释变量的替代变量进行稳健性检验。最终回归结果如表 4.3 的第（2）列和第（3）列所示，企业成本粘性的交乘项［$D_{i,t} \times \ln(REV_{i,t}/REV_{i,t-1})$］的系数均在 1% 的水平上显著为负，表明更换成本粘性衡量方法后，本书的研究结论即制造业企业普遍存在成本粘性的观点依然成立。表 4.3 的实证结果支持了 H1，即我国制造业行业的上市公司普遍存在成本粘性。

表 4.3　企业成本粘性存在性分析

变量	$\ln(COST_{i,t}/COST_{i,t-1})$	$\ln(SGA_{i,t}/SGA_{i,t-1})$	$\ln(TC_{i,t}/TC_{i,t-1})$
	（1）	（2）	（3）
$\ln(REV_{i,t}/REV_{i,t-1})$	0.982***	0.628***	0.915***
	（277.00）	（85.56）	（321.35）
$D_{i,t} \times \ln(REV_{i,t}/REV_{i,t-1})$	−0.049***	−0.356***	−0.107***
	（−5.67）	（−20.10）	（−15.57）
Constant	−0.002	−0.022**	−0.001
	（−0.52）	（−2.54）	（−0.37）
行业	控制	控制	控制
年度	控制	控制	控制
Observations	15271	15271	15271
Adj-R^2	0.898	0.442	0.919

注：括号内的数值为 t 值，***、**、* 分别表示在 1%、5%、10% 的水平上显著。

4.3.2.2 H2实证检验结果分析

表4.4列示了区分产权性质后的企业成本粘性存在性分析结果。结果显示无论是国有企业还是非国有企业其成本粘性交乘项 $[D_{i,t} \times \ln(REV_{i,t}/REV_{i,t-1})]$ 的系数在1%的水平上均显著为负，且组间系数差异检验结果显示，两组没有明显的差异，由此证明国有企业和非国有企业均具有较强的成本粘性。这可能是因为对于国有企业而言，一方面，国有企业与政府之间具有天然的政治联系，使得国有企业会更加关注社会目标；另一方面，不少国有企业又涉及国计民生领域（如石油、电力企业等），与国家安全、社会稳定息息相关，更加强了其与社会利益的关联。这均使国有企业承担着有一定政策约束性质的社会职能，面临较高的非经济功能支出，即社会成本（李培林和张翼，1999）。由于国有企业的社会职能主要源于社会稳定等政策性目标，向下调整资源投入比向上调整更易造成负社会效应，因此，当业务量变动时，国有企业则很可能基于社会目标牺牲一定经济利益，选择延缓企业成本调整，从而导致企业更高程度的成本粘性（毛洪涛等，2015）。对非国有企业而言，由于所有权与经营权分离，企业管理者往往会优先考虑自身利益，而忽略市场环境变化等对企业的影响，且非国有企业通常面临资金和融资难题，这些会进一步提高企业的资源调整成本，增强非国有企业成本粘性。

表 4.4 企业成本粘性存在性分析：区分产权性质

变量	$\ln(COST_{i,t}/COST_{i,t-1})$	
	国有企业	非国有企业
$\ln(REV_{i,t}/REV_{i,t-1})$	0.989***	0.978***
	（193.11）	（206.46）
$D_{i,t} \times \ln(REV_{i,t}/REV_{i,t-1})$	−0.049***	−0.047***
	（−4.22）	（−4.01）
Constant	−0.006	−0.001
	（−1.25）	（−0.12）
行业	控制	控制

续表

变量	ln(COST$_{i,t}$/COST$_{i,t-1}$)	
	国有企业	非国有企业
年度	控制	控制
Observations	5518	9746
Adj-R^2	0.926	0.881
组间差异检验	p=0.143	

注：括号内的数值为 t 值，***、**、* 分别表示在 1%、5%、10% 的水平上显著。

4.3.2.3　H3实证检验结果分析

表 4.5 列示了区分地域后的企业成本粘性存在性分析结果。结果显示中西部地区的企业成本粘性［D$_{i,t}$×ln(REV$_{i,t}$/REV$_{i,t-1}$)］的系数在 10% 的水平显著为负，由此证明相比东部地区的企业，中西部地区的企业具有更高的成本粘性。这可能是因为，首先，中西部地区的交通、物流、通信等基础设施相对落后，这导致了企业的交通和物流成本增加，同时也降低了企业的效率和竞争力。其次，中西部地区的人才资源相对较少，企业需要花费更高的成本来招募、培养和留住人才。这些成本包括薪资、培训和福利等，同时也需要投入更多的时间和精力来进行管理和维护人才。再次，中西部地区的政策和法规环境相对不稳定和不完善，这给企业的经营和发展带来了不确定性与风险。例如，地方政府可能会频繁出台新的规定和政策，使企业的成本和经营环境发生变化，从而增加了企业的经营风险和成本。最后，中西部地区的企业面临的市场竞争压力更大。相比于东部沿海地区，中西部地区的市场规模较小，企业需要投入更多的成本来进行市场开拓、宣传和推广等活动，以及提高企业的产品品质和服务水平，从而提高自己的市场份额和竞争力。总体而言，中西部地区基础设施落后、人才资源匮乏、政策和法规环境不稳定、市场竞争压力大等因素可能会导致企业成本粘性更强。

表 4.5　企业成本粘性存在性分析：区分地域

变量	$\ln(COST_{i,t}/COST_{i,t-1})$	
	东部地区	中西部地区
$\ln(REV_{i,t}/REV_{i,t-1})$	0.922***	0.904***
	（261.75）	（180.98）
$D_{i,t} \times \ln(REV_{i,t}/REV_{i,t-1})$	−0.013	−0.022*
	（−1.41）	（−1.75）
Constant	−0.007	−0.005
	（−0.76）	（−0.50）
行业	控制	控制
年度	控制	控制
Observations	10091	5180
Adj-R²	0.923	0.914

注：括号内的数值为 t 值，***、**、* 分别表示在 1%、5%、10% 的水平上显著。

4.3.2.4　H4实证检验结果分析

　　表 4.6 列示了区分企业内部控制质量后企业成本粘性存在性结果。其中，内部控制质量指标采用迪博内部控制指数衡量，该数值越小表明企业内部控制质量越差。最终，实证检验结果显示在内部控制质量高的组中，企业成本粘性交乘项［$D_{i,t} \times \ln(REV_{i,t}/REV_{i,t-1})$］系数显著为正，表明高内部控制质量显著抑制了企业成本粘性，而在内部控制质量低的组中，企业成本粘性交乘项［$D_{i,t} \times \ln(REV_{i,t}/REV_{i,t-1})$］系数显著为负，表明内部控制质量越低的公司，出现成本粘性的可能性更强。这可能是因为内部控制风险管理框架包括风险识别、风险评估和风险应对，对于内部控制质量高的公司而言，可以对因调整成本和管理者乐观预期等因素带来的成本风险进行控制，且内部控制流程中的控制活动和信息沟通也可以控制由于代理问题带来的成本粘性。总之，良好的内部

控制环境能够有效控制企业的成本费用风险，避免企业出现成本粘性问题。

表 4.6 企业成本粘性存在性分析：区分企业内部控制质量

变量	$\ln(\text{COST}_{i,t}/\text{COST}_{i,t-1})$	
	内部控制质量高	内部控制质量低
$\ln(\text{REV}_{i,t}/\text{REV}_{i,t-1})$	0.988***	0.977***
	（223.20）	（167.29）
$D_{i,t} \times \ln(\text{REV}_{i,t}/\text{REV}_{i,t-1})$	0.058***	−0.053***
	（3.59）	（−4.60）
Constant	−0.007	0.002
	（−1.16）	（0.30）
行业	控制	控制
年度	控制	控制
Observations	7646	5180
Adj-R^2	0.902	0.888

注：括号内的数值为 t 值，***、**、* 分别表示在 1%、5%、10% 的水平上显著。

4.4 本章小结

本章选取 2008~2019 年沪深 A 股制造业上市公司为研究对象，对企业成本粘性存在性问题进行了研究，最终得出以下结论：中国制造业上市公司普遍存在成本粘性；国有企业和非国有企业均具有较高的成本粘性；相比于东部地区的企业，中西部地区的企业具有更高的成本粘性；在内部控制质量高的企业中，企业成本粘性更低。本章为后续章节奠定了研究基础，在后面的章节中，本书将以制造业上市公司为研究样本，这主要是因为对于成本管理研究话题，制造业会更为合适，且本章的研究也发现制造业上市公司确实普遍存在严重的成本粘性问题。此外，结合本章的研究内容发现，成本粘性在各企业中的表现不同，因此后续章节在研究高管职业经历对企业成本粘性的影响过程中会进一步结合企业的内外部环境研究企业成本粘性的异质性表现。

CHAPTER 5

高管的学术经历与企业成本粘性 ①

　　根据高层梯队理论，高管作为一家公司最核心的人力资源，其在制定公司战略等重要决策上扮演着极其重要的角色，高管异质性会致使其做出不同的经营决策（Hambrick & Mason，1984）。近年来，拥有学术经历的工作者争先进入公司的领导层，担任重要职务。本书做了粗略统计，2008~2019年制造行业中约有 18.6% 的上市公司聘请的总经理具有学术背景，约 26.1% 的上市公司的董事长拥有学术经历，这说明我国上市公司的高管团队越来越重视学术型人才的引进。在企业的实际工作中，高

① 赵欣，杨世忠.高管学术经历与企业成本粘性［J］.软科学，2021（3）：35-41.

管过去的学术工作经历对自身的性格、认知基础和价值观的塑造以及工作能力的培养等都具有深刻的影响，在公司的战略决策过程中，这些是影响高管思考和抉择的关键因素。

具体来看，高管学术经历是指企业高管在职业生涯中取得的学术背景和经历。这些经历可能包括接受高等教育、取得学位、在学术领域发表论文、担任学术职务等。在过去几十年里，学术经历逐渐成为企业选拔和评估高管的重要指标之一。高管学术经历的背景可以追溯到 20 世纪 50~60 年代，当时美国企业开始意识到高管需要更广泛的背景和知识来领导企业。20 世纪 70~80 年代，随着大量的外来管理咨询公司进入市场，企业开始更加重视高管的学术背景和经历，认为这些因素可以提高高管的决策能力和创新能力。另外，高管学术经历的制度背景也与全球化和信息化的发展密切相关。全球化使企业面临更加复杂、多元化的市场和竞争环境，高管需要具备更多的国际化视野和经验。信息化则提高了高管获取和处理信息的能力，因此需要更高水平的专业知识和学术背景来应对不断变化的市场与技术环境。且在当今的商业环境中，高管学术经历已经成为企业选拔和评估高管的重要指标。一些研究表明，高管学术经历与企业绩效之间存在正相关关系，即高管学术经历越丰富，企业绩效越好。这一趋势在创新型企业和高科技企业中尤为明显，因为这些企业更加需要高水平的创新能力和专业知识来保持竞争优势。总的来说，高管学术经历是全球化和信息化发展的产物。高管学术经历对企业的影响是积极的，可以提高高管的决策能力和创新能力，从而促进企业的发展和提升企业的绩效。

本书认为高管学术经历对企业经营管理的积极影响为研究其对企业成本粘性的治理提供了思路。为此，本章将考察高管学术经历能否对企业成本粘性产生积极影响，具体包括五个部分：第一部分为理论分析与研究假设；第二部分为研究设计，包含了样本选择与数据来源、变量的定义、模型设定；第三部分为实证结果与分析，包含了样本分布及描述性统计、相关性分析、多元回归检验、内生性和稳健性检验以及影响机制分析；第四部分是进一步研究，将进一步区分成本要素和结合企业内外部环境，即企业外部市场化进程和内部控制质量对高管学术经历与企业成本粘性的关系进行研究；第五部分是本章小结。

5.1　理论分析与研究假设

成本粘性问题是成本性态范畴的重要问题，准确识别成本粘性的动因对提升公司经营效率、降低企业经营风险具有重要意义。Anderson 等（2003）借鉴"粘性经济"的概念将企业成本管理实践中成本在业务量上升时的增加幅度大于业务量下降时成本的减少幅度的现象称为成本粘性。可见如果公司存在成本粘性，根据定义可知，相对于收入上升时，收入下降时成本的边际减小量更小，即收入下降时，公司的利润会加速下滑。目前，学者们将成本粘性产生的原因主要归结为调整成本、管理层乐观预期和代理问题三个方面。

首先，调整成本观点认为，企业的成本和费用是管理层对各类资源投入承诺的结果，而承诺资源的增加或减少都会产生调整成本。当企业向下调整的成本高于向上调整的成本时，企业在面临业务量下降时便不会及时等比例地下调资源投入。Anderson 等（2003）的研究发现，相对于实物资本密度高的企业，人力资本密集的公司面临更高的调整成本，从而表现出更高的成本粘性。其次，管理层乐观预期观点认为，企业的收入总体上呈现逐年增长的趋势，使管理层对企业未来业务量增长持乐观的态度，即使当期销售收入出现下降，管理层也会认为只是短暂的下滑，依然会保留甚至追增企业的投资规模，从而产生成本粘性（Banker et al., 2010 ; Chen et al., 2012）。Anderson 等（2003）用 GDP 增长率衡量公司外部宏观环境，发现当宏观经济增长较快时，管理层往往对企业未来发展形势更为乐观，此时公司成本粘性较高。最后，管理层代理问题观点认为，在现代两权分离的公司制度下，掌握经营权的管理层会根据自身利益需求实施一些会增加自身收益但有损股东利益的行为，比如增加在职消费等非生产性支出，会增加企业的成本费用支出，为了建立"帝国大厦"，管理者倾向于在收入上升时扩大企业投资规模，但在收入下降时为了维持自身利益，如较高的薪酬水平、权力以及声望等，他们会拒绝削减资源投入、降低企业成本费用，从而导致企业成本粘性不断提升（Chen et al.，2012）。

改革开放以来，特别是 20 世纪 90 年代以来，大批的高校教师、科研院所工作者从原单位离职进入企业，或者自主创业（Du，1998；Dickson，2007）。在当今竞争激烈的商业环境下，高管学术经历在企业中变得越来越重要。一是学者型高管具有更强的决策能力。高管学术经历可以帮助高管更好地理解商业环境，提高决策能力。高管具备学术背景，可以更好地理解市场发展趋势，并且能够更快速地适应变化。二是学者型高管具有更强的领导能力。高管学术经历可以帮助高管在领导团队时与队员更有效地沟通和协调，更好地管理人员和资源。高管在学术领域的经验和技能也有助于他们更好地指导和培养员工，提高团队的凝聚力和工作效率。三是学者型高管有助于提升企业形象，使企业更具吸引力和竞争力。具备学术背景的高管被视为具有专业知识和技能的人才，这有助于提高企业在行业内的声誉和知名度。四是学者型高管有助于提高企业的创新能力。具有学术经历的高管可以帮助企业开发新产品、新技术和新市场，提高企业的创新能力。总之，高管学术经历在企业中变得越来越重要，因为它可以提升企业的决策能力、领导能力、形象和声誉，同时也能够促进企业的创新和发展。

近年来，企业拥有学术经历的高管数量也在不断增加，本书的研究样本粗略统计得出制造业企业里董事长或总经理具有学术经历的样本比重已达到 31.49%①。学术经历作为高管重要的人生经历会为其个人品质和行为打上深刻的"烙印"（Marquis & Tilcsik，2013），对企业的经营决策产生极大的影响。已有研究关注了高管学术经历对企业债务融资成本（周楷唐等，2017）、社会责任（姜付秀等，2019）、审计费用（沈华玉等，2018）、创新活动（黄灿等，2019）等影响，但是将高管学术经历与企业成本粘性直接联系的研究较

---

① 本书中高管学术经历是指高管正在或曾在高校任教、科研机构任职或有在科研协会从事研究的工作经历。需要指出的是，学术经历不同于教育背景，学术经历属于工作经历范畴，反映的是工作角色的参与对个人特质的塑造，而教育背景，例如取得硕士或博士学位，体现的是个人的禀赋和能力，二者对高管行为的影响有显著的差异（Bernile et al.，2017；姜付秀等，2019）。

少。聚焦到企业成本管理方面，高管学术经历对企业成本管理也具有一定的积极作用。在成本粘性产生原因的梳理上，本书初步认为高管学术经历主要通过管理层乐观预期和代理问题的动因影响企业成本粘性。

5.1.1　高管学术经历与企业成本粘性：管理层乐观预期

首先，高管学术经历能够提高高管对企业业务的了解和分析能力。相对于非学术背景的高管，学术背景的高管更加注重数据和逻辑的分析，能够更加理性地看待企业运营情况、更加客观地评估未来业务发展趋势。在高校、科研院所和科研协会有过任职经历的高管一般都接受了良好的教育，具有相对高级的知识禀赋（赵慧，2018），这主要是学术研究的工作性质需要他们掌握更多、更新的专业知识，这些专业知识的积累为高管日后经营预测能力的提升打下了坚实的基础。一般而言，长期接受学术训练的人做事都会比较细心、谨慎，他们通常具备较强的信息搜集能力和问题分析能力（曹越和郭天枭，2020；Francis et al.，2015），该能力能够帮助管理者更加准确地预测企业的经营风险，并采取相应的有效措施。尤其是当外部环境不确定性增加时，学者型高管拥有的严谨、独立的思维习惯以及较高的数据搜集、分析能力会促使他们在做决策时避免简单的主观臆断，以此保证决策的审慎性和准确性（Jiang & Murphy，2007；曹文彪，2015；周楷唐等，2017）。Francis 等（2015）的研究中也发现学者型高管会更加习惯于使用客观数据和事实来判断企业产品未来的竞争情况和外部市场环境。因此，当企业业务量变化时，拥有较强预测能力的学者型高管会对企业未来资源的投向、保留与处置做出准确的决策，抑制其对企业未来销售趋势的盲目乐观预期。

5.1.2　高管学术经历与企业成本粘性：代理冲突

中国自古以来"师德"的优良传统深入学者心里，学为人师、行为世范的良好道德素质为世人树立了好的典范，成为了社会的楷模和表率。研究认为，过往的高校、科研院所任职经历有助于塑造高管的道德价值观并增强高管的自律意识，从而在高管身上形成一种内在的自我约束和监督机制，能够有效减少管理层实施以牺牲股东利益为代价的自利行为（张晓亮等，2020）。长期以来，社会对学者身份的认识具有较高的期待，罗伊摩根研究所在 2017 年针对职业形象做了调查，调查结果显示半数以上的受访者对大学教师这一职业的道德水准与诚信意识给予"高"或"很高"的评价。类似地，在中国，大学教师和科研工作者一直都在社会民众心中具有较高的声望（苑泽明等，2020）。Francis 等（2015）认为，学术工作者一直以来都传承着中国传统的儒家文化，道德责任感较强，他们在进入企业管理层后会更加关注自身的声誉和良好形象。由于社会的期待和个人声誉的需要，学者型高管会坚守道德操守，进一步加强自律意识，在企业成本管控和投资决策的过程中，自觉抵制因个人私利而不顾企业实际能力过度扩大企业规模、增加经营成本的行为，从而缓解企业委托代理冲突。

综上所述，高管学术经历有助于抑制管理层乐观预期和管理层代理问题，从而降低企业成本粘性。基于此，本书提出以下研究假设：

H5：相比无学术经历的高管所在的企业，具有学术经历的高管所在的企业成本粘性程度更低。

图 5.1 为高管学术经历与企业成本粘性逻辑框架。

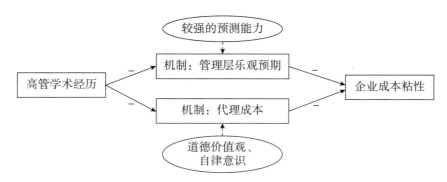

图 5.1　高管学术经历与企业成本粘性逻辑框架

5.2　研究设计

5.2.1　样本选取与数据来源

本书选取 2008~2019 年沪深 A 股制造类行业上市公司为初始研究样本，研究样本之所以选择制造类行业，是因为对于成本管理研究话题而言，制造业更合适，且我们之所以选取 2008 年为本书研究样本的起始年份是因为 CSMAR 数据库中高管学术经历数据是从 2008 年开始披露的。此外，由于被解释变量成本变化率、解释变量收入变化率以及控制变量企业是否连续两年收入下降均需要前一年或前两年的收入成本数据，因此在搜集企业收入和成本数据时实际采用的样本区间为 2006~2019 年，其他变量仍然是按照 2008~2019 年的数据进行选取的，我们在整理样本的过程中剔除了 ST 和 *ST 的公司以及相关数据缺失的样本公司。本书高管学术经历数据主要来自 CSMAR 数据库中的上市公司人物特征数据库，其中部分数据不全，我们通过对比高管个人简历、使用新浪财经与百度百科等网站进行搜索补充。本书中其他财务数据、产权性质数据等均来自 CSMAR 数据库和 WIND 数据库。最终我们获取了 15013 个有效样本观测值，且为控制极端值的影响，本书对主要变量进行了 1% 和 99% 分位上的缩尾处理。本书主要采用了 Excel 和 Stata 统计软件对数据进行处理与统计分析。

5.2.2　变量的定义

5.2.2.1　被解释变量

依据成本粘性的定义，成本粘性意味着公司相对于销售收入上升时，销售收入下降时成本的边际减少量更少，通常采用营业成本变化率与营业收入变化率之间的变动关系来衡量，即营业成本是否随着营业收入的变动等额地变动（Anderson et al.，2003）。为此本书借鉴 Anderson 等（2003）的衡量方法，确定本书的被解释变量为成本变化率的自然对数 $[\ln(\text{COST}_{i,t}/\text{COST}_{i,t-1})]$，其中 $\text{COST}_{i,t}$ 为本期营业成本，$\text{COST}_{i,t-1}$ 为上期营业成本。

5.2.2.2 解释变量

（1）收入水平变化率。成本粘性是用收入和成本的变动关系来进行解释，因此本书采用收入水平变化率的自然对数，即 $\ln(\text{REV}_{i,t}/\text{REV}_{i,t-1})$ 作为解释变量，其中 $\text{REV}_{i,t}$ 为本期主营业务收入，$\text{REV}_{i,t-1}$ 为上期主营业务收入。

（2）收入下降虚拟变量。$D_{i,t}$ 为哑变量，当第 t 年的主营业务收入较第 t−1 期时下降，取值为 1，否则为 0。

（3）高管学术经历。本书对高管身份的定位借鉴 Hambrick 和 Mason（1984）的高层梯队理论，将董事长和总经理定义为高管。在我国的企业中，董事长和总经理在企业的经营决策中发挥着至关重要的作用，对投资的影响具有前瞻性和决定性。高管学术经历（$\text{Academic}_{i,t}$）是虚拟变量，参考周楷唐等（2017）的做法，主要是指高管正在或曾在高校任教，或在科研机构、科研协会从事研究工作，当董事长或总经理具有学术经历时取 1，否则为 0。其中对于学术背景缺失的样本，我们通过手工查阅高管的简历信息，并结合百度、新浪财经等网站进行搜索补充，最终得到 4728 个有效样本。

5.2.2.3 控制变量

本书参考 Anderson 等（2003）的研究，选取四大经济因素变量作为控制变量，具体包括：是否连续两年收入下降虚拟变量（$D\_twoyear_{i,t}$）、经济增长率（$\text{Gdpgrowth}_{i,t}$）、人力资本密集度（$\text{Eintensity}_{i,t}$），固定资本密集度（$\text{Aintensity}_{i,t}$）。此外还控制了公司规模（$\text{Size}_{i,t}$）、资产负债率（$\text{Lev}_{i,t}$）、资产收益率（$\text{ROA}_{i,t}$）、所有权性质（$\text{SOE}_{i,t}$）四个公司特征控制变量以及

董事长与总经理两职合一（$Dual_{i,t}$）、独立董事占比（$Ind_{i,t}$）、董事会规模（$Bsize_{i,t}$）三个公司治理特征控制变量。

经济因素控制变量：①是否连续两年收入下降虚拟变量（$D\_twoyear_{i,t}$），若公司营业收入连续两年下降，则赋值为1，否则为0。Anderson等（2003）认为当销售连续两年下降时，管理层往往较为悲观，管理层会认为企业销售收入下降可能会是长期的，由此会减弱企业成本粘性。②经济增长率（$Gdpgrowth_{i,t}$），用当年全国GDP增长率乘以100来表示。宏观经济增长较快时，管理层普遍较为乐观，此时管理层会比较看好企业的未来发展，并预期企业未来销售量会不断上升，由此会增强企业成本粘性（Anderson et al.，2003）。③人力资本密集度（$Eintensity_{i,t}$），用当年员工总人数与营业收入（百万元）的比值来表示。当企业销售收入下降时，对人力资本依赖度高的企业会面临较高的裁员成本，因此会增强企业成本粘性（Anderson et al.，2003；Banker & Chen，2006a）。④固定资本密集度（$Aintensity_{i,t}$），用当年资产总额与营业收入之比来表示。当企业销售量下降时，资产密集度高的企业往往会面临较高的处置自有实物资产的调整成本，从而会增强企业成本粘性（Anderson et al.，2003）。

公司特征控制变量：①公司规模（$Size_{i,t}$），公司期末总资产取自然对数来度量。公司规模越大，企业的管理可能会更加困难，企业信息不对称程度会更高，此时代理人的行为难以得到有效关注，因此会增强企业代理成本与成本变动之间的不对称程度。②企业资产负债率（$Lev_{i,t}$），用公司期末负债总额除以期末总资产来衡量。企业负债水平越高，需要承担的利息水平越高，此时公司会受到债权人监督的压力，从而会降低企业成本粘性，梁上坤（2015）的研究表明了债务约束具有公司治理效应，会降低管理层过度自信对企业成本粘性的增强作用。③资产收益率（$ROA_{i,t}$），用公司净利润除以总资产来表示。资产收益率越高表明企业的资源配置效率越高，企业的成本费用得到了有效的控制，因此企业成本粘性水平较低。④所有权性质（$SOE_{i,t}$），是虚拟变量，国有企业为1，否则为0。相比非国有企业，由于部分国有企业产权不清晰，且内部人控制现象较严重，使得经理人的行为难以得到有效控制和监督，因此相较于非国有企业，国有企业成本粘性较强（王明虎和席彦群，2011）。

公司治理特征控制变量：①董事长与总经理两职合一（Dual$_{i,t}$），若董事长与总经理两职合一赋值为1，否则为0。董事长与总经理两职合一会削弱董事会的监督职能，增强企业成本粘性。②独立董事占比（Ind$_{i,t}$），用公司当年独立董事人数占董事会总人数的比值来表示。公司独立董事在董事会中的比例越高，可以有效提升董事会的独立性，加强董事会对管理层机会主义行为的监督治理作用，从而会降低企业成本粘性（穆林娟等，2013）。③董事会规模（Bsize$_{i,t}$），用公司当年董事会总人数的自然对数来表示。较大规模的董事会可以很好地发挥监督作用，提升公司治理的有效性，从而会降低企业成本粘性（谢获宝和惠丽丽，2014）。

具体变量的定义和说明如表5.1所示。

表 5.1　变量定义

变量	名称	符号	定义
被解释变量	营业成本变动	ln(COST$_{i,t}$/COST$_{i,t-1}$)	当年营业成本与上年营业成本的比值再取自然对数
解释变量	营业收入变动	ln(REV$_{i,t}$/REV$_{i,t-1}$)	当年主营业务收入与上年主营业务收入的比值再取自然对数
	收入下降	D$_{i,t}$	哑变量，当本年的主营业务收入较上年下降时取值为1，否则为0
	高管学术经历	Academic$_{i,t}$	当公司的董事长或者总经理具有学术经历时取值为1，否则为0
经济因素控制变量	连续两年收入下降	D_twoyear$_{i,t}$	虚拟变量，若公司营业收入连续两年下降，则取值为1，否则为0
	经济增长率	Gdpgrowth$_{i,t}$	当年全国GDP增长率乘以100
	人力资本密集度	Eintensity$_{i,t}$	当年员工总人数与营业收入（百万元）的比值
	固定资本密集度	Aintensity$_{i,t}$	当年资产总额与营业收入之比

变量	名称	符号	定义
其他控制变量	公司规模	$Size_{i,t}$	公司期末总资产取自然对数
	资产负债率	$Lev_{i,t}$	公司期末负债总额除以期末总资产
	资产收益率	$ROA_{i,t}$	公司净利润除以总资产
	所有权性质	$SOE_{i,t}$	虚拟变量，国有企业为1，否则为0
	董事长与总经理两职合一	$Dual_{i,t}$	虚拟变量，董事长与总经理两职合一为1，否则为0
	独立董事占比	$Ind_{i,t}$	公司当年独立董事人数占董事会人数的比值
	董事会规模	$Bsize_{i,t}$	公司当年董事会总人数取自然对数

5.2.3　模型设定

为了有效验证 H5，即高管学术经历与企业成本粘性的关系，本书借鉴 Anderson 等（2003）的研究，构建模型（5-1），并进行 OLS 回归检验。回归过程中本书对行业和年份进行了控制，其中本书根据中国证监会行业分类（2012 年）标准保留了制造业前两位代码。

$$\ln(COST_{i,t}/COST_{i,t-1}) = \alpha_0 + \alpha_1 \ln(REV_{i,t}/REV_{i,t-1}) + \alpha_2 D_{i,t} \times \ln(REV_{i,t}/REV_{i,t-1}) +$$
$$\alpha_3 Academic_{i,t} \times D_{i,t} \times \ln(REV_{i,t}/REV_{i,t-1}) +$$
$$\sum_{m=4}^{7} \alpha_m Econ\_Var_{m,i,t} \times D_{i,t} \times \ln(REV_{i,t}/REV_{i,t-1}) +$$
$$\sum_{n=8}^{14} \alpha_n Con\_Var_{n,i,t} \times D_{i,t} \times \ln(REV_{i,t}/REV_{i,t-1}) +$$
$$\sum Year + \sum Ind + \varepsilon_{i,t} \tag{5-1}$$

模型（5-1）中 $Econ\_Var_{m,i,t}$ 是本书的四大经济因素控制变量，$Con\_Var_{n,i,t}$ 是本书的其他控制变量。根据成本粘性的定义，当企业收入上升时，成本的变化量是 $\alpha_0 + \alpha_1$，当企业收入下降时，成本的变化量是 $\alpha_0 + \alpha_1 + \alpha_2$。在模型（5-1）中，若系数 α_2 显著为负，即 $\alpha_0 + \alpha_1 + \alpha_2$ 小于 $\alpha_0 + \alpha_1$，说明企业的成本在业务量下降时的减少幅度小于成本在业务量上升时的增加幅度，则表明企业存在成本粘性。加入高管学术经历（$Academic_{i,t}$）变量后，我们重点关注系数 α_3，系数 α_3 表明了高管学术经历对企业成本粘性的影响，如果 α_3 显著大于零，则证明高管学术经历能够显著降低企业成本粘性，由此证明了本书的 H5，如果 α_3 显著小于零，则表明高管学术经历加剧了企业成本粘性，由此拒绝本书的 H5。

此外，模型（5-1）中包含了所有控制变量与成本粘性（$D_{i,t} \times lnREV_{i,t}$）的交乘项，这是因为，成本粘性并非通过单一的变量计算来衡量，而是通过观察成本变动与收入变动之间的关系进行解释，因此为了反映控制变量对成本变动率 $[ln(COST_{i,t}/COST_{i,t-1})]$ 的影响，同样也要和解释变量高管学术经历（$Academic_{i,t}$）一样分别与企业成本粘性（$D_{i,t} \times lnREV_{i,t}$）进行交乘，以此来反映控制变量在模型中的影响。

5.3 实证结果与分析

5.3.1 样本分布及描述性统计

本书对高管学术经历的样本分布以及各主要变量进行了描述性统计，结果如表 5.2 所示。从表 5.2 的第一部分可以看出，2008~2019 年，我国制造业企业高管拥有学术经历的样本不断增加，高管拥有学术经历的样本占比从 2008 年的 17.53% 增加到了 2019 年的 28.55%，其中 2017 年，高管学术经历样本的占比高达 41.71%，总体来看，在本书的研究样本区间，高管学术经历的样本量为 4728 个，约占总样本的 31.49%，这也表明了我国上市公司越来越重视引进具有学术背景的人才担任公司的重要职位。

表5.2　样本分布及描述性统计

第一部分：样本分布

年份	高管有学术经历	高管无学术经历	合计	有学术经历占比（%）
2008	119	560	679	17.53
2009	138	622	760	18.16
2010	160	608	768	20.83
2011	213	648	861	24.74
2012	323	798	1121	28.81
2013	389	909	1298	29.97
2014	467	908	1375	33.96
2015	547	841	1388	39.41
2016	578	869	1477	39.94
2017	654	914	1568	41.71
2018	567	1174	1741	32.57
2019	573	1434	2007	28.55
合计	4728	10285	15013	31.49

第二部分：营业收入与营业成本分布的描述性统计

变量名称	观测值	均值	标准差	最小值	最大值	中位数
营业收入（百万元）	15013	5797	12609	99.9	83120	1767
营业成本（百万元）	15013	4632	10720	50.7	71249	1268
营业成本／营业收入	15013	0.73	0.166	0.202	1.01	0.763
当年营业收入／上年营业收入	15013	1.18	0.418	0.492	3.80	1.11
当年营业成本／上年营业成本	15013	1.18	0.419	0.493	3.75	1.11

第三部分：其他变量的描述性统计

变量名称	观测值	均值	标准差	最小值	最大值	中位数
$D_{i,t}$	15013	0.277	0.447	0.000	1.000	0.000
$Academic_{i,t}$	15013	0.315	0.465	0.000	1.000	0.000
$D\_twoyear_{i,t}$	15013	0.103	0.304	0.000	1.000	0.000
$Gdpgrowth_{i,t}$	15013	7.520	1.280	6.100	10.600	6.900
$Eintensity_{i,t}$	15013	1.520	1.100	0.130	6.310	1.270

续表

变量名称	观测值	均值	标准差	最小值	最大值	中位数
$Aintensity_{i,t}$	15013	2.070	1.380	0.419	9.290	1.720
$Size_{i,t}$	15013	22.000	1.160	19.70	25.400	21.900
$Lev_{i,t}$	15013	0.420	0.200	0.057	0.952	0.411
$ROA_{i,t}$	15013	0.038	0.062	−0.235	0.211	0.035
$SOE_{i,t}$	15013	0.351	0.477	0.000	1.000	0.000
$Dual_{i,t}$	15013	0.264	0.441	0.000	1.000	0.000
$Ind_{i,t}$	15013	0.373	0.052	0.333	0.571	0.333
$Bsize_{i,t}$	15013	2.130	0.190	1.610	2.640	2.200

第四部分：分样本比较

变量名称	平均值检验			中位数检验		
	高管有学术经历（1）	高管无学术经历（0）	（1）—（0）	高管有学术经历（1）	高管无学术经历（0）	（1）—（0）
$\ln(COST_{i,t}/COST_{i,t-1})$	0.146	0.107	0.039***	0.122	0.091	0.031***
$\ln(REV_{i,t}/REV_{i,t-1})$	0.145	0.109	0.036***	0.127	0.095	0.032***
$D_{i,t}$	0.239	0.294	−0.055***	0.000	0.000	−0.000***
$D\_twoyear_{i,t}$	0.083	0.112	−0.029***	0.000	0.000	−0.000***
$Gdpgrowth_{i,t}$	7.306	7.611	−0.305***	6.900	6.900	−0.000***
$Eintensity_{i,t}$	1.509	1.524	−0.015	1.360	1.224	0.136***
$Aintensity_{i,t}$	2.172	2.018	0.154***	1.844	1.676	0.208***
$Size_{i,t}$	21.905	22.024	−0.119***	21.745	21.894	−0.144***
$Lev_{i,t}$	0.383	0.436	−0.053***	0.380	0.428	−0.048***
$ROA_{i,t}$	0.042	0.035	0.007***	0.040	0.033	0.007***
$SOE_{i,t}$	0.246	0.399	−0.153***	0.000	0.000	−0.000***
$Dual_{i,t}$	0.287	0.253	0.034***	0.000	0.000	0.000***
$Ind_{i,t}$	0.375	0.371	0.004***	0.333	0.333	0.000***
$Bsize_{i,t}$	2.139	2.122	0.017***	2.197	2.197	0.000**

注：***、** 分别表示在1%、5%的水平上显著。

表 5.2 的第二部分显示样本企业营业成本占营业收入的比重均值高达 73%，且当年营业收入比上年的营业收入的比值与当年营业成本比上年的营业成本的比值的均值、最小值、最大值十分接近，甚至部分相同，表 5.2 的第二部分结果表明，企业利润存在被成本费用大幅挤占的现象，从而会导致企业业绩逐渐下滑，这可能是企业存在成本粘性的直观表现。

表 5.2 的第三部分是本书其他变量的描述性统计，结果显示高管学术经历（Academic$_{i,t}$）的均值为 0.315，表明全样本约有 31.5% 的企业高管具有学术经历。除此之外，收入下降（D$_{i,t}$）的上市公司占总样本的 27.7%；连续两年收入下降（D_twoyear$_{i,t}$）的上市公司约占总样本的 10.3%；经济增长（Gdpgrowth$_{i,t}$）的均值为 7.520，总体来看，我国的经济发展处于中高速阶段；样本企业的人力资本密集度（Eintensity$_{i,t}$）和固定资本密集度（Aintensity$_{i,t}$）的最小值与最大值相差较大，说明样本公司虽同属于制造业，但有的企业属于传统制造业，企业内部人工占比和固定资产占比较高，而有的企业机械化程度高，人员密集度低，由此会造成相同行业不同企业间人力资本密集度和固定资本密集度存在较大差异；公司规模（Size$_{i,t}$）的均值为 22.000，表明本书研究的样本公司规模较大；资产负债率（Lev$_{i,t}$）的均值为 0.420，表明样本公司平均负债水平适中；资产收益率（ROA$_{i,t}$）的均值为 0.038，表明我国资产收益率普遍偏低，部分公司还出现了亏损；全样本中约 35.1% 的上市公司的所有权性质（SOE$_{i,t}$）为国有企业；董事长和总经理两职合一（Dual$_{i,t}$）的样本均值为 0.264，表明约 26.4% 的上市公司存在两职合一的现象；独立董事占比（Ind$_{i,t}$）的均值为 0.373；董事会规模（Bsize$_{i,t}$）的均值显示董事会平均人数为 3 人。总体来看，本书的相关变量的描述性统计结果均处于正常值范围。

表 5.2 的第四部分是根据高管是否拥有学术经历进行的分样本比较，结果显示无论是平均值检验还是中位数检验，相比高管无学术经历的组中，

在高管拥有学术经历组中，营业成本变化率［$\ln(COST_{i,t}/COST_{i,t-1})$］和营业收入变化率［$\ln(REV_{i,t}/REV_{i,t-1})$］的值都相对更大，且组间差异均在 1% 的水平上显著，这表明高管拥有学术经历样本公司的成本和收入变动更有弹性，企业成本弹性越高，其成本粘性出现的可能性就会越低，这初步验证了本书的 H5。

5.3.2　相关性分析

表 5.3 为变量间的相关性系数。通过表 5.3 可知，营业收入变动［$\ln(REV_{i,t}/REV_{i,t-1})$］和营业成本变动［$\ln(COST_{i,t}/COST_{i,t-1})$］的相关性系数高达 0.947，这也说明营业收入与营业成本之间是一种共生互长的关系，符合企业营业收入与营业成本变动的实际情况。并且，连续两年收入下降虚拟变量（$D\_twoyear_{i,t}$）、经济增长（$Gdpgrowth_{i,t}$）、人力资本密集度（$Eintensity_{i,t}$）、固定资本密集度（$Aintensity_{i,t}$）与营业成本变动［$\ln(COST_{i,t}/COST_{i,t-1})$］之间均显著相关，这表明企业营业成本的变化调整会受到四大经济因素变量的影响。高管学术经历（$Academic_{i,t}$）与营业成本变动［$\ln(COST_{i,t}/COST_{i,t-1})$］之间的相关性系数为 0.063，在 1% 的水平上显著，这表明企业营业成本的变化调整不仅会受到业务量变动的影响，还会受到高管学术经历的影响。董事会规模（$Bsize_{i,t}$）与独立董事占比（$Ind_{i,t}$）之间的相关性系数为 −0.523，显著为负，这符合实际情况，因为独立董事占比是用独立董事人数占董事会总人数计算得出的，二者之间具有关联性，除此之外，表 5.3 中的其余变量之间的相关性系数均小于 0.5，且本书的 VIF 检验结果也均小于临界值 10，这意味着各变量之间不存在严重的多重共线性问题，可以进一步做多元回归分析。

表 5.3 变量间的相关系数

变量	$C\_Ratio_{i,t}$	$R\_Ratio_{i,t}$	$Academic_{i,t}$	$D\_twoyear_{i,t}$	$Gdpgrowth_{i,t}$	$Eintensity_{i,t}$	$Aintensity_{i,t}$	$Size_{i,t}$	$Lev_{i,t}$	$ROA_{i,t}$	$SOE_{i,t}$	$Dual_{i,t}$	$Ind_{i,t}$	$Bsize_{i,t}$
$C\_Ratio_{i,t}$	1													
$R\_Ratio_{i,t}$	0.947***	1												
$Academic_{i,t}$	0.063***	0.060***	1											
$D\_twoyear_{i,t}$	−0.376***	−0.390***	−0.044***	1										
$Gdpgrowth_{i,t}$	0.048***	0.047***	−0.111***	−0.028***	1									
$Eintensity_{i,t}$	−0.139***	−0.151***	−0.006	0.124***	0.190***	1								
$Aintensity_{i,t}$	−0.138***	−0.153***	0.052***	0.193***	−0.117***	0.364***	1							
$Size_{i,t}$	0.077***	0.081***	−0.048***	−0.053***	−0.165***	−0.393***	−0.108***	1						
$Lev_{i,t}$	0.009	0.005	−0.123***	0.021**	0.181***	−0.104***	−0.147***	0.388***	1					
$ROA_{i,t}$	0.230***	0.297***	0.053***	−0.234***	−0.002	−0.167***	−0.211***	0.063***	−0.365***	1				
$SOE_{i,t}$	−0.068***	−0.066***	−0.149***	0.049***	0.238***	−0.056***	−0.136***	0.257***	0.294***	−0.111***	1			
$Dual_{i,t}$	0.033***	0.031***	0.037***	−0.024***	−0.106***	0.049***	0.079***	−0.130***	−0.115***	0.029***	−0.270***	1		
$Ind_{i,t}$	0.009	0.004	0.036***	0.012	−0.081***	−0.021***	0.053***	0.001	−0.023***	−0.016***	−0.055***	0.115***	1	
$Bsize_{i,t}$	−0.004	−0.000	−0.042***	−0.021**	0.161***	−0.052***	−0.115***	0.237***	0.153***	0.025***	0.254***	−0.181***	−0.523***	1

注：$C\_Ratio_{i,t}$ 和 $R\_Ratio_{i,t}$ 分别是 $\ln(COST_{i,t}/COST_{i,t-1})$ 和 $\ln(REV_{i,t}/REV_{i,t-1})$；***、**、* 分别表示在 1%、5%、10% 的水平上显著。

5.3.3　多元回归结果分析

5.3.3.1　高管学术经历与企业成本粘性

表 5.4 列示了高管学术经历对企业成本粘性的影响结果。其中，第（1）列仅包含营业收入变动 $[\ln(REV_{i,t}/REV_{i,t-1})]$ 和成本粘性 $[D_{i,t} \times \ln(REV_{i,t}/REV_{i,t-1})]$ 两项，用以检验样本企业是否存在成本粘性。结果显示企业成本粘性 $[D_{i,t} \times \ln(REV_{i,t}/REV_{i,t-1})]$ 的系数为 −0.040，在 1% 的水平上显著，由此证明样本制造业企业普遍存在着成本粘性现象。第（2）列是加入高管学术经历与企业成本粘性的交乘项 $[Academic_{i,t} \times D_{i,t} \times \ln(REV_{i,t}/REV_{i,t-1})]$ 以及其他控制变量与企业成本粘性的交乘项检验结果，最终结果显示 $Academic_{i,t} \times D_{i,t} \times \ln(REV_{i,t}/REV_{i,t-1})$ 的系数为 0.042，在 1% 的水平上显著为正，该结果表明在成本管理中高管学术经历有助于降低企业成本粘性，由此证明了 H5，即相比无学术经历的高管所在的企业，具有学术经历的高管所在的企业成本粘性程度更低。在此我们需要解释一下，第（2）列中成本粘性 $[D_{i,t} \times \ln(REV_{i,t}/REV_{i,t-1})]$ 本身不再负向显著，但是这一现象并不能说明企业成本粘性消失，而是在整体粘性存在的前提下 [如第（1）列结果]，随着成本粘性更多动因的加入，如 Anderson 等（2003）识别的四个经济因素变量以及未来识别的新的变量，会使初始发现的成本粘性逐渐被剥离，由新发现的变量承担解释。与本书结果类似，Chen 等（2012）以及梁上坤（2015，2020）的研究结果均显示，加入经济因素以及其他影响因素变量与成本粘性的交乘项后，初始成本粘性便不再负向显著。

表 5.4　高管学术经历与企业成本粘性

变量	被解释变量：$\ln(COST_{i,t}/COST_{i,t-1})$	
	（1）	（2）
$\ln(REV_{i,t}/REV_{i,t-1})$	0.963***	0.962***
	（270.74）	（270.39）

续表

变量	被解释变量：$\ln(COST_{i,t}/COST_{i,t-1})$	
	（1）	（2）
$D_{i,t} \times \ln(REV_{i,t}/REV_{i,t-1})$	−0.040***	0.538***
	（−4.71）	（3.20）
$Academic_{i,t} \times D_{i,t} \times \ln(REV_{i,t}/REV_{i,t-1})$		0.042***
		（2.63）
交乘项［变量 $\times D_{i,t} \times \ln(REV_{i,t}/REV_{i,t-1})$］		
$D\_twoyear_{i,t}$		0.052***
		（4.29）
$Gdpgrowth_{i,t}$		0.003
		（0.48）
$Eintensity_{i,t}$		−0.009**
		（−2.06）
$Aintensity_{i,t}$		−0.003
		（−1.25）
$Size_{i,t}$		−0.024***
		（−4.00）
$Lev_{i,t}$		0.111***
		（4.23）
$ROA_{i,t}$		0.649***
		（10.35）
$SOE_{i,t}$		0.015
		（1.14）
$Dual_{i,t}$		0.006
		（0.42）
$Ind_{i,t}$		−0.008
		（−0.06）
$Bsize_{i,t}$		−0.057
		（−1.48）
Constant	0.003	0.003
	（0.80）	（0.77）
行业	控制	控制
年度	控制	控制
Observations	15013	15013
Adj-R^2	0.897	0.898

注：括号内的数值为 t 值，***、**、* 分别表示在 1%、5%、10% 的水平上显著。

除此之外，表 5.4 的结果也显示了四大经济因素变量、公司特征变量以及公司治理变量对企业成本粘性的影响，四大经济因素变量中连续两年收入下降与企业成本粘性的交乘项 $[D\_twoyear_{i,t} \times D_{i,t} \times \ln(REV_{i,t}/REV_{i,t-1})]$ 的系数为 0.052，在 1% 的水平上显著，这表明营业收入连续两年下降会降低管理层对未来收入增长的乐观预期，增加管理层控制成本的压力，此时管理层会采取有效措施将成本控制在合理的水平，减轻企业成本粘性；人力资本密集度与企业成本粘性的交乘项 $[Eintensity_{i,t} \times D_{i,t} \times \ln(REV_{i,t}/REV_{i,t-1})]$ 的系数为 −0.009，在 5% 的水平上显著，说明劳动力密集度高的企业往往对人力资本的依赖性越高，企业在面临业务量下降时会面临较高的裁员调整成本，从而会增强企业成本粘性；这两个经济因素变量的结果均符合已有文献的研究结论，符合我们初步的预期方向（Anderson et al., 2003；孙铮和刘浩，2004；梁上坤，2015）。此外，公司特征变量中公司规模与企业成本粘性的交乘项 $[Size_{i,t} \times D_{i,t} \times \ln(REV_{i,t}/REV_{i,t-1})]$ 的系数为 −0.024，在 1% 的水平上显著，这表明公司规模越大，企业成本粘性也会越强，这主要是因为公司规模越大，企业的管理往往会更加困难，代理冲突会更加严重，由此增强了企业的成本粘性；资产负债率与企业成本粘性的交乘项 $[Lev_{i,t} \times D_{i,t} \times \ln(REV_{i,t}/REV_{i,t-1})]$ 的系数为 0.111，在 1% 的水平上显著，说明一定的债务约束能够抑制企业成本粘性，该结果支持了梁上坤（2015）的研究结论，即债务约束具有治理效应；资产收益率与企业成本粘性的交乘项 $[ROA_{i,t} \times D_{i,t} \times \ln(REV_{i,t}/REV_{i,t-1})]$ 的系数为 0.649，在 1% 的水平上显著，资产收益率（$ROA_{i,t}$）越好表明企业资产利用效果越好，企业在增加收入和节省成本方面取得了良好的效果，因此企业成本粘性程度较低。

5.3.3.2　区分高管学术经历类型与企业成本粘性

根据本书对高管学术经历的定义，高管学术经历的类型包含三种，分别是高校学术经历（$University\_Acade_{i,t}$）、科研机构学术经历（$Institution\_Acade_{i,t}$）和科研协会学术经历（$Association\_Acade_{i,t}$），表 5.5 中的第（1）～第（3）列分别对这三种不同类型的学术经历与企业成本粘性的关系进行了检验。考虑到部分样本的高管学术经历类型存在重叠，比如高管可能同时拥有三种学术经历类型中的某两种或某三种，因此本书在检验不同类型学术经历对企业成本粘性的影响过程中剔除了该重叠样本，最终样本量为 14504。表 5.5 的第（1）列和第（2）列检验结果显示高管的高校学术经历与企业成本粘性的交乘项 [University_Acade$_{i,t}$ × D$_{i,t}$ × ln(REV$_{i,t}$/REV$_{i,t-1}$)]、科研机构学术经历与企业成本粘性的交乘项 [Institution_Acade$_{i,t}$ × D$_{i,t}$ × ln(REV$_{i,t}$/REV$_{i,t-1}$)] 的系数分别为 0.056、0.066，分别在 10% 和 5% 的水平上显著，而表 5.5 的第（3）列结果表明科研协会学术经历与企业成本粘性的交乘项 [Association_Acade$_{i,t}$ × D$_{i,t}$ × ln(REV$_{i,t}$/REV$_{i,t-1}$)] 的系数为 0.007，为正但是不显著。表 5.5 中的第（1）列至第（3）列结果最终表明高管学术经历类型不同，其对企业成本粘性的抑制作用也不同，其中，高管的科研机构学术经历对企业成本粘性的影响最大，其次是高校学术经历，而高管的科研协会学术经历的影响最不明显，这可能是因为相对于偏重管理部门性质的科研协会，高校和科研机构一般都有着非常明确的科研目标和任务，拥有较高水平的学术带头人和一批热爱学术的研究人员，长期且严谨的学术研究经历会深刻影响他们日后在企业的经营决策行为。

表 5.5 不同类型学术经历与企业成本粘性

变量	被解释变量：ln(COST$_{i,t}$/COST$_{i,t-1}$)		
	（1）	（2）	（3）
ln(REV$_{i,t}$/REV$_{i,t-1}$)	0.961***	0.960***	0.961***
	（267.27）	（267.23）	（267.24）
D$_{i,t}$ × ln(REV$_{i,t}$/REV$_{i,t-1}$)	0.551***	0.558***	0.550***
	（3.24）	（3.28）	（3.23）
University_Acade$_{i,t}$ × D$_{i,t}$ × ln(REV$_{i,t}$/REV$_{i,t-1}$)	0.056*		
	（1.69）		
Institution_Acade$_{i,t}$ × D$_{i,t}$ × ln(REV$_{i,t}$/REV$_{i,t-1}$)		0.066**	
		（2.11）	

续表

变量	被解释变量：$\ln(COST_{i,t}/COST_{i,t-1})$		
	（1）	（2）	（3）
$Association\_Acade_{i,t} \times D_{i,t} \times$ $\ln(REV_{i,t}/REV_{i,t-1})$			0.007
			（0.35）
交乘项［变量 $\times D_{i,t} \times \ln(REV_{i,t}/REV_{i,t-1})$］			
$D\_twoyear_{i,t}$	0.053***	0.053***	0.053***
	（4.41）	（4.37）	（4.39）
$Gdpgrowth_{i,t}$	0.003	0.004	0.004
	（0.61）	（0.65）	（0.67）
$Eintensity_{i,t}$	−0.009**	−0.009**	−0.009**
	（−2.03）	（−1.98）	（−2.04）
$Aintensity_{i,t}$	−0.003	−0.003	−0.003
	（−1.12）	（−1.14）	（−1.11）
$Size_{i,t}$	−0.024***	−0.024***	−0.024***
	（−3.99）	（−3.97）	（−4.00）
$Lev_{i,t}$	0.110***	0.110***	0.110***
	（4.18）	（4.17）	（4.16）
$ROA_{i,t}$	0.639***	0.638***	0.638***
	（10.29）	（10.29）	（10.28）
$SOE_{i,t}$	0.014	0.014	0.013
	（1.01）	（1.02）	（0.95）
$Dual_{i,t}$	0.006	0.007	0.005
	（0.38）	（0.45）	（0.35）
$Ind_{i,t}$	−0.018	−0.030	−0.018
	（−0.14）	（−0.23）	（−0.14）
$Bsize_{i,t}$	−0.058	−0.062	−0.058
	（−1.50）	（−1.60）	（−1.50）
Constant	0.004	0.004	0.004
	（1.04）	（0.99）	（0.93）
行业	控制	控制	控制
年度	控制	控制	控制
Observations	14504	14504	14504
Adj-R^2	0.900	0.900	0.900

注：括号内的数值为 t 值，***、**、*分别表示在 1%、5%、10% 的水平上显著。

5.3.4 内生性和稳健性检验

前文已经验证了高管学术经历会降低企业成本粘性。然而，高管学术经历与企业成本粘性之间可能会存在内生性问题。首先，成本粘性低的企业更可能会聘用具有学术经历的高管，这可能会产生反向因果问题。其次，学者型高管可能更愿意去成本粘性低的企业工作，这可能会使研究样本本身具有一定的自选择问题。除此之外，本书的模型也可能会存在遗漏变量的影响。为了控制潜在的内生性问题，本书基于高管变更的视角，分别采用倾向评分匹配法、工具变量法、固定效应模型、重新定义高管与变更成本粘性衡量方法以及加入高管个体背景特征控制变量等方法来进一步分析。

5.3.4.1 基于高管变更视角的分析

本书以高管学术经历变更为研究场景，由于高管学术变更属于多期变更事件，在此构建如下双重差分模型（模型5-2）来考察高管学术经历对企业成本粘性的影响：

$$\ln(COST_{i,t}/COST_{i,t-1}) = \alpha_0 + \alpha_1 \ln(REV_{i,t}/REV_{i,t-1}) + \alpha_2 D_{i,t} \times \ln(REV_{i,t}/REV_{i,t-1}) +$$
$$\alpha_3 Academic\_Change_{i,t} \times D_{i,t} \times \ln(REV_{i,t}/REV_{i,t-1}) +$$
$$\sum_{m=4}^{7} \alpha_m Econ\_Var_{m,i,t} \times D_{i,t} \times \ln(REV_{i,t}/REV_{i,t-1}) +$$
$$\sum_{n=8}^{14} \alpha_n Con\_Var_{n,i,t} \times D_{i,t} \times \ln(REV_{i,t}/REV_{i,t-1}) +$$
$$\sum Year + \sum Ind + \varepsilon_{i,t} \qquad (5-2)$$

首先模型（5-2）的研究样本是一直无学术经历的高管所在的公司和从无学术经历的高管变更为有学术经历的高管所在的公司，从无学术经历的高管变更为有学术经历的高管的当年及之后高管学术经历变更（Academic_Change_{i,t}）为1，变更前为0。模型（5-2）中的系数 α_3 是本书关注的重点，它衡量了学者型高管接任企业相对于非学者型高管接任企业对企业成本粘性的净影响。若系数 α_3 显著为正，则表明学者型高管所在的公司其成本粘性程度确实更低。

我们在研究过程中借鉴 Jiang 等（2013）的研究思路，以高管学术经历变更前后各两年（-2，2）作为本书的研究窗口，并剔除窗口期内发生其他事件的样本。同时，对于上市公司中高管学术经历频繁变更的样本，本书只考虑第一次高管学术经历变更的事件，最终研究结果如表 5.6 所示。表 5.6 的结果显示高管学术经历变更与企业成本粘性的交乘项 $[Academic\_Change_{i,t} \times D_{i,t} \times \ln(REV_{i,t}/REV_{i,t-1})]$ 的系数为 0.112，在 1% 的水平上显著为正，这说明相对无学术经历的高管接任企业，而由有学术经历的高管接任企业，企业的成本粘性程度确实显著降低了。表 5.6 的结果表明本书的研究结论具有一定的稳健性。

表 5.6　高管学术经历变更回归结果

变量	$\ln(COST_{i,t}/COST_{i,t-1})$
$\ln(REV_{i,t}/REV_{i,t-1})$	0.960***
	（208.74）
$D_{i,t} \times \ln(REV_{i,t}/REV_{i,t-1})$	0.678***
	（3.21）
$Academic\_Change_{i,t} \times D_{i,t} \times \ln(REV_{i,t}/REV_{i,t-1})$	0.112***
	（2.68）
交乘项 $[变量 \times D_{i,t} \times \ln(REV_{i,t}/REV_{i,t-1})]$	
$D\_twoyear_{i,t}$	0.065***
	（4.34）
$Gdpgrowth_{i,t}$	0.001
	（0.16）
$Eintensity_{i,t}$	-0.011**
	（-2.27）
$Aintensity_{i,t}$	-0.001
	（-0.27）
$Size_{i,t}$	-0.029***
	（-3.93）

续表

变量	$\ln(COST_{i,t}/COST_{i,t-1})$
$Lev_{i,t}$	0.126***
	（4.10）
$ROA_{i,t}$	0.520***
	（7.06）
$SOE_{i,t}$	0.014
	（0.86）
$Dual_{i,t}$	0.009
	（0.51）
$Ind_{i,t}$	−0.139
	（−0.82）
$Bsize_{i,t}$	−0.051
	（−1.05）
Constant	0.003
	（0.57）
行业	控制
年度	控制
Observations	8481
Adj-R^2	0.905

注：括号内的数值为 t 值，***、**、* 分别表示在 1%、5%、10% 的水平上显著。

5.3.4.2　倾向评分匹配法

通过分析发现，高管学术经历降低了企业成本粘性，但是这种影响还需要我们控制样本的选择性问题，即需要考虑具有学术经历的高管在选择就业时倾向于选择那些稳健保守的企业。为了解决这种选择性问题，本书采用倾向评分匹配法进行检验。根据本书的控制变量采用 1∶1 的配对原则，构建相应的配对样本，其匹配后样本的回归结果如表 5.7 所示，高管学术经历与企业成本粘性的交乘项 $[Academic_{i,t} \times D_{i,t} \times \ln(REV_{i,t}/REV_{i,t-1})]$ 的系数为 0.064，在 1% 的水平上显著为正，因此本书的研究结论依然是稳健的。

表 5.7　倾向评分匹配法回归结果

变量	$\ln(\text{COST}_{i,t}/\text{COST}_{i,t-1})$
$\ln(\text{REV}_{i,t}/\text{REV}_{i,t-1})$	0.959***
	（194.11）
$D_{i,t} \times \ln(\text{REV}_{i,t}/\text{REV}_{i,t-1})$	0.535**
	（2.00）
$\text{Academic}_{i,t} \times D_{i,t} \times \ln(\text{REV}_{i,t}/\text{REV}_{i,t-1})$	0.064***
	（3.18）
交乘项〔变量 $\times D_{i,t} \times \ln(\text{REV}_{i,t}/\text{REV}_{i,t-1})$〕	
$D\_twoyear_{i,t}$	0.038*
	（1.95）
$Gdpgrowth_{i,t}$	0.013
	（1.34）
$Eintensity_{i,t}$	−0.014*
	（−1.83）
$Aintensity_{i,t}$	−0.001
	（−0.11）
$Size_{i,t}$	−0.018*
	（−1.72）
$Lev_{i,t}$	0.155***
	（3.09）
$ROA_{i,t}$	0.911***
	（8.12）
$SOE_{i,t}$	0.038*
	（1.69）
$Dual_{i,t}$	0.055**
	（2.35）
$Ind_{i,t}$	−0.092
	（−0.48）
$Bsize_{i,t}$	−0.166***
	（−2.65）
Constant	0.002
	（0.36）

续表

变量	$\ln(COST_{i,t}/COST_{i,t-1})$
行业	控制
年度	控制
Observations	8107
Adj-R^2	0.887

注：括号内的数值为 t 值，***、**、* 分别表示在 1%、5%、10% 的水平上显著。

5.3.4.3　工具变量法

依据沈华玉等（2018）的内生性检验方法，本书采取上市公司注册地的本科院校密度（ACAD_IV）作为高管学术经历的工具变量，沈华玉等证明了该工具变量具有一定的合理性。本书采用工具变量进行两个阶段回归后的结果如表 5.8 所示，第一阶段回归结果显示，高管学术经历与工具变量 ACAD_IV 的回归系数为 0.006（t=8.19，p<0.01），从统计意义上来看，该工具变量较为理想；第二阶段使用第一阶段求出的拟合值进行回归，结果显示在控制了内生性问题后，高管学术经历与企业成本粘性的交乘项 $[Academic_{i,t} \times D_{i,t} \times \ln(REV_{i,t}/REV_{i,t-1})]$ 的系数为 0.028（t=1.80，p<0.10），说明高管学术经历显著降低企业成本粘性的结论依然成立。

表 5.8　工具变量法回归结果

变量	第一阶段	第二阶段
	$Academic_{i,t}$	$\ln(COST_{i,t}/COST_{i,t-1})$
ACAD_IV	0.006*** （8.19）	
$\ln(REV_{i,t}/REV_{i,t-1})$		0.962*** （270.40）
$D_{i,t} \times \ln(REV_{i,t}/REV_{i,t-1})$		0.547*** （3.26）
$Academic_{i,t} \times D_{i,t} \times \ln(REV_{i,t}/REV_{i,t-1})$		0.028* （1.80）

续表

变量	第一阶段	第二阶段
	$Academic_{i,t}$	$\ln(COST_{i,t}/COST_{i,t-1})$
交乘项〔变量 $\times D_{i,t} \times \ln(REV_{i,t}/REV_{i,t-1})$〕		
$D\_twoyear_{i,t}$		0.052***
		（4.29）
$Gdpgrowth_{i,t}$		0.003
		（0.47）
$Eintensity_{i,t}$		−0.009**
		（−2.08）
$Aintensity_{i,t}$		−0.003
		（−1.24）
$Size_{i,t}$		−0.024***
		（−3.99）
$Lev_{i,t}$		0.111***
		（4.21）
$ROA_{i,t}$		0.649***
		（10.33）
$SOE_{i,t}$		0.015
		（1.11）
$Dual_{i,t}$		0.006
		（0.42）
$Ind_{i,t}$		−0.008
		（−0.06）
$Bsize_{i,t}$		−0.057
		（−1.48）
Constant	−1.310***	0.005
	（−17.82）	（1.17）
行业	控制	控制
年度	控制	控制
Observations	15013	15013
Pseudo R^2/Adj-R^2	0.025	0.898

注：括号内的数值为 t 值，***、**、* 分别表示在 1%、5%、10% 的水平上显著。

5.3.4.4　固定效应模型

为了避免原模型中变量遗漏带来的系数偏误问题，本书采用固定效应模型对高管学术经历与企业成本粘性的关系进行检验。固定效应模型回归结果如表 5.9 所示，结果表明，在控制了时间和个体固定效应后，高管学术经历与企业成本粘性的交乘项 $[\ Academic_{i,t} \times D_{i,t} \times \ln(REV_{i,t}/REV_{i,t-1})\ ]$ 的系数为 0.039，在 5% 的水平上显著为正，本书的研究结论依然成立。

表 5.9　固定效应模型回归结果

变量	$\ln(COST_{i,t}/COST_{i,t-1})$
$\ln(REV_{i,t}/REV_{i,t-1})$	0.960***
	（240.30）
$D_{i,t} \times \ln(REV_{i,t}/REV_{i,t-1})$	0.813***
	（4.20）
$Academic_{i,t} \times D_{i,t} \times \ln(REV_{i,t}/REV_{i,t-1})$	0.039**
	（2.31）
交乘项 $[\ 变量 \times D_{i,t} \times \ln(REV_{i,t}/REV_{i,t-1})\ ]$	
$D\_twoyear_{i,t}$	0.046***
	（3.58）
$Gdpgrowth_{i,t}$	−0.011*
	（−1.80）
$Eintensity_{i,t}$	−0.015***
	（−2.94）
$Aintensity_{i,t}$	−0.007**
	（−2.27）
$Size_{i,t}$	−0.034***
	（−4.75）
$Lev_{i,t}$	0.208***
	（6.72）
$ROA_{i,t}$	0.822***
	（12.00）
$SOE_{i,t}$	0.022
	（1.39）

续表

变量	$\ln(COST_{i,t}/COST_{i,t-1})$
$Dual_{i,t}$	0.027
	（1.62）
$Ind_{i,t}$	0.102
	（0.70）
$Bsize_{i,t}$	−0.071
	（−1.61）
Constant	0.017
	（1.60）
行业	控制
年度	控制
公司	控制
Observations	15013
R^2_Within	0.897

注：括号内的数值为 t 值，***、**、* 分别表示在 1%、5%、10% 的水平上显著。

5.3.4.5　重新定义高管与变更成本粘性衡量方法

首先，我们重新定义了高管，将高管定义为董事长、总经理和财务总监，这是因为在公司经营管理过程中，财务总监能够为公司提供决策信息和决策建议，在企业的经营决策中财务总监具有不可忽视的作用。重新定义高管后的回归结果如表 5.10 的第（1）列所示，高管学术经历与企业成本粘性的交乘项 $[Academic_{i,t} \times D_{i,t} \times \ln(REV_{i,t}/REV_{i,t-1})]$ 的系数为 0.034，在 5% 的水平上显著为正，表明重新定义高管后，本书的研究结论即高管学术经历对企业成本粘性具有显著的抑制作用依然成立。其次，我们改变了成本粘性的度量方法。研究发现企业的销售费用和管理费用同样存在粘性（Anderson et al.，2003；谢获宝和惠丽丽，2014），而财务费用基本不受企业业务量变动的影响，因此本书采用销售费用和管理费用的变化率 $[\ln(SGA_{i,t}/SGA_{i,t-1})]$ 来作为被解释变量的替代变量；此外，我们也使用了更广义的成本，即营业成本与销售和管理费用之和的总成本变化率 $[\ln(TC_{i,t}/TC_{i,t-1})]$ 来作为被解释变量的替代变量进行检验。最终回归结果如表 5.10 的第（2）列和第（3）列所示，高管学术经历与企业成本粘性的交乘项 $[Academic_{i,t} \times D_{i,t} \times \ln(REV_{i,t}/REV_{i,t-1})]$ 的系数均在 1% 的水平上显著为正，表明更换成本粘性衡量方法后，本书的研究结论依然成立。

表 5.10　重新定义高管与变更成本粘性衡量方法的稳健性检验

变量	（1）	（2）	（3）
	$\ln(COST_{i,t}/COST_{i,t-1})$	$\ln(SGA_{i,t}/SGA_{i,t-1})$	$\ln(TC_{i,t}/TC_{i,t-1})$
$\ln(REV_{i,t}/REV_{i,t-1})$	0.962***	0.601***	0.893***
	（270.39）	（79.60）	（298.80）
$D_{i,t} \times \ln(REV_{i,t}/REV_{i,t-1})$	0.540***	0.269	0.417***
	（3.22）	（0.76）	（2.95）
$Academic_{i,t} \times D_{i,t} \times \ln(REV_{i,t}/REV_{i,t-1})$	0.034**	0.106***	0.038***
	（2.25）	（3.24）	（2.97）
交乘项 $[$变量 $\times D_{i,t} \times \ln(REV_{i,t}/REV_{i,t-1})]$			
$D\_twoyear_{i,t}$	0.052***	0.109***	0.051***
	（4.29）	（4.28）	（5.04）
$Gdpgrowth_{i,t}$	0.003	0.010	0.004
	（0.51）	（0.84）	（0.86）
$Eintensity_{i,t}$	−0.009**	−0.005	−0.020***
	（−2.06）	（−0.52）	（−5.25）
$Aintensity_{i,t}$	−0.003	−0.022***	−0.021***
	（−1.25）	（−3.73）	（−8.90）
$Size_{i,t}$	−0.024***	−0.007	−0.016***
	（−4.00）	（−0.52）	（−3.20）
$Lev_{i,t}$	0.111***	−0.134**	0.075***
	（4.24）	（−2.40）	（3.41）
$ROA_{i,t}$	0.650***	1.419***	0.778***
	（10.36）	（10.65）	（14.75）

续表

变量	（1）	（2）	（3）
	$\ln(COST_{i,t}/COST_{i,t-1})$	$\ln(SGA_{i,t}/SGA_{i,t-1})$	$\ln(TC_{i,t}/TC_{i,t-1})$
$SOE_{i,t}$	0.016	0.043	0.039***
	（1.15）	（1.52）	（3.45）
$Dual_{i,t}$	0.006	0.007	−0.018
	（0.41）	（0.21）	（−1.47）
$Ind_{i,t}$	−0.013	−0.219	−0.014
	（−0.10）	（−0.81）	（−0.13）
$Bsize_{i,t}$	−0.058	−0.158*	−0.059*
	（−1.51）	（−1.93）	（−1.84）
Constant	0.003	0.099***	0.021***
	（0.76）	（11.24）	（6.03）
行业	控制	控制	控制
年度	控制	控制	控制
Observations	15013	15013	15013
Adj-R^2	0.898	0.427	0.913

注：括号内的数值为 t 值，***、**、* 分别表示在 1%、5%、10% 的水平上显著。

5.3.4.6　高管个体背景特征的控制

前文在分析高管学术经历对企业成本粘性的影响时，未考虑高管个人背景特征差异可能产生的影响。因此，我们控制了高管年龄（MAGE）、性别（MGEND）、是否有海外背景（MOVE）和财务背景（MFIN）的特征差异（姜付秀等，2009；周楷唐等，2017；文雯等，2019；姜付秀等，2019），这些特征差异可能会同时影响高管学术经历和企业成本粘性。最终回归结果如表 5.11 所示，在控制了高管的年龄、性别、是否有海外背景和财务背景的特征差异后，高管学术经历与企业成本粘性的交乘项 $[Academic_{i,t} \times D_{i,t} \times \ln(REV_{i,t}/REV_{i,t-1})]$ 的系数为 0.032，在 5% 的水平上显著为正，因此在考虑高管个人背景特征后本书的研究结论依然成立。

表 5.11 控制高管相关背景特征差异的稳健性检验

变量	$\ln(COST_{i,t}/COST_{i,t-1})$
$\ln(REV_{i,t}/REV_{i,t-1})$	0.962***
	(270.44)
$D_{i,t} \times \ln(REV_{i,t}/REV_{i,t-1})$	0.595***
	(3.49)
$Academic_{i,t} \times D_{i,t} \times \ln(REV_{i,t}/REV_{i,t-1})$	0.032**
	(2.08)
交乘项〔变量 $\times D_{i,t} \times \ln(REV_{i,t}/REV_{i,t-1})$〕	
$D\_twoyear_{i,t}$	0.051***
	(4.21)
$Gdpgrowth_{i,t}$	−0.000
	(−0.01)
$Eintensity_{i,t}$	−0.009*
	(−1.94)
$Aintensity_{i,t}$	−0.004
	(−1.39)
$Size_{i,t}$	−0.021***
	(−3.40)
$Lev_{i,t}$	0.107***
	(4.05)
$ROA_{i,t}$	0.654***
	(10.38)
$SOE_{i,t}$	0.017
	(1.28)
$Dual_{i,t}$	0.009
	(0.63)
$Ind_{i,t}$	−0.043
	(−0.33)
$Bsize_{i,t}$	−0.061
	(−1.58)

续表

变量	$\ln(COST_{i,t}/COST_{i,t-1})$
$MAGE_{i,t}$	-0.031^{***}
	(-3.13)
$MGEND_{i,t}$	-0.007
	(-0.19)
$MOVE_{i,t}$	0.015
	(0.75)
$MFIN_{i,t}$	0.010
	(0.61)
Constant	0.003
	(0.81)
行业	控制
年度	控制
Observations	15009
Adj-R^2	0.898

注：括号内的数值为 t 值，***、**、* 分别表示在 1%、5%、10% 的水平上显著。

5.3.5 影响机制分析

本书关于 H5 的理论分析表明：一方面，高管学术经历能够提高其在成本控制过程中的预测准确度，避免因对未来过度乐观预期而产生的成本粘性；另一方面，拥有学术经历的高管具有较高的道德情操和良好的声誉水平，这些会成为高管内在的自我约束机制，降低企业代理成本，抑制企业成本粘性。但仅通过单一的多元回归结果难以判断高管学术经历对企业成本粘性的影响机制。为此，本书进一步探索了高管学术经历对企业成本粘性的影响机制。本书借鉴了 Chen 等（2012）的研究思路，采用分组研究的方法，若在管理者乐观预期较强和企业代理成本较高的样本中，高管学术经历对企业成本粘性的抑制效应显著，则可以说明抑制管理者乐观预期和降低代理成本的机制成立。

5.3.5.1　降低管理层乐观预期的机制检验

管理者不同的情绪会对企业未来业务量增长持不同的预期，具有积极情绪的管理者对未来业务量增长持乐观预期，具有消极情绪的管理者则会持悲观预期（李粮和赵息，2013）。从管理者乐观预期来看，本书认为拥有学术经历的高管能够通过科学严谨的逻辑判断对未来业务量的变动趋势做出准确的预测，以此做到及时削减闲置资源，避免盲目乐观地扩大投资规模，从而降低企业成本粘性。本书借鉴李粮和赵息（2013）、王睿和韦鹏（2016）的研究方法，按照管理层对未来成本费用产生乐观预期的概率构建高管乐观预期虚拟变量（$I_{i,t}$），通过分组来检验高管学术经历对企业成本粘性的影响机制。具体来看，当企业上期营业收入上升时，管理层会对当期业务量持乐观预期，此时 $I_{i,t}$ 赋值为 1，否则为 0。这是因为上期业务量的上升会使管理者在当期更愿意多增加生产能力，而这将会导致企业成本粘性的产生（李良和赵息，2013）。

表 5.12 是降低管理层乐观预期的机制检验结果，结果显示，在管理层乐观预期程度较高的子样本中，高管学术经历与企业成本粘性的交乘项〔$Academic_{i,t} \times D_{i,t} \times \ln(REV_{i,t}/REV_{i,t-1})$〕的系数为 0.060，在 1% 的水平上显著为正，而在管理层乐观预期程度较低的子样本中，高管学术经历与企业成本粘性的交乘项〔$Academic_{i,t} \times D_{i,t} \times \ln(REV_{i,t}/REV_{i,t-1})$〕的系数为 0.016，为正但不显著，表 5.12 的结果表明高管学术经历会通过提高其对未来销售预期的准确度，降低管理层盲目乐观预期偏差，进而显著地降低企业成本粘性，在此降低管理层乐观预期的机制检验通过。这表明高管学术经历能够帮助管理层更好地理解市场和行业动态，并对未来趋势进行预测和分析。通过对市场需求、竞争环境和行业趋势的深入了解，高管可以更准确地预测未来销售收入的变化，并根据这些预测进行资源分配和成本控制，从而减少企业在销售下滑时不必要的资源浪费和损失。总之，高管学术经历能够降低管理层盲目乐观预期偏差，从而显著降低企业成本粘性。

表 5.12　降低管理层乐观预期的机制检验结果

变量	$\ln(\mathrm{COST}_{i,t}/\mathrm{COST}_{i,t-1})$	
	$I_{i,t}=1$	$I_{i,t}=0$
$\ln(\mathrm{REV}_{i,t}/\mathrm{REV}_{i,t-1})$	0.974***	0.939***
	（228.04）	（143.89）
$D_{i,t} \times \ln(\mathrm{REV}_{i,t}/\mathrm{REV}_{i,t-1})$	0.685***	0.410
	（2.89）	（1.61）
$\mathrm{Academic}_{i,t} \times D_{i,t} \times \ln(\mathrm{REV}_{i,t}/\mathrm{REV}_{i,t-1})$	0.060***	0.016
	（2.91）	（0.62）
交乘项［变量 $\times D_{i,t} \times \ln(\mathrm{REV}_{i,t}/\mathrm{REV}_{i,t-1})$］		
$\mathrm{Gdpgrowth}_{i,t}$	−0.001	0.007
	（−0.07）	（0.76）
$\mathrm{Eintensity}_{i,t}$	−0.015**	−0.005
	（−2.26）	（−0.79）
$\mathrm{Aintensity}_{i,t}$	0.008*	−0.010**
	（1.84）	（−2.55）
$\mathrm{Size}_{i,t}$	−0.035***	−0.016*
	（−4.35）	（−1.68）
$\mathrm{Lev}_{i,t}$	0.137***	0.094**
	（3.35）	（2.55）
$\mathrm{ROA}_{i,t}$	0.648***	0.630***
	（6.78）	（7.05）
$\mathrm{SOE}_{i,t}$	0.015	0.016
	（0.81）	（0.76）
$\mathrm{Dual}_{i,t}$	−0.019	0.029
	（−0.95）	（1.27）
$\mathrm{Ind}_{i,t}$	0.157	−0.040
	（0.83）	（−0.22）

续表

变量	$\ln(COST_{i,t}/COST_{i,t-1})$	
	$I_{i,t}=1$	$I_{i,t}=0$
Bsize$_{i,t}$	−0.049	−0.048
	（−0.89）	（−0.82）
Constant	−0.001	0.007
	（−0.22）	（0.57）
行业	控制	控制
年度	控制	控制
Observations	11147	3866
Adj-R^2	0.887	0.916

注：括号内的数值为 t 值，***、**、* 分别表示在 1%、5%、10% 的水平上显著。

5.3.5.2　降低代理成本的机制检验

代理问题是指代理人（如高管）和委托人（如股东）之间的利益冲突。在企业中，高管往往以自身利益而非股东利益为导向，这种代理问题可能导致企业成本粘性的出现。为了解决这个问题，企业通常会采取一系列措施，如建立内部控制机制和激励机制等。然而，这些正式制度机制并不能完全消除代理问题。高管学术经历作为一种非正式制度机制，能够发挥重要的作用。为此，本书认为从代理问题来看，高管学术经历作为一种非正式制度机制能够弥补企业内部控制等正式制度机制的不足，在企业的经营管理过程中能够显著降低企业代理成本，抑制企业成本粘性。目前学者主要采用替代指标来测量代理成本。本书借鉴已有研究，主要运用管理费用率（MFR$_{i,t}$）来衡量管理层代理成本，管理费用率（MFR$_{i,t}$）用年末管理费用除以年末营业收入表示，管理费用率越高表明企业代理成本越高（Ang et al.，2000）。相比营业费用率和财务费用率，管理费用率能够更好地反映经理人的代理成本（杨德明等，2009）。

表 5.13 显示了以管理费用率（$MFR_{i,t}$）中位数区分子样本对模型（5-1）的回归检验结果，结果显示，在第（1）列即管理费用率较高组中高管学术经历与企业成本粘性的交乘项［$Academic_{i,t} \times D_{i,t} \times \ln(REV_{i,t}/REV_{i,t-1})$］的系数为 0.047，在 5% 的水平上显著为正，表 5.13 的结果表明，高管的学术经历有助于降低企业代理成本，从而降低企业成本粘性，在此降低代理成本的机制检验通过。这可能是因为具有学术经历的高管通常拥有更加丰富的知识储备和更加精细的管理技能，他们能够更好地理解企业的风险和机会，从而更好地维护股东的利益，降低企业的代理成本，进而抑制企业成本粘性。总之，高管学术经历作为一种非正式制度机制，能够弥补企业正式制度机制的不足，在企业的经营管理过程中能够显著降低企业代理成本，抑制企业成本粘性。

表 5.13 降低代理成本的机制检验

变量	$\ln(COST_{i,t}/COST_{i,t-1})$	
	$MFR_{i,t}>$ 中位数	$MFR_{i,t}<$ 中位数
$\ln(REV_{i,t}/REV_{i,t-1})$	0.933***	0.981***
	（146.71）	（266.69）
$D_{i,t} \times \ln(REV_{i,t}/REV_{i,t-1})$	0.840***	0.273
	（3.37）	（1.16）
$Academic_{i,t} \times D_{i,t} \times \ln(REV_{i,t}/REV_{i,t-1})$	0.047**	0.012
	（2.19）	（0.52）
交乘项［变量 $\times D_{i,t} \times \ln(REV_{i,t}/REV_{i,t-1})$］		
$D\_twoyear_{i,t}$	0.041**	0.067***
	（2.43）	（3.75）
$Gdpgrowth_{i,t}$	−0.001	−0.003
	（−0.14）	（−0.33）
$Eintensity_{i,t}$	−0.006	−0.023**
	（−1.08）	（−2.31）

续表

变量	ln(COST_{i,t}/COST_{i,t-1})	
	MFR$_{i,t}$> 中位数	MFR$_{i,t}$< 中位数
Aintensity$_{i,t}$	−0.002	−0.021**
	（−0.50）	（−2.50）
Size$_{i,t}$	−0.029***	−0.024***
	（−3.21）	（−2.78）
Lev$_{i,t}$	0.096***	0.194***
	（2.79）	（3.90）
ROA$_{i,t}$	0.538***	1.305***
	（6.68）	（9.58）
SOE$_{i,t}$	0.030	−0.007
	（1.61）	（−0.37）
Dual$_{i,t}$	−0.004	0.046*
	（−0.23）	（1.76）
Ind$_{i,t}$	−0.121	0.245
	（−0.70）	（1.19）
Bsize$_{i,t}$	−0.105*	0.045
	（−1.95）	（0.80）
Constant	−0.009	0.012***
	（−1.29）	（2.78）
行业	控制	控制
年度	控制	控制
Observations	7503	7510
Adj-R^2	0.862	0.937

注：括号内的数值为 t 值，***、**、* 分别表示在 1%、5%、10% 的水平上显著。

5.4 进一步研究

5.4.1 区分成本要素分析

本书借鉴赵璨等（2020）的方法，将营业成本进一步细分为物质资源成本和人力资源成本，以进一步探索高管学术经历对企业成本粘性的负向影响主要集中在哪一部分成本要素上。具体来看，首先用支付给职工以及为职工支付的现金减去高管薪酬得出普通员工人力资源成本（陆正飞等，2012），然后是营业成本扣除人力资源成本，最终得出物质资源成本；人力资源成本的计算借鉴了刘媛媛和刘斌（2014）的度量方法，以用工数量的变化衡量人力资源成本变化。最终，区分成本要素后高管学术经历对企业成本粘性的影响结果如表 5.14 所示，相比人力资源成本粘性，高管学术经历对物质资源成本粘性的抑制效应更加明显，其高管学术经历与企业成本粘性交乘项 $[\text{Academic}_{i,t} \times D_{i,t} \times \ln(\text{REV}_{i,t}/\text{REV}_{i,t-1})]$ 的系数为 0.073，在 10% 的水平上显著，而用工数量的变化不受高管学术经历的显著影响。这可能是因为，相比于企业的人力资源成本，企业的物质资源成本的粘性程度更高，此时高管学术经历的边际作用会更加明显。具体来看，物质资源成本包括采购、生产、运输等方面的成本，这些成本与企业的产业、市场等因素有关，难以进行快速调整。而人力资源成本相对来说更加灵活，企业可以通过裁员、招聘等方式进行调整，因此成本粘性的程度相对较低。

表 5.14 成本要素、高管学术经历与企业成本粘性

变量	物质资源成本变化	人力资源成本变化
$\ln(REV_{i,t}/REV_{i,t-1})$	1.077***	0.478***
	（162.03）	（31.15）
$D_{i,t} \times \ln(REV_{i,t}/REV_{i,t-1})$	0.879***	1.970***
	（2.79）	（2.71）
$Academic_{i,t} \times D_{i,t} \times \ln(REV_{i,t}/REV_{i,t-1})$	0.073*	0.005
	（1.70）	（0.08）

交乘项［变量 $\times D_{i,t} \times \ln(REV_{i,t}/REV_{i,t-1})$］

$D\_twoyear_{i,t}$	0.032	0.264***
	（1.43）	（5.13）
$Gdpgrowth_{i,t}$	−0.025**	0.016
	（−2.23）	（0.61）
$Eintensity_{i,t}$	0.035***	−0.125***
	（3.47）	（−5.62）
$Aintensity_{i,t}$	−0.003	0.005
	（−0.41）	（0.33）
$Size_{i,t}$	−0.032***	−0.068**
	（−2.64）	（−2.45）
$Lev_{i,t}$	0.024	0.375***
	（0.43）	（3.03）
$ROA_{i,t}$	1.091***	0.014
	（7.79）	（0.04）
$SOE_{i,t}$	0.016	−0.002
	（0.65）	（−0.03）
$Dual_{i,t}$	0.065**	0.005
	（2.30）	（0.07）

续表

变量	物质资源成本变化	人力资源成本变化
$Ind_{i,t}$	0.274	−0.821
	（1.18）	（−1.55）
$Bsize_{i,t}$	−0.097	−0.305*
	（−1.33）	（−1.80）
Constant	−0.007	0.064***
	（−0.99）	（3.79）
行业	控制	控制
年度	控制	控制
Observations	13877	13850
Adj-R^2	0.782	0.100

注：括号内的数值为 t 值，***、**、* 分别表示在 1%、5%、10% 的水平上显著。

5.4.2 市场化进程、高管学术经历与企业成本粘性

人才能否有效发挥作用，制度环境是一项重要影响因素（刘青等，2013）。因此，考察制度环境和高管学术经历的交互作用更有助于我们深刻理解高管学术经历的作用。我国经济发展的显著特点之一就是不同的地区市场化程度不同，相比我国的中西部地区，我国东部地区的市场化程度比较快（樊纲等，2011）。本书将基于我国上市公司所在地区的市场化程度来进一步讨论其对高管学术经历与企业成本粘性关系的影响。

一方面，我们认为市场化进程越快，表明该地区的信息透明度越高，地区的法律与媒体监督更加有效，能够发挥一定的治理效应，这能够对管理者的机会主义行为发挥一定的治理效应，从而会弱化高管学术经历对企业成本粘性的边际作用，此时，高管学术经历与市场化进程对企业成本粘性的影响便会呈现出一种替代关系，表现出在市场化水平较高的地区，高管学术经历对企业成本粘性的抑制效应更小，而在市场化水平较低的地区，高管学术经历对企业成本粘性的抑制效应更为显著。另一方面，区域制度

环境也会影响高管的管理自主权。连燕玲等（2015）认为地区市场化水平越高，表明该地区企业的组织或交易方式更为灵活，管理者在经营活动中拥有更高的自主权，且制度环境好的地区其政府干预程度较小，企业管理者的经营自由度较高，而在市场化水平低的地区，政府干预、市场环境不完善等都会约束管理者的管理自主权，使得管理者难以有效实施战略变革。高管学术经历影响企业经营行为的前提是学者型高管具备一定的管理自主权，这样其身上的职业习惯、性格特征、专长等烙印特征才会充分反映到企业决策中，从而发挥一定的作用，此时，高管学术经历与市场化进程对企业成本粘性的影响便会呈现出一种互补关系。

最终，区分市场化进程后，高管学术经历对企业成本粘性的影响结果如表 5.15 所示，在快市场化进程中，高管学术经历与企业成本粘性的交乘项［$Academic_{i,t} \times D_{i,t} \times \ln(REV_{i,t}/REV_{i,t-1})$］的系数为 0.037，在 10% 的水平上显著为正，而在慢市场化进程中，高管学术经历与企业成本粘性的交乘项［$Academic_{i,t} \times D_{i,t} \times \ln(REV_{i,t}/REV_{i,t-1})$］的系数为 0.022，为正但不显著，表 5.15 的结果表明，相比在慢市场化进程中，高管学术经历对企业成本粘性的影响效应在快市场化进程中会更强，这证实了快市场化进程与高管学术经历的治理作用存在一定的互补关系，也表明了高管学术经历对企业成本粘性的积极影响在某种程度上依赖于良好的外部制度环境，较快的市场化进程使得高管拥有更高的行为自由度和更多的管理自主权，外界对其较小的干预有助于学者型高管发挥成本粘性抑制效应。

表 5.15　市场化进程、高管学术经历与企业成本粘性

变量	$\ln(COST_{i,t}/COST_{i,t-1})$	
	快市场化进程	慢市场化进程
$\ln(REV_{i,t}/REV_{i,t-1})$	0.966***	0.958***
	（202.27）	（182.11）
$D_{i,t} \times \ln(REV_{i,t}/REV_{i,t-1})$	0.094	0.967***
	（0.39）	（3.98）

续表

变量	$\ln(COST_{i,t}/COST_{i,t-1})$	
	快市场化进程	慢市场化进程
$Academic_{i,t} \times D_{i,t} \times \ln(REV_{i,t}/REV_{i,t-1})$	0.037*	0.022
	（1.79）	（0.95）
交乘项［变量 $\times D_{i,t} \times \ln(REV_{i,t}/REV_{i,t-1})$］		
$D\_twoyear_{i,t}$	0.065***	0.044**
	（3.98）	（2.47）
$Gdpgrowth_{i,t}$	−0.005	−0.000
	（−0.68）	（−0.04）
$Eintensity_{i,t}$	−0.013*	0.001
	（−1.95）	（0.12）
$Aintensity_{i,t}$	0.006	−0.014***
	（1.63）	（−3.30）
$Size_{i,t}$	−0.004	−0.037***
	（−0.54）	（−4.19）
$Lev_{i,t}$	0.052	0.162***
	（1.37）	（4.27）
$ROA_{i,t}$	0.400***	0.893***
	（4.61）	（9.67）
$SOE_{i,t}$	0.035*	0.008
	（1.78）	（0.42）
$Dual_{i,t}$	−0.017	0.021
	（−0.90）	（0.94）
$Ind_{i,t}$	0.207	−0.033
	（1.13）	（−0.18）
$Bsize_{i,t}$	0.027	−0.111**
	（0.48）	（−2.06）
Constant	−0.003	0.009
	（−0.48）	（1.51）
行业	控制	控制
年度	控制	控制
Observations	7733	7280
Adj-R^2	0.906	0.892

注：括号内的数值为 t 值，***、**、* 分别表示在 1%、5%、10% 的水平上显著。

5.4.3　内部控制、高管学术经历与企业成本粘性

　　高管特征对组织战略选择与绩效的影响不仅会受到外部环境的影响，还会受到公司内部治理环境的影响，因此，本书进一步结合企业的内部控制环境研究高管学术经历对企业成本粘性的具体影响。企业内部控制机制是保证企业良好运营、规范管理的重要机制，其中包括制度、流程、方法、职责等方面的规定，对于企业的经营决策和风险管理具有重要的影响。良好的内部控制在一定程度上可以减弱高管学术经历对企业成本粘性的治理作用。原因可能如下：首先，内部控制机制的完善可以提高决策的合法性和公正性，从而使高管依据公司利益而非个人利益或者小团体利益做出决策。此时，高管学术经历的边际作用会被削弱，因为决策已经被更加科学、合理地制定和执行。其次，内部控制机制的完善可以提高公司内部信息的透明度和准确性，减少信息不对称，从而使高管在决策时所依据的信息更加准确、可靠，使高管对成本控制决策的主观影响减小。而对于内部控制质量低的企业，其信息透明度往往较低，企业高管决策很容易受到自身偏见和利益的影响，此时高管学术经历的治理作用会更加突出，有学术经历的高管可以充分发挥其专业胜任能力，帮助企业更好地处理复杂信息，减少不恰当的成本决策，从而降低企业成本粘性。

　　基于此，本书认为企业内部控制机制越完善，高管学术经历这项非正式制度对企业成本粘性的边际作用越会被削弱；相反，在内部控制质量较低的企业中，高管学术经历这项非正式制度能够对企业成本粘性发挥更大的治理作用。综上分析，本书认为与高内部控制质量的企业相比，高管学术经历对低内部控制质量企业成本粘性的抑制作用更显著。内部控制质量对高管学术经历与企业成本粘性的关系影响结果如表 5.16 所示。其中，内部控制质量指标采用迪博内部控制指数衡量，该数值越小表明公司内部控制质量越差。表 5.16 是根据内部控制指数的年度样本中位数进行分组后的

回归结果，结果显示在低内部控制质量组中，高管学术经历与企业成本粘性的交乘项 $[Academic_{i,t} \times D_{i,t} \times \ln(REV_{i,t}/REV_{i,t-1})]$ 的系数为 0.039，在 5% 的水平上显著为正，而在高内部控制质量组中不显著，该结果说明高管学术经历能够显著降低低内部控制质量企业的成本粘性，但未能显著降低高内部控制质量企业的成本粘性，由此说明作为非正式制度的高管学术经历与企业的内部控制质量具有一定的替代作用。

表 5.16　内部控制质量、高管学术经历与企业成本粘性

变量	$\ln(COST_{i,t}/COST_{i,t-1})$	
	高内部控制质量	低内部控制质量
$\ln(REV_{i,t}/REV_{i,t-1})$	0.973***	0.950***
	（216.58）	（166.79）
$D_{i,t} \times \ln(REV_{i,t}/REV_{i,t-1})$	1.149***	0.580***
	（2.95）	（2.88）
$Academic_{i,t} \times D_{i,t} \times \ln(REV_{i,t}/REV_{i,t-1})$	−0.029	0.039**
	（−0.85）	（2.08）
交乘项 $[变量 \times D_{i,t} \times \ln(REV_{i,t}/REV_{i,t-1})]$		
$D\_twoyear_{i,t}$	0.031	0.053***
	（1.06）	（3.83）
$Gdpgrowth_{i,t}$	−0.036**	0.004
	（−2.53）	（0.65）
$Eintensity_{i,t}$	−0.007	−0.010*
	（−0.56）	（−1.86）
$Aintensity_{i,t}$	−0.009	−0.003
	（−1.22）	（−0.88）
$Size_{i,t}$	−0.035**	−0.027***
	（−2.43）	（−3.81）
$Lev_{i,t}$	0.190**	0.123***
	（2.20）	（4.17）
$ROA_{i,t}$	1.293***	0.555***
	（5.07）	（7.96）

续表

变量	$\ln(\text{COST}_{i,t}/\text{COST}_{i,t-1})$	
	高内部控制质量	低内部控制质量
SOE$_{i,t}$	0.010	0.013
	（0.29）	（0.86）
Dual$_{i,t}$	0.098***	−0.008
	（2.63）	（−0.50）
Ind$_{i,t}$	0.244	−0.053
	（0.88）	（−0.35）
Bsize$_{i,t}$	−0.118	−0.040
	（−1.28）	（−0.90）
Constant	−0.006	0.013**
	（−1.10）	（2.12）
行业	控制	控制
年度	控制	控制
Observations	7504	7505
Adj-R^2	0.898	0.892

注：括号内的数值为 t 值，***、**、* 分别表示在 1%、5%、10% 的水平上显著。

5.5　本章小结

本章以成本粘性为切入点，选取 2008~2019 年沪深 A 股制造业上市公司为研究对象，对高管学术经历与企业成本粘性之间的关系进行了研究，最终得出结论：相比于无学术经历的高管所在的企业，具有学术经历的高管所在的企业成本粘性程度更低，且相比于具有科研协会学术经历的高管所在的企业，具有科研机构和高校学术经历的高管所在的企业其成本粘性程度更低，该研究结论在考虑内生性、变量替换等问题后依然成立。机制检验结果显示，高管学术经历通过抑制管理层乐观预期、缓解企业代理问题进而降低企业成本粘性。此外，本书在进一步研究中区分成本要素后得出高管学术经历对物质资源成本粘性的负向影响要显著大于人力资源成本粘性；相比于市场化进程慢的地区，市场化进程越快的地区，高管学术经历对企业成本粘性的负向影响越显著；相比于高内部控制质量的企业，在低内部控制质量的企业中高管学术经历对成本粘性的负向影响更显著。

基于"理论研究—实务经历—行为规范"的逻辑线条，本章选取了高管学术经历这一视角，证明理论研究功底对高管决策的影响。本章的研究结论证明了高管具有扎实的理论研究功底对企业成本管理的正面影响。本书根据研究结论提出以下两点政策启示：①未来上市公司在甄选人才时要重视高管的异质性，提升高管团队中高水平、高层次的学术型人力资本的比重，支持有学术经历的人才担任企业高管，尤其对于内部控制质量较低的企业，可以通过引进学者型人才担任高管来弥补企业正式制度的不足。②在市场化进程快的地区，企业管理者往往具有较大的自主决策权，其受外界的干预较少，此时，学者型高管能够根据自身对市场和企业的判断直接决定成本的增减，促进企业资源的合理配置，降低企业成本粘性，因此，未来公司在约束管理者行为的过程中也要给予有能力的高管一定的自主决策空间和权力。

CHAPTER 6

高管的财务经历与
企业成本粘性

高管财务经历的制度背景可以追溯到《美国 1933 年证券法》（*Securities Act of 1933*）和《美国 1934 年证券交易法》（*Securities Exchange Act of 1934*）。这些法律的制定是为了应对 20 世纪 20 年代初期的股市泡沫和随后的股市崩盘。法律规定了对公司财务信息披露的要求，以及对公司财务报表的审核和核实的标准，旨在保护投资者利益，增强市场透明度。随着公司治理和金融监管的不断加强，高管财务经历越来越受到关注。美国证券交易委员会（United States Securities and Exchange Commission，SEC）要求上市公司披露高管的财务经历，并将其作为评估公司治理质量的指标之一。在国际上，一些国家和地区也逐渐出台了类似的监管措施。例如，香港联合交易所要求上市公司披露董事、执行董事和高级管理人员的财务背景。已有研究表明具有财务背景的高管通常能够更好地管理公司的资金、负债和现金流，更好地把握企业的经济运行情况，提高决策的准确性和效果。因此，在企业的高管选聘、培训和评估工作中，越来越重视高管财务经历的相关经验和背景。总之，高管财务经历的制度背景可以追溯到美国 20 世纪 30 年代的金融监管制度。随着公司治理和金融监管的不断加强，高管财务经历越来越受到关注。高管财务经历可以提高高管对财务信息的理解和判断能力，提高决策的质量和效率。

2008 年的全球金融危机让人们认识到，财务风险不仅是企业自身的问题，也是整个经济体系的问题。因此，政府和监管机构加强了对企业财务的监管和要求，这也促使了企业高管财务经历重要性的不断提升。在此背景下，高管财务经历被视为公司治理的关键因素之一。因为高管财务经历可以为企业带来以下几个方面的好处：首先，高管财务经历可以提高企业财务管理水平。具有财务经历的高管在金融知识和财务管理方面拥有更深入的了解，能够更好地理解和分析公司财务状况，从而更好地指导公司财务管理和决策。其次，高管财务经历可以提高企业治理的透明度和合规性。具有财务经历的高管通常对财务报表和财务监管有更深入的理解和认识，能够更好地确保公司财务信息的准确性和透明度，降低违规风险。再次，高管财务经历可以提高企业的融资能力。具有财务经历的高管在与银行、投资者等融资方沟通时能够更好地理解对方的需求和担忧，更好地为公司谋取资金，从而降低融资成本。最后，高管财务经历可以提高企业的经营效率。具有财务经历的高管通常具备更高的财务分析能力和风险意识，能够更好地识别和解决企业面临的财务问题，提高企业的经营效率。综合来看，在企业管理中，高管财务经历的重要性越来越受到重视。

因此，基于本书第 5 章的研究，本章认为随着市场化改革的深入和市场经济的发展，除了像拥有深厚理论功底的学者型人才加入企业外，市场对具有会计、财务等经济专业背景的职业经理人的需求也在急剧增加（姜付秀和黄继承，2013），我国企业高管团队中具有财务实务经历的人员比重也在不断上升，企业的经营管理正逐渐趋于专业化。本书利用 CSMAR 数据库的资料数据进行了粗略统计，2008~2019 年我国所属制造行业的上市公司中拥有财务经历的总经理的比例均保持在 6% 以上，拥有财务经历的董事长的比例均保持在 4% 以上，其中，2019 年拥有财务经历的总经理和董事长的比例分别达到了 8.47% 和 7.45%，这说明我国上市公司的高管团队越来越重视财务型人才的引进。不同于那些拥有一线生产、技术研发等实务经历的管理者，拥有财务实务经历的高管具有敏锐的财务嗅觉，具有更强烈的成本控制意识，能够做出更客观的投资决策，在企业的财务决策中具有绝对优势。为此，本章考察了高管财务经历在企业成本控制决策过程中的影响，具体包括五个部分：第一部分为理论分析与研究假设；第二部分为研究设计，包含了样本选取与数据来源、变量的定义、模型设定；第三部分为实证结果与分析，包含了样本分布及描述性统计、相关性分析、多元回归结果分析、内生性和稳健性检验以及影响机制分析；第四部分是进一步研究，将进一步区分成本要素和结合企业内外部环境，即外部市场化环境和企业内部控制质量对高管财务经历与企业成本粘性的关系进行研究；第五部分是本章小结。

6.1 理论分析与研究假设

目前，成本粘性的成因主要从调整成本、管理层乐观预期和代理问题三个方面进行解释（Anderson et al.，2003；Banker et al.，2011）。管理层乐观预期和代理问题是成本粘性的基本动机，调整成本是其结果以及基本成因。其中，管理层乐观预期观点认为，企业的收入总体上呈现逐年增长的趋势，使管理层对企业未来业务量增长持乐观态度，即使当期面临业务量下降，他们也会坚信未来销售情况会有所好转，市场情况也会趋好，不会立即削减资源，由此便会加剧企业成本粘性（Anderson et al.，2003；梁上坤，2015）；代理问题观点认为，管理层与股东、公司之间的利益目标函数存在偏差，在信息不对称的情况下，管理层存在"帝国构建"的动机，其自利行为会造成企业资源配置和成本投入偏离最优水平，从而导致企业出现成本粘性（Chen et al.，2012）。总体来看，成本粘性是管理者对企业经营状况错误判断和自利行为所造成的结果，极大地损害了投资者利益，而管理者作为企业的决策主体，实质上是产生成本粘性的主要内因。根据高层梯队理论，管理层异质性如年龄、性别、教育程度、工作经历等差异会影响其在工作上的认知及行为模式，进而影响他们在公司中的战略决策（Hambrick & Mason，1984；Bamber et al.，2010）。

从成本管理来看，高管财务经历对企业成本管理可能具有一定的积极影响。高管财务经历是指高管在职业生涯中所积累的财务知识和经验，这些知识和经验可以帮助高管更好地理解企业的财务状况和财务报表，进而做出更加明智的成本控制决策。基于此，本章进一步聚焦到成本管理中成本性态问题的研究，本章初步预期高管财务经历对企业成本管理中的成本粘性具有一定的治理作用，将结合成本粘性产生原因之管理层乐观预期和代理问题来探讨高管财务经历对企业成本粘性的潜在影响。

6.1.1 高管财务经历与企业成本粘性：管理层乐观预期

对于拥有财务经历的高管，其财务领域的专业知识和良好的工作习惯有助于提升管理层预测准确性，降低管理层乐观预期偏差。首先，拥有财务经历的高管通常具有完备的专业知识和较高的管理能力，他们接受过专业训练，具有较强的市场分析能力，Hitt 和 Tyler（1991）、Waller 等（1995）认为，财务领域的长期任职经历会使高管对该领域的相关信息更为敏感，对财务相关信息的关注和解读更加及时和专业，这能够更好地帮助具有财务经历的高管把握决策制定的最佳时机，并做出合理决策。姜付秀和黄继承（2013）认为，财务人员能够很好地应对资本市场的需求变化，对企业的经营状况也会有特别深刻的理解，他们的专业知识与丰富经验能够为企业专业性的决策提供支持，对企业的资本结构决策具有重要且正面的影响，能够显著降低资本结构偏离目标的程度。其次，财务工作中的谨慎性要求也会对有财务经历高管的决策制定产生一定的影响。谢庆（2008）对会计思维的特征和内容等进行了阐述，其中提到了会计的谨慎性思维，指出会计人员在会计的确认、计量和报告中，要遵循谨慎性思维，即在有不确定因素出现的情况下，所做出的估计与判断都要足够谨慎，不虚计资产和收益，也不少计负债和费用。谨慎性的要求会对财务人员的管理风格和行为习惯产生一定影响，财务型高管在企业的经营管理过程会表现得更加保守，他们会减少大量不确定性较高的投资活动（Matsunaga & Yeung，2008；Belghitar & Clark，2012；石贝贝等，2019）。由此可知，拥有财务经历的高管通常具有较高的专业能力和良好的职业习惯，财务人员的专业优势能够帮助他们对企业的经营状况进行详细的分析，并且有效地预判市场的需求变化，严格把控投资标准，此外，具有财务经历的高管的谨慎性和保守性也会使得他们更加注重成本约束，不虚高预测企业未来业务收入，因此具有财务经历的高管会避免因盲目乐观预期而导致的企业成本粘性。

6.1.2　高管财务经历与企业成本粘性：代理冲突

高管财务经历能够通过提升企业信息质量进而降低企业代理成本。首先，从法律约束的角度来看，相比其他高管，具有财务经历的高管在工作中面临着较高的法律风险，因为他们的工作与金钱的联系最为紧密，面对经济利益诱惑，具有财务经历的高管会更容易卷入经济犯罪事件，随着当前我国对经济犯罪的打击力度不断加大，具有财务经历的高管会具有强烈的规避财务舞弊风险的动机，实务工作中会努力提升企业财务报表质量，降低企业与投资者之间的信息不对称程度（郑建明等，2018）。Ashbaugh-Skaife 等（2008）认为，内部控制失控会导致企业严重的会计舞弊，增加企业诉讼风险的可能，而王晓等（2019）的研究发现，当高管团队中具有较高比例的财务背景成员时，企业进行内部控制缺陷整改的概率会更大，因为财务背景人员更懂得会计信息质量的重要性。其次，从财务经历高管自身来看，扎实的专业知识和丰富的实务工作经验会使得财务经历高管在选择和运用会计政策时更加专业和负责，在列报和披露企业会计信息时更加准确，Graham 等（2013）认为，拥有财务经历的高管有着丰富的理论基础和实践经验，他们能够很好地应对外部市场环境和会计政策变化，确保信息披露的及时性和完整性，提高企业的盈余信息质量。姜付秀等（2016）的研究发现，曾经的财务任职经历会促使高管有效率地向外部投资者披露企业的财务信息，降低企业与外部利益相关者的信息不对称水平。Bushman 和 Smith（2001）、魏明海等（2007）认为，企业的财务会计信息具有一定的治理功能，能够解决企业由于信息不对称所导致的委托代理问题。杜兴强和周泽将（2009）直接检验了企业信息披露质量与代理成本的关系，得出了高质量的信息披露能够显著降低管理层与股东之间的代理成本。企业良好的内部信息环境能够提升信息透明度，有利于外部投资者监督经理人的代理行为，约束管理者为增加个人私利而损害股东利益的代理行为，从而缓解企业代理冲突（马宁，2019）。进一步结合企业成本粘性，廖飞梅等（2019）发现，企业信息披露质量越高，内部信息越透明，越能够减少管理层的机会主义行为，降低企业成本费用粘性。由此可以推测，高管财务经历能够减轻代理问题与成本不对称程度之间的正相关关系，缓解企业成本粘性。基于此，本书提出以下研究假设：

H6：相比无财务经历的高管所在的企业，具有财务经历的高管所在的企业成本粘性程度更低。

图6.1总结了高管财务经历与企业成本粘性逻辑框架。

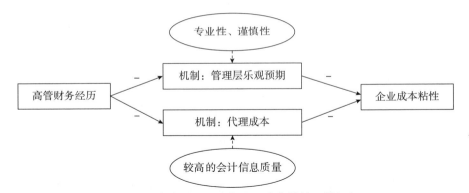

图6.1　高管财务经历与企业成本粘性逻辑框架

6.2　研究设计

6.2.1　样本选取与数据来源

本书选取2008~2019年沪深 A 股制造类行业上市公司为初始研究样

本[①]，研究样本之所以选择制造类行业，是因为对于成本管理研究话题制造业更为合适。由于被解释变量成本变化率、解释变量收入变化率以及控制变量企业是否连续两年收入下降均需要前一年或前两年的收入成本数据，因此在搜集企业收入和成本数据时实际采用的样本区间为 2006~2019 年，其他变量仍然是按照 2008~2019 年进行选取，本书在整理样本的过程中剔除 ST 和 *ST 的公司以及相关数据缺失的样本公司。本书关于高管财务经历的数据主要来自 CSMAR 数据库中的上市公司人物特征数据库，通过对高管个人简历信息进行手工筛选、收集，其中部分数据不全面，我们通过使用新浪财经、百度百科等网站搜索进行补充。本书的其他财务数据、产权性质数据等均来自 CSMAR 数据库和 WIND 数据库。最终我们获取了 15013 个有效样本观测值，且为控制极端值的影响，本书对主要变量进行了 1% 和 99% 分位上的缩尾处理。本书主要采用了 Excel 和 Stata 统计软件对数据进行处理与统计分析。

6.2.2　变量的定义

6.2.2.1　被解释变量

依据成本粘性的定义，成本粘性意味着公司相对于销售收入上升时，销售收入下降时成本的边际减少量更少，通常采用营业成本变化率与营业收入变化率之间的变动关系来衡量，即营业成本是否随着营业收入的变动等额地变动（Anderson et al., 2003）。为此本书借鉴 Anderson 等（2003）的衡量方法，确定本书的被解释变量为成本变化率的自然对数 $[\ln(COST_{i,t}/COST_{i,t-1})]$，其中，$COST_{i,t}$ 为本期营业成本，$COST_{i,t-1}$ 为上期营业成本。

---

① CSMAR 数据库中学术经历数据统计的起始年份为 2008 年，因此本书在研究高管财务经历时统一以 2008 年为起始研究年份。

6.2.2.2　解释变量

（1）收入水平变化率。成本粘性是用收入和成本的变动关系来进行解释的，因此本书采用收入水平变化率的自然对数，即 $\ln(REV_{i,t}/REV_{i,t-1})$ 作为解释变量，其中 $REV_{i,t}$ 为本期主营业务收入，$REV_{i,t-1}$ 为上期主营业务收入。

（2）收入下降虚拟变量。$D_{i,t}$ 为哑变量，当第 t 年的主营业务收入较第 t-1 期时下降，取值为 1，否则为 0。

（3）高管财务经历。本书对高管身份的定位借鉴 Hambrick 和 Mason（1984）的高层梯队理论，将董事长和总经理定义为高管。在我国的企业中，董事长和总经理在企业的经营决策中发挥着至关重要的作用。目前关于高管财务经历（$FE_{i,t}$）的定义比较多，本书借鉴姜付秀和黄继承（2013）的定义方法，把曾经担任过财务负责人、财务总监、首席财务官、总会计师职务的高管定义为其拥有财务经历，赋值为 1，否则为 0。对于财务经历缺失的样本，我们结合百度、新浪财经等网站进行搜索补充。

6.2.2.3　控制变量

本书参考 Anderson 等（2003）的研究，选取四大经济因素变量作为控制变量，具体包括是否连续两年收入下降虚拟变量（$D\_twoyear_{i,t}$）、经济增长率（$Gdpgrowth_{i,t}$）、人力资本密集度（$Eintensity_{i,t}$）、固定资本密集度（$Aintensity_{i,t}$）。此外还控制了公司规模（$Size_{i,t}$）、资产负债率（$Lev_{i,t}$）、资产收益率（$ROA_{i,t}$）、所有权性质（$SOE_{i,t}$）四个公司特征控制变量以及董事长与总经理两职合一（$Dual_{i,t}$）、独立董事占比（$Ind_{i,t}$）、董事会规模（$Bsize_{i,t}$）三个公司治理特征控制变量。具体变量的定义和说明如表 6.1 所示。

表 6.1　变量定义

变量	名称	符号	定义
被解释变量	营业成本变动	$\ln(COST_{i,t}/COST_{i,t-1})$	当年营业成本与上年营业成本的比值再取自然对数
解释变量	营业收入变动	$\ln(REV_{i,t}/REV_{i,t-1})$	当年主营业务收入与上年主营业务收入的比值再取自然对数
	收入下降	$D_{i,t}$	哑变量，当本年的主营业务收入较上年下降时取值为 1，否则为 0
	高管财务经历	$FE_{i,t}$	当公司的董事长或者总经理具有财务经历时取值为 1，否则为 0
经济因素控制变量	连续两年收入下降	$D\_twoyear_{i,t}$	虚拟变量，若公司营业收入连续两年下降，则取值为 1，否则为 0
	经济增长率	$Gdpgrowth_{i,t}$	当年全国 GDP 增长率乘以 100
	人力资本密集度	$Eintensity_{i,t}$	当年员工总人数与营业收入（百万元）的比值
	固定资本密集度	$Aintensity_{i,t}$	当年资产总额与营业收入之比
其他控制变量	公司规模	$Size_{i,t}$	公司期末总资产取自然对数
	资产负债率	$Lev_{i,t}$	公司期末负债总额除以期末总资产
	资产收益率	$ROA_{i,t}$	公司净利润除以总资产
	所有权性质	$SOE_{i,t}$	虚拟变量，国有企业为 1，否则为 0
	董事长与总经理两职合一	$Dual_{i,t}$	虚拟变量，董事长与总经理两职合一为 1，否则为 0
	独立董事占比	$Ind_{i,t}$	公司当年独立董事人数占董事会人数的比值
	董事会规模	$Bsize_{i,t}$	公司当年董事会总人数取自然对数

6.2.3　模型设定

为了有效验证 H6，即高管财务经历与企业成本粘性的关系，本书借鉴 Anderson 等（2003）的研究，构建模型（6-1），并进行 OLS 回归检验。

回归过程中本书对行业和年份进行了控制，其中本书根据中国证监会行业分类（2012 年）标准保留了制造业前两位代码。

$$
\begin{aligned}
\ln(COST_{i,t}/COST_{i,t-1}) = {} & \alpha_0 + \alpha_1 \ln(REV_{i,t}/REV_{i,t-1}) + \alpha_2 D_{i,t} \times \ln(REV_{i,t}/REV_{i,t-1}) + \\
& \alpha_3 FE_{i,t} \times D_{i,t} \times \ln(REV_{i,t}/REV_{i,t-1}) + \\
& \sum_{m=4}^{7} \alpha_m Econ\_Var_{m,i,t} \times D_{i,t} \times \ln(REV_{i,t}/REV_{i,t-1}) + \\
& \sum_{n=8}^{14} \alpha_n Con\_Var_{n,i,t} \times D_{i,t} \times \ln(REV_{i,t}/REV_{i,t-1}) + \\
& \sum Year + \sum Ind + \varepsilon_{i,t}
\end{aligned} \tag{6-1}
$$

模型（6-1）中 $Econ\_Var_{m,i,t}$ 是本书的四大经济因素控制变量，$Con\_Var_{n,i,t}$ 是本书的其他控制变量。根据成本粘性的定义，当企业收入上升时，成本的变化量是 $\alpha_0 + \alpha_1$，当企业收入下降时，成本的变化量是 $\alpha_0 + \alpha_1 + \alpha_2$。在模型（6-1）中，若系数 α_2 显著为负，即 $\alpha_0 + \alpha_1 + \alpha_2$ 小于 $\alpha_0 + \alpha_1$，说明企业的成本在业务量下降时的减少幅度小于成本在业务量上升时的增加幅度，则表明企业存在成本粘性。加入高管财务经历（$FE_{i,t}$）变量后，我们重点关注系数 α_3，系数 α_3 表明了高管财务经历对企业成本粘性的影响，如果 α_3 显著大于零，则证明高管财务经历能够降低企业成本粘性，由此证明了本书的 H6，如果 α_3 显著小于零，则表明高管财务经历加剧了企业成本粘性，由此拒绝本书的 H6。

此外，模型（6-1）中包含了所有控制变量与企业成本粘性（$D_{it} \times lnREV_{i,t}$）的交乘项，这是因为，成本粘性并非通过单一的变量计算来衡量，而是通过观察成本变动与收入变动之间的关系进行解释，因此为了反映控制变量对成本变动率 [$\ln(COST_{it}/COST_{i,t-1})$] 的影响，同样也要和解释变量高管财务经历（$FE_{i,t}$）一样分别与企业成本粘性（$D_{i,t} \times lnREV_{i,t}$）进行交乘，以此来反映控制变量在模型中的影响。

6.3 实证结果与分析

6.3.1 样本分布及描述性统计

本书对高管财务经历的样本分布以及各主要变量进行了描述性统计，结果如表 6.2 所示。从表 6.2 的第一部分可以看出，2008~2019 年，我国制造业企业高管拥有财务经历的样本稳步增加，高管拥有财务经历的样本占比从 2008 年的 5.45% 增加到了 2019 年的 8.22%，其中 2017 年，高管财务经历样本的占比高达 9.18%，总体来看，在本书的研究样本区间，高管财务经历的样本量为 1169 个，约占总样本的 7.79%。

表 6.2　样本分布及描述性统计

第一部分：样本分布			
年度	高管有财务经历	高管无财务经历	合计	有财务经历占比（％）
2008	37	642	679	5.45
2009	52	708	760	6.84
2010	51	717	768	6.64
2011	62	799	861	7.20
2012	74	1047	1121	6.60
2013	95	1203	1298	7.32
2014	102	1273	1375	7.42
2015	114	1274	1388	8.21
2016	122	1325	1447	8.43
2017	144	1424	1568	9.18
2018	151	1590	1741	8.67
2019	165	1842	2007	8.22
合计	1169	13844	15013	7.79

续表

第二部分：主要变量描述性统计

变量名称	观测值	均值	标准差	最小值	最大值	中位数
$\ln(COST_{i,t}/COST_{i,t-1})$	15013	0.119	0.284	−0.707	1.32	0.101
$\ln(REV_{i,t}/REV_{i,t-1})$	15013	0.120	0.282	−0.71	1.33	0.106
$D_{i,t}$	15013	0.277	0.447	0.000	1.000	0.000
$FE_{i,t}$	15013	0.078	0.268	0.000	1.000	0.000
$D\_twoyear_{i,t}$	15013	0.103	0.304	0.000	1.000	0.000
$Gdpgrowth_{i,t}$	15013	7.520	1.280	6.100	10.600	6.900
$Eintensity_{i,t}$	15013	1.520	1.100	0.130	6.310	1.270
$Aintensity_{i,t}$	15013	2.070	1.380	0.419	9.290	1.720
$Size_{i,t}$	15013	22.000	1.160	19.70	25.400	21.900
$Lev_{i,t}$	15013	0.420	0.200	0.057	0.952	0.411
$ROA_{i,t}$	15013	0.038	0.062	−0.235	0.211	0.035
$SOE_{i,t}$	15013	0.351	0.477	0.000	1.000	0.000
$Dual_{i,t}$	15013	0.264	0.441	0.000	1.000	0.000
$Ind_{i,t}$	15013	0.373	0.052	0.333	0.571	0.333
$Bsize_{i,t}$	15013	2.130	0.190	1.610	2.640	2.200

第三部分：主要变量均值、中位数差异检验

变量名称	均值与中位数检验	$FE_{i,t}=1$ （1）	$FE_{i,t}=0$ （2）	差异 （1）—（2）
$\ln(COST_{i,t}/COST_{i,t-1})$	均值	0.121	0.097	0.024***
	中位数	0.103	0.076	0.027***
$\ln(REV_{i,t}/REV_{i,t-1})$	均值	0.122	0.103	0.019**
	中位数	0.107	0.083	0.024***

注：***、** 分别表示在 1%、5% 的水平上显著。

表 6.2 的第二部分是本书主要变量的描述性统计，结果显示样本企业营业成本变动 $[\ln(COST_{i,t}/COST_{i,t-1})]$ 的均值为 0.119，中位数为 0.101，营业收入变动 $[\ln(REV_{i,t}/REV_{i,t-1})]$ 的均值为 0.120，中位数为 0.106，营业成本变动率的均值和中位数分别接近于营业收入变动率的均值和中位数，这表明企业利润存在被成本费用大幅挤占的现象，从而会导致企业业绩逐渐下滑，这可能是企业存在成本粘性的直观表现。高管财务经历（$FE_{i,t}$）的

均值为 0.078，表明全样本约有 7.8% 的企业高管具有财务经历。总体来看，本书相关变量的描述性统计结果均处于正常值范围。

表 6.2 的第三部分是根据高管是否拥有财务经历进行的分样本比较，结果显示无论是平均值检验还是中位数检验，相比高管无财务经历的组中，在高管拥有财务经历的组中，营业成本变化率 [$\ln(COST_{i,t}/COST_{i,t-1})$] 和营业收入变化率 [$\ln(REV_{i,t}/REV_{i,t-1})$] 的值都要更大，且组间差异均显著，这表明高管拥有财务经历的样本公司的成本和收入变动更具有弹性，企业成本弹性越高，其成本粘性出现的可能性就越低，这初步验证了本书的 H6。

6.3.2　相关性分析

表 6.3 为变量间的相关性系数。通过表 6.3 可知，营业收入变动 [$\ln(REV_{i,t}/REV_{i,t-1})$] 和营业成本变动 [$\ln(COST_{i,t}/COST_{i,t-1})$] 的相关性系数高达 0.947，这也说明营业收入与营业成本之间是一种共生互长的关系，这也符合企业营业收入与营业成本变动的实际情况。并且，连续两年收入下降虚拟变量（$D\_twoyear_{i,t}$）、经济增长（$Gdpgrowth_{i,t}$）、人力资本密集度（$Eintensity_{i,t}$）、固定资本密集度（$Aintensity_{i,t}$）与营业成本变动 [$\ln(COST_{i,t}/COST_{i,t-1})$] 之间均显著相关，这表明企业营业成本的变化调整会受到四大经济因素变量的影响。高管财务经历（$FE_{i,t}$）与营业成本变动 [$\ln(COST_{i,t}/COST_{i,t-1})$] 之间的相关性系数为 -0.023，在 1% 的水平上显著，这表明企业营业成本的变化调整不仅会受到业务量变动的影响，还会受到高管财务经历的影响。董事会规模（$Bsize_{i,t}$）与独立董事占比（$Ind_{i,t}$）之间的相关性系数为 -0.523，显著为负，这符合实际情况，因为独立董事占比是用独立董事人数占董事会总人数计算得出，二者之间具有关联性，除此之外，表 6.3 中的其余变量之间的相关性系数均小于 0.5，且本书的 VIF 检验结果也均小于临界值 10，这意味着各变量之间不存在严重的多重共线性问题，可以进一步做多元回归分析。

表 6.3　变量间的相关性系数

	C_Ratio$_{i,t}$	R_Ratio$_{i,t}$	FE$_{i,t}$	D_twoyear$_{i,t}$	Gdpgrowth$_{i,t}$	Eintensity$_{i,t}$	Aintensity$_{i,t}$	Size$_{i,t}$	Lev$_{i,t}$	ROA$_{i,t}$	SOE$_{i,t}$	Dual$_{i,t}$	Ind$_{i,t}$	Bsize$_{i,t}$
C_Ratio$_{i,t}$	1													
R_Ratio$_{i,t}$	0.947***	1												
FE$_{i,t}$	-0.023***	-0.018**	1											
D_twoyear$_{i,t}$	-0.376***	-0.390***	0.019**	1										
Gdpgrowth$_{i,t}$	0.048***	0.047***	-0.027***	-0.028***	1									
Eintensity$_{i,t}$	-0.139***	-0.151***	-0.006	0.124***	0.190***	1								
Aintensity$_{i,t}$	-0.138***	-0.153***	-0.004	0.193***	-0.117***	0.364***	1							
Size$_{i,t}$	0.077***	0.081***	0.036***	-0.053***	-0.165***	-0.393***	-0.108***	1						
Lev$_{i,t}$	0.009	0.005	0.021**	0.021**	0.181***	-0.104***	-0.147***	0.388***	1					
ROA$_{i,t}$	0.230***	0.297***	-0.020**	-0.234***	-0.002	-0.167***	-0.211***	0.063***	-0.365***	1				
SOE$_{i,t}$	-0.068***	-0.066***	0.052***	0.049***	0.238***	-0.056***	-0.136***	0.257***	0.294***	-0.111***	1			
Dual$_{i,t}$	0.033***	0.031***	-0.124***	-0.024***	-0.106***	0.049***	0.079***	-0.130***	-0.115***	0.029***	-0.270***	1		
Ind$_{i,t}$	0.009	0.004	-0.013	0.012	-0.081***	-0.021***	0.053***	0.001	-0.023***	-0.016	-0.055***	0.115***	1	
Bsize$_{i,t}$	-0.004	-0.000	0.030***	-0.021***	0.161***	-0.052**	-0.115***	0.237***	0.153***	0.025***	0.254***	-0.181***	-0.523***	1

注：C_Ratio$_{i,t}$ 和 R_Ratio$_{i,t}$ 分别是 $\ln(COST_{i,t}/COST_{i,t-1})$ 和 $\ln(REV_{i,t}/REV_{i,t-1})$；***、**、* 分别表示在 1%、5%、10% 的水平上显著。

6.3.3　多元回归结果分析

表 6.4 列示了高管财务经历对企业成本粘性的影响结果。其中，第（1）列仅包含营业收入变动 $[\ln(REV_{i,t}/REV_{i,t-1})]$ 和企业成本粘性 $[D_{i,t} \times \ln(REV_{i,t}/REV_{i,t-1})]$ 两项，用以检验样本企业是否存在成本粘性。结果显示企业成本粘性 $[D_{i,t} \times \ln(REV_{i,t}/REV_{i,t-1})]$ 的系数为 −0.040，在 1% 的水平上显著为负，由此证明样本企业普遍存在着成本粘性现象。第（2）列是加入高管财务经历（$FE_{i,t}$）与企业成本粘性 $[D_{i,t} \times \ln(REV_{i,t}/REV_{i,t-1})]$ 的交乘项以及其他控制变量与企业成本粘性的交乘项，最终结果显示高管财务经历与企业成本粘性的交乘项 $[FE_{i,t} \times D_{i,t} \times \ln(REV_{i,t}/REV_{i,t-1})]$ 的系数为 0.038，在 5% 的水平上显著为正，该结果证明了 H6，即相比无财务经历的高管所在的企业，具有财务经历的高管所在的企业成本粘性程度更低。

表 6.4　高管财务经历与企业成本粘性

变量	被解释变量：$\ln(COST_{i,t}/COST_{i,t-1})$	
	（1）	（2）
$\ln(REV_{i,t}/REV_{i,t-1})$	0.963***	0.962***
	（270.74）	（270.63）
$D_{i,t} \times \ln(REV_{i,t}/REV_{i,t-1})$	−0.040***	0.518***
	（−4.71）	（3.07）
$FE_{i,t} \times D_{i,t} \times \ln(REV_{i,t}/REV_{i,t-1})$		0.038**
		（1.99）
交乘项 $[$ 变量 $\times D_{i,t} \times \ln(REV_{i,t}/REV_{i,t-1})]$		
$D\_twoyear_{i,t}$		0.052***
		（4.30）
$Gdpgrowth_{i,t}$		0.003
		（0.55）
$Eintensity_{i,t}$		−0.010**
		（−2.18）

续表

变量	被解释变量：$\ln(COST_{i,t}/COST_{i,t-1})$	
	（1）	（2）
$Aintensity_{i,t}$		−0.003
		（−1.23）
$Size_{i,t}$		−0.023***
		（−3.78）
$Lev_{i,t}$		0.107***
		（4.06）
$ROA_{i,t}$		0.646***
		（10.29）
$SOE_{i,t}$		0.013
		（0.94）
$Dual_{i,t}$		0.007
		（0.51）
$Ind_{i,t}$		−0.007
		（−0.05）
$Bsize_{i,t}$		−0.058
		（−1.50）
Constant	0.003	0.003
	（0.80）	（0.77）
行业	控制	控制
年度	控制	控制
Observations	15013	15013
Adj-R^2	0.897	0.898

注：括号内的数值为 t 值，***、**、* 分别表示在 1%、5%、10% 的水平上显著。

6.3.4　内生性和稳健性检验

前文已经验证了高管财务经历会降低企业成本粘性。然而，高管财务经历与企业成本粘性之间可能会存在内生性问题。首先，成本粘性低的企业更可能会聘用具有财务经历的高管，这可能会产生反向因果问题。其次，财务型高管可能更愿意去成本粘性低的企业工作，因此研究样本本身可能会具有一定的自选择问题。除此之外，本书的模型也可能会受到遗漏变量的影响。为了控制潜在的内生性问题，本书基于高管变更的视角，采用倾向评分匹配法、工具变量法、固定效应模型、重新定义高管与变更高管财务经历和成本粘性衡量方法以及加入高管个体背景特征控制变量等方法来进一步分析。

6.3.4.1 基于高管变更视角的分析

本书以高管财务经历变更为研究场景，由于高管财务经历变更属于多期变更事件，在此构建双重差分模型（模型6-2）来考察高管财务经历变更对企业成本粘性的影响：

$$\ln(COST_{i,t}/COST_{i,t-1}) = \alpha_0 + \alpha_1 \ln(REV_{i,t}/REV_{i,t-1}) + \alpha_2 D_{i,t} \times \ln(REV_{i,t}/REV_{i,t-1}) +$$
$$\alpha_3 FE\_Change_{i,t} \times D_{i,t} \times \ln(REV_{i,t}/REV_{i,t-1}) +$$
$$\sum_{m=4}^{7} \alpha_m Econ\_Var_{m,i,t} \times D_{i,t} \times \ln(REV_{i,t}/REV_{i,t-1}) +$$
$$\sum_{n=8}^{14} \alpha_n Con\_Var_{n,i,t} \times D_{i,t} \times \ln(REV_{i,t}/REV_{i,t-1}) +$$
$$\sum Year + \sum Ind + \varepsilon_{i,t} \tag{6-2}$$

首先模型（6-2）的研究样本是一直无财务经历的高管所在的公司和从无财务经历的高管变更为有财务经历的高管所在的公司，从无财务经历的高管变更为有财务经历的高管的当年及之后的高管财务经历变更（FE_Change_{i,t}）为1，变更前为0。模型（6-2）中的系数 α_3 是本书关注的重点，它衡量了财务型高管接任非财务型高管相对于非财务型高管接任对企业成本粘性的净影响。若系数 α_3 显著为正，表明财务型高管确实能够显著地降低企业成本粘性。

本书在研究过程中借鉴 Jiang 等（2013）的研究思路，选取高管财务经历变更前后各两年（−2，2）作为本书的研究窗口，并剔除窗口期内发生其他事件的样本。同时,对于上市公司高管财务经历频繁变更的样本,本书只考虑第一次高管财务经历变更的事件,最终研究结果如表 6.5 所示。表 6.5 的结果显示,高管财务经历变更与企业成本粘性的交乘项 $[\text{FE\_Change}_{i,t} \times D_{i,t} \times \ln(\text{REV}_{i,t}/\text{REV}_{i,t-1})]$ 的系数为 0.120,在 10% 的水平上显著为正,这说明相对无财务经历的高管接任企业,而由财务型高管接任非财务型高管后,企业的成本粘性程度确实显著降低了。表 6.5 的结果表明本书的研究结论具有一定的稳健性。

表 6.5　高管财务经历变更回归结果

变量	$\ln(\text{COST}_{i,t}/\text{COST}_{i,t-1})$
$\ln(\text{REV}_{i,t}/\text{REV}_{i,t-1})$	0.965***
	(244.13)
$D_{i,t} \times \ln(\text{REV}_{i,t}/\text{REV}_{i,t-1})$	0.661***
	(3.51)
$\text{FE\_Change}_{i,t} \times D_{i,t} \times \ln(\text{REV}_{i,t}/\text{REV}_{i,t-1})$	0.120*
	(1.85)
交乘项 $[$ 变量 $\times D_{i,t} \times \ln(\text{REV}_{i,t}/\text{REV}_{i,t-1})]$	
$\text{D\_twoyear}_{i,t}$	0.042***
	(3.18)
$\text{Gdpgrowth}_{i,t}$	0.000
	(0.04)
$\text{Eintensity}_{i,t}$	−0.013**
	(−2.46)
$\text{Aintensity}_{i,t}$	−0.001
	(−0.32)
$\text{Size}_{i,t}$	−0.024***
	(−3.64)
$\text{Lev}_{i,t}$	0.123***
	(4.10)
$\text{ROA}_{i,t}$	0.565***
	(7.61)

续表

变量	$\ln(COST_{i,t}/COST_{i,t-1})$
$SOE_{i,t}$	0.003
	（0.23）
$Dual_{i,t}$	0.013
	（0.84）
$Ind_{i,t}$	−0.046
	（−0.32）
$Bsize_{i,t}$	−0.091**
	（−2.05）
Constant	0.006
	（1.21）
行业	控制
年度	控制
Observations	12572
Adj-R^2	0.896

注：括号内的数值为 t 值，***、**、* 分别表示在 1%、5%、10% 的水平上显著。

6.3.4.2 倾向评分匹配法

通过分析发现，高管财务经历降低了企业成本粘性，但是这种影响还需要我们控制样本的选择性问题，即需要考虑具有财务经历的高管在选择就业时倾向于选择那些稳健保守的企业。为了解决这种选择性问题，本书采用倾向评分匹配法进行检验。根据公司特征的控制变量，采用 1∶3 的配对原则，构建相应的配对样本，其匹配后样本的回归结果如表 6.6 所示，高管财务经历与企业成本粘性的交乘项 $[FE_{i,t} \times D_{i,t} \times \ln(REV_{i,t}/REV_{i,t-1})]$ 的系数为 0.035，在 10% 的水平上显著为正，因此本书的研究结论依然是稳健的。

表 6.6　倾向评分匹配法回归结果

变量	$\ln(\text{COST}_{i,t}/\text{COST}_{i,t-1})$
$\ln(\text{REV}_{i,t}/\text{REV}_{i,t-1})$	0.954^{***}
	（145.94）
$D_{i,t} \times \ln(\text{REV}_{i,t}/\text{REV}_{i,t-1})$	0.556^{*}
	（1.82）
$FE_{i,t} \times D_{i,t} \times \ln(\text{REV}_{i,t}/\text{REV}_{i,t-1})$]	0.035^{*}
	（1.65）
交乘项 ［变量 $\times D_{i,t} \times \ln(\text{REV}_{i,t}/\text{REV}_{i,t-1})$］	
$D\_twoyear_{i,t}$	0.007
	（0.34）
$Gdpgrowth_{i,t}$	−0.004
	（−0.39）
$Eintensity_{i,t}$	-0.015^{*}
	（−1.85）
$Aintensity_{i,t}$	−0.005
	（−0.94）
$Size_{i,t}$	-0.027^{***}
	（−2.61）
$Lev_{i,t}$	0.081^{*}
	（1.74）
$ROA_{i,t}$	1.004^{***}
	（8.73）
$SOE_{i,t}$	−0.012
	（−0.52）
$Dual_{i,t}$	0.001
	（0.02）
$Ind_{i,t}$	0.053
	（0.25）
$Bsize_{i,t}$	0.026
	（0.38）
Constant	0.009
	（1.07）

续表

变量	$\ln(COST_{i,t}/COST_{i,t-1})$
行业	控制
年度	控制
Observations	4123
Adj-R^2	0.909

注：括号内的数值为 t 值，***、**、* 分别表示在 1%、5%、10% 的水平上显著。

6.3.4.3　工具变量法

依据林晚发等（2019）的内生性检验方法，本书以年度、行业、地区的企业高管财务经历的均值作为高管财务经历的工具变量（FE_IV$_1$），从理论上来看，不同年度、行业、地区的高管财务经历会影响企业是否聘任具有财务经历的高管。本书采用工具变量进行两个阶段回归后结果如表 6.7 所示，第一阶段回归结果显示，高管财务经历与工具变量 FE_IV 在 1% 的水平上显著为正，说明该工具变量较为理想；第二阶段使用第一阶段求出的拟合值进行回归，结果显示在控制了内生性问题后，高管财务经历与企业成本粘性的交乘项［$FE_{i,t} \times D_{i,t} \times \ln(REV_{i,t}/REV_{i,t-1})$］的系数为 0.046，在 5% 的水平上显著为正，说明高管财务经历显著降低企业成本粘性的结论依然成立。

表 6.7　工具变量法回归结果

变量	第一阶段	第二阶段
	$FE_{i,t}$	$\ln(COST_{i,t}/COST_{i,t-1})$
FE_IV	5.394***	
	（29.28）	
$\ln(REV_{i,t}/REV_{i,t-1})$		0.962***
		（270.65）
$D_{i,t} \times \ln(REV_{i,t}/REV_{i,t-1})$		0.512***
		（3.04）
$FE_{i,t} \times D_{i,t} \times \ln(REV_{i,t}/REV_{i,t-1})$		0.046**
		（2.28）

续表

变量	第一阶段	第二阶段
	$FE_{i,t}$	$\ln(COST_{i,t}/COST_{i,t-1})$
交乘项〔变量 $\times D_{i,t} \times \ln(REV_{i,t}/REV_{i,t-1})$〕		
$D\_twoyear_{i,t}$		0.052^{***}
		（4.29）
$Gdpgrowth_{i,t}$		0.003
		（0.55）
$Eintensity_{i,t}$		-0.010^{**}
		（-2.18）
$Aintensity_{i,t}$		-0.003
		（-1.25）
$Size_{i,t}$		-0.022^{***}
		（-3.69）
$Lev_{i,t}$		0.106^{***}
		（4.05）
$ROA_{i,t}$		0.647^{***}
		（10.30）
$SOE_{i,t}$		0.012
		（0.93）
$Dual_{i,t}$		0.009
		（0.60）
$Ind_{i,t}$		-0.012
		（-0.10）
$Bsize_{i,t}$		-0.058
		（-1.51）
Constant	-2.296^{***}	0.004
	（-21.65）	（0.94）
行业	控制	控制
年度	控制	控制
Observations	15013	15013
Pseudo R^2/Adj-R^2	0.124	0.898

注：括号内的数值为 t 值，***、**、* 分别表示在 1%、5%、10% 的水平上显著。

6.3.4.4 固定效应模型

为了避免原模型中变量遗漏带来的系数偏误问题，本书采用固定效应模型对高管财务经历与企业成本粘性的关系进行检验。固定效应模型的回归结果如表 6.8 所示，结果表明，在控制了时间和个体固定效应后，高管财务经历与企业成本粘性的交乘项 $[FE_{i,t} \times D_{i,t} \times \ln(REV_{i,t}/REV_{i,t-1})]$ 的系数为 0.037，在 10% 的水平上显著为正，由此说明高管财务经历显著降低企业成本粘性的结论依然成立。

表 6.8 固定效应模型回归结果

变量	$\ln(COST_{i,t}/COST_{i,t-1})$
$\ln(REV_{i,t}/REV_{i,t-1})$	0.960***
	（240.45）
$D_{i,t} \times \ln(REV_{i,t}/REV_{i,t-1})$	0.788***
	（4.05）
$FE_{i,t} \times D_{i,t} \times \ln(REV_{i,t}/REV_{i,t-1})$	0.037*
	（1.67）
交乘项 $[$变量 $\times D_{i,t} \times \ln(REV_{i,t}/REV_{i,t-1})]$	
D_twoyear$_{i,t}$	0.046***
	（3.55）
Gdpgrowth$_{i,t}$	−0.010
	（−1.63）
Eintensity$_{i,t}$	−0.016***
	（−3.12）
Aintensity$_{i,t}$	−0.007**
	（−2.18）
Size$_{i,t}$	−0.032***
	（−4.54）
Lev$_{i,t}$	0.201***
	（6.48）
ROA$_{i,t}$	0.816***
	（11.90）

续表

变量	$\ln(\text{COST}_{i,t}/\text{COST}_{i,t-1})$
SOE$_{i,t}$	0.017
	（1.08）
Dual$_{i,t}$	0.029*
	（1.71）
Ind$_{i,t}$	0.102
	（0.71）
Bsize$_{i,t}$	−0.072
	（−1.64）
Constant	0.017*
	（1.65）
行业	控制
年度	控制
公司	控制
Observations	15013
R^2_Within	0.899

注：括号内的数值为 t 值，***、**、* 分别表示在 1%、5%、10% 的水平上显著。

6.3.4.5 重新定义高管与变更高管财务经历和成本粘性衡量方法

首先，我们重新定义了高管，将高管定义为董事长、总经理和财务总监，这是因为在公司经营管理过程中，财务总监能够为公司提供决策信息和建议，在企业的经营决策中财务总监也具有不可忽视的作用。重新定义高管后的回归结果如表 6.9 的第（1）列所示，高管财务经历与企业成本粘性的交乘项 $[FE_{i,t} \times D_{i,t} \times \ln(REV_{i,t}/REV_{i,t-1})]$ 的系数为 0.023，在 10% 的水平上显著为正，表明重新定义高管后，本书的研究结论即高管财务经历对企业成本粘性具有显著的抑制作用依然成立。其次，我们采用更广义的财务经历度量方法，借鉴姜付秀等（2016）对高管财务经历的界定方法，若高管担任以下职务：财务负责人、财务（副）总监、首席财务官、（副）总会计师、财务主管、财务处（副）处长、财务科（副）科长、财务部

（副）部长、财务部（副）经理、基金经理、投资经理、投资研究员、证券研究员、证券投资部部长、资本运作主管、投资总监投行部经理、投行部高级经理、行业分析师等，则表明高管具有财务经历，高管财务经历（$FE_{i,t}$）赋值为 1，否则为 0，该定义比较全面，基本不会存在遗漏样本的问题。最终回归结果如表 6.9 的第（2）列所示，高管财务经历与企业成本粘性的交乘项［$FE_{i,t} \times D_{i,t} \times \ln(REV_{i,t}/REV_{i,t-1})$］的系数为 0.032，在 10% 的水平上显著为正，本书的研究结论依然成立。最后，我们更换成本粘性的度量方法。我们使用更广义的成本，即营业成本与销售和管理费用之和的总成本变化率［$\ln(TC_{i,t}/TC_{i,t-1})$］作为被解释变量的替代变量进行检验，最终回归结果如表 6.9 的第（3）列所示，高管财务经历与企业成本粘性的交乘项［$FE_{i,t} \times D_{i,t} \times \ln(REV_{i,t}/REV_{i,t-1})$］的系数为 0.032，在 10% 的水平上显著为正，表明更换成本粘性衡量方法后，研究结论依然成立。

表 6.9　重新定义高管与变更财务经历和成本粘性的衡量方法稳健性检验

变量	（1）	（2）	（3）
	$\ln(COST_{i,t}/COST_{i,t-1})$	$\ln(COST_{i,t}/COST_{i,t-1})$	$\ln(TC_{i,t}/TC_{i,t-1})$
$\ln(REV_{i,t}/REV_{i,t-1})$	0.962***	0.962***	0.894***
	（270.63）	（270.62）	（298.89）
$D_{i,t} \times \ln(REV_{i,t}/REV_{i,t-1})$	0.512***	0.531***	0.424***
	（3.03）	（3.16）	（2.99）
$FE_{i,t} \times D_{i,t} \times \ln(REV_{i,t}/REV_{i,t-1})$	0.023*	0.032*	0.032*
	（1.73）	（1.83）	（1.81）
交乘项［变量 $\times D_{i,t} \times \ln(REV_{i,t}/REV_{i,t-1})$］			
$D\_twoyear_{i,t}$	0.053***	0.051***	0.051***
	（4.41）	（4.25）	（5.03）
$Gdpgrowth_{i,t}$	0.004	0.003	0.003
	（0.62）	（0.47）	（0.59）

续表

变量	（1）	（2）	（3）
	$\ln(COST_{i,t}/COST_{i,t-1})$	$\ln(COST_{i,t}/COST_{i,t-1})$	$\ln(TC_{i,t}/TC_{i,t-1})$
$Eintensity_{i,t}$	−0.010**	−0.010**	−0.020***
	（−2.22）	（−2.13）	（−5.29）
$Aintensity_{i,t}$	−0.003	−0.004	−0.021***
	（−1.19）	（−1.27）	（−8.87）
$Size_{i,t}$	−0.023***	−0.023***	−0.016***
	（−3.90）	（−3.84）	（−3.12）
$Lev_{i,t}$	0.109***	0.106***	0.074***
	（4.14）	（4.01）	（3.33）
$ROA_{i,t}$	0.641***	0.646***	0.777***
	（10.20）	（10.29）	（14.71）
$SOE_{i,t}$	0.014	0.013	0.038***
	（1.07）	（0.99）	（3.36）
$Dual_{i,t}$	0.007	0.007	−0.019
	（0.49）	（0.48）	（−1.57）
$Ind_{i,t}$	0.006	−0.009	−0.006
	（0.04）	（−0.07）	（−0.05）
$Bsize_{i,t}$	−0.055	−0.059	−0.057*
	（−1.42）	（−1.52）	（−1.78）
Constant	0.004	0.004	0.022***
	（0.94）	（0.95）	（6.35）
行业	控制	控制	控制
年度	控制	控制	控制
Observations	15013	15013	15013
Adj-R^2	0.898	0.898	0.913

注：括号内的数值为 t 值，***、**、* 分别表示在 1%、5%、10% 的水平上显著。

6.3.4.6 高管个体背景特征的控制

前文在分析高管财务经历对企业成本粘性的影响时，未考虑高管个人背景特征差异可能产生的影响。因此，我们控制了高管年龄（MAGE）、性别（MGEND）、是否有海外背景（MOVE）的特征差异（姜付秀等，2009；周楷唐等，2017；文雯等，2019；姜付秀等，2019），这些特征差异可能会同时影响高管财务经历和企业成本粘性。最终回归结果如表6.10所示，在控制了高管的年龄、性别、是否有海外背景的特征差异后，高管财务经历与企业成本粘性的交乘项 $[FE_{i,t} \times D_{i,t} \times \ln(REV_{i,t}/REV_{i,t-1})]$ 的系数为0.035，在10%的水平上依然显著为正，因此在考虑高管个人背景特征后本书的研究结论依然成立。

表 6.10 控制高管相关背景特征差异的稳健性检验

变量	$\ln(COST_{i,t}/COST_{i,t-1})$
$\ln(REV_{i,t}/REV_{i,t-1})$	0.962***
	（270.66）
$D_{i,t} \times \ln(REV_{i,t}/REV_{i,t-1})$	0.583***
	（3.41）
$FE_{i,t} \times D_{i,t} \times \ln(REV_{i,t}/REV_{i,t-1})$	0.035*
	（1.85）
交乘项 $[变量 \times D_{i,t} \times \ln(REV_{i,t}/REV_{i,t-1})]$	
$D\_twoyear_{i,t}$	0.051***
	（4.25）
$Gdpgrowth_{i,t}$	−0.000
	（−0.02）
$Eintensity_{i,t}$	−0.009**
	（−2.04）
$Aintensity_{i,t}$	−0.004
	（−1.37）
$Size_{i,t}$	−0.020***
	（−3.27）

续表

变量	$\ln(\text{COST}_{i,t}/\text{COST}_{i,t-1})$
$\text{Lev}_{i,t}$	0.104***
	（3.95）
$\text{ROA}_{i,t}$	0.653***
	（10.36）
$\text{SOE}_{i,t}$	0.015
	（1.13）
$\text{Dual}_{i,t}$	0.009
	（0.61）
$\text{Ind}_{i,t}$	−0.035
	（−0.27）
$\text{Bsize}_{i,t}$	−0.059
	（−1.54）
$\text{MAGE}_{i,t}$	−0.031***
	（−3.04）
$\text{MGEND}_{i,t}$	−0.011
	（−0.30）
$\text{MOVE}_{i,t}$	0.015
	（0.79）
Constant	0.004
	（0.98）
行业	控制
年度	控制
Observations	15009
Adj-R^2	0.898

注：括号内的数值为 t 值，***、**、* 分别表示在 1%、5%、10% 的水平上显著。

6.3.5　影响机制分析

本书的实证结果支持了 H6，H6 的理论分析表明高管拥有财务经历可以减少对未来经济环境的误判，降低乐观预期偏差；且有助于约束管理者的自利行为，降低企业代理成本。为此，本书进一步从这两个方面探讨了高管财务经历对企业成本粘性的影响机制。具体来看，本书借鉴 Chen 等（2012）的研究思路，采用分组研究的方法，若在管理层乐观预期较强和企业代理成本较高的样本中，高管财务经历对企业成本粘性的抑制效应显著，则可以说明抑制管理者乐观预期和降低代理成本的机制成立。

6.3.5.1 降低管理层乐观预期的机制检验

高管财务经历可以提升管理层对于未来业绩的预期精准度，从而降低管理层乐观预期偏差，减少企业成本粘性的影响。总体而言，从长期来看企业的业务量是渐增的，这会使得管理层对未来企业销售量的增长持乐观态度，而当管理层预期未来业务量会继续上升时，会更愿意增加企业生产能力，投入更多的成本费用，从而导致企业成本粘性。本书借鉴李粮和赵息（2013）、王睿和韦鹏（2016）的研究方法，构建管理层乐观预期虚拟变量（$I_{i,t}$），采用前期营业收入的变化趋势来表示管理层对未来业务量的预期倾向，当上期营业收入上升时，管理层会倾向于对当期业务量增长持乐观预期，此时 $I_{i,t}$ 赋值为 1，否则为 0。

表 6.11 为降低管理层乐观预期的机制检验结果，结果显示，在管理层乐观预期程度较高的子样本中，高管财务经历与企业成本粘性的交乘项 $[FE_{i,t} \times D_{i,t} \times \ln(REV_{i,t}/REV_{i,t-1})]$ 的系数为 0.055，在 5% 的水平上显著为正，而在管理层乐观预期程度较低的子样本中，高管财务经历与企业成本粘性的交乘项 $[FE_{i,t} \times D_{i,t} \times \ln(REV_{i,t}/REV_{i,t-1})]$ 的系数为 0.008，为正但不显著，表 6.11 的结果表明，高管财务经历会通过降低管理层乐观预期偏差进而降低企业成本粘性。产生该结果的原因可能是，高管财务经历使管理层对财务信息更敏感，更加懂得如何使用财务数据对未来业绩进行预测，避免出现夸大业绩的情况，从而减少管理层出现乐观预期偏差的可能性。

表 6.11 降低管理层乐观预期的机制检验结果

变量	$\ln(\text{COST}_{i,t}/\text{COST}_{i,t-1})$	
	$I_{i,t}=1$	$I_{i,t}=0$
$\ln(\text{REV}_{i,t}/\text{REV}_{i,t-1})$	0.975***	0.939***
	（228.34）	（143.74）
$D_{i,t} \times \ln(\text{REV}_{i,t}/\text{REV}_{i,t-1})$	0.664***	0.411
	（2.80）	（1.61）
$\text{FE}_{i,t} \times D_{i,t} \times \ln(\text{REV}_{i,t}/\text{REV}_{i,t-1})$	0.055**	0.008
	（2.05）	（0.26）
交乘项［变量 $\times D_{i,t} \times \ln(\text{REV}_{i,t}/\text{REV}_{i,t-1})$］		
$\text{Gdpgrowth}_{i,t}$	0.001	0.006
	（0.13）	（0.66）
$\text{Eintensity}_{i,t}$	−0.017**	−0.005
	（−2.53）	（−0.77）
$\text{Aintensity}_{i,t}$	0.008*	−0.010***
	（1.90）	（−2.61）
$\text{Size}_{i,t}$	−0.032***	−0.015
	（−4.00）	（−1.59）
$\text{Lev}_{i,t}$	0.125***	0.095***
	（3.05）	（2.58）
$\text{ROA}_{i,t}$	0.647***	0.631***
	（6.77）	（7.05）
$\text{SOE}_{i,t}$	0.006	0.017
	（0.35）	（0.81）
$\text{Dual}_{i,t}$	−0.016	0.032
	（−0.79）	（1.38）
$\text{Ind}_{i,t}$	0.116	−0.048
	（0.62）	（−0.26）
$\text{Bsize}_{i,t}$	−0.058	−0.049
	（−1.05）	（−0.85）

续表

变量	$\ln(COST_{i,t}/COST_{i,t-1})$	
	$I_{i,t}=1$	$I_{i,t}=0$
Constant	−0.001	0.009
	（−0.21）	（0.75）
行业	控制	控制
年度	控制	控制
Observations	11147	3866
Adj-R^2	0.887	0.916

注：括号内的数值为 t 值，***、**、* 分别表示在 1%、5%、10% 的水平上显著。

6.3.5.2　降低代理成本的机制检验

高管财务经历对于企业代理成本的降低有助于降低企业的成本粘性。代理成本是指代理人（如高管）与委托人（如股东）之间因利益冲突而产生的成本。代理成本分为监督成本、契约成本和失误成本三种。本书运用管理费用率（$MFR_{i,t}$）来衡量管理层代理成本，管理费用率（$MFR_{i,t}$）用年末管理费用除以年末营业收入表示，管理费用率越高表明企业代理成本越高（Ang et al., 2000）。表 6.12 显示了以管理费用率（$MFR_{i,t}$）中位数区分子样本对模型（6-1）的回归检验结果，结果显示在第（1）列即管理费用率（$MFR_{i,t}$）较高组中高管财务经历与企业成本粘性的交乘项 $[FE_{i,t} \times D_{i,t} \times \ln(REV_{i,t}/REV_{i,t-1})]$ 的系数为 0.037，在 10% 的水平上显著为正，该结果支持了高管财务经历通过降低代理成本进而降低企业成本粘性的观点。产生该结果的原因可能是，扎实的专业知识和丰富的实务工作经验会使得拥有财务经历的高管在选择和运用会计政策时更加专业、负责，在列报和披露企业会计信息时更加准确，有助于提升企业的信息披露质量，降低企业与外部利益相关者的信息不对称水平，从而缓解企业的委托代理问题，降低企业成本粘性。

表 6.12　降低代理成本的机制检验

变量	ln(COST_{i,t}/COST_{i,t-1})	
	MFR_{i,t}> 中位数	MFR_{i,t}< 中位数
$\ln(REV_{i,t}/REV_{i,t-1})$	0.934***	0.981***
	（146.86）	（267.08）
$D_{i,t} \times \ln(REV_{i,t}/REV_{i,t-1})$	0.847***	0.203
	（3.38）	（0.86）
$FE_{i,t} \times D_{i,t} \times \ln(REV_{i,t}/REV_{i,t-1})$	0.037*	0.047
	（1.94）	（1.48）
交乘项［变量 $\times D_{i,t} \times \ln(REV_{i,t}/REV_{i,t-1})$］		
$D\_twoyear_{i,t}$	0.041**	0.066***
	（2.44）	（3.70）
$Gdpgrowth_{i,t}$	−0.002	0.002
	（−0.28）	（0.24）
$Eintensity_{i,t}$	−0.007	−0.024**
	（−1.16）	（−2.40）
$Aintensity_{i,t}$	−0.002	−0.021**
	（−0.49）	（−2.39）
$Size_{i,t}$	−0.029***	−0.023***
	（−3.16）	（−2.71）
$Lev_{i,t}$	0.092***	0.193***
	（2.67）	（3.88）
$ROA_{i,t}$	0.533***	1.329***
	（6.62）	（9.80）
$SOE_{i,t}$	0.029	−0.009
	（1.52）	（−0.48）
$Dual_{i,t}$	−0.006	0.056**
	（−0.30）	（2.14）
$Ind_{i,t}$	−0.112	0.288
	（−0.65）	（1.41）

续表

变量	ln(COST$_{i,t}$/COST$_{i,t-1}$)	
	MFR$_{i,t}$> 中位数	MFR$_{i,t}$< 中位数
Bsize$_{i,t}$	−0.101*	0.042
	（−1.87）	（0.75）
Constant	−0.008	0.012***
	（−1.10）	（2.77）
行业	控制	控制
年度	控制	控制
Observations	7503	7510
Adj-R^2	0.862	0.937

注：括号内的数值为 t 值，***、**、* 分别表示在 1%、5%、10% 的水平上显著。

6.4　进一步研究

6.4.1　区分成本要素分析

本书借鉴赵璨等（2020）的方法，将营业成本进一步细分为物质资源成本和人力资源成本，以进一步探索高管财务经历对企业成本粘性的抑制作用主要集中在哪一部分成本要素上。物质资源成本包括原材料、制造设备等物质投入，而人力资源成本则包括员工工资、培训费用等人员投入。具体来看，首先用支付给职工以及为职工支付的现金减去高管薪酬得出普通员工人力资源成本（陆正飞等，2012），其次用营业成本扣除人力资源成本，最后得出物质资源成本。人力资源成本的计算借鉴了刘媛媛和刘斌（2014）的度量方法，以用工数量的变化衡量人力资源成本变化。区分成本要素后高管财务经历对成本粘性的影响结果如表 6.13 所示，相比于人力资源成本粘性，高管财务经历对物质资源成本粘性的抑制效应更加明显，其高管财务经历与企业成本粘性的交乘项 $[FE_{i,t} \times D_{i,t} \times \ln(REV_{i,t}/REV_{i,t-1})]$ 的系数为 0.064，在 10% 的水平上显著为正，而用工数量的变化对高管财务职业经历的影响不显著。

表 6.13 成本要素、高管财务经历与企业成本粘性

变量	物质资源成本变化	人力资源成本变化
$\ln(REV_{i,t}/REV_{i,t-1})$	1.077***	0.479***
	（162.27）	（31.26）
$D_{i,t} \times \ln(REV_{i,t}/REV_{i,t-1})$	0.832***	1.974***
	（2.63）	（2.70）
$FE_{i,t} \times D_{i,t} \times \ln(REV_{i,t}/REV_{i,t-1})$	0.064*	0.020
	（1.79）	（0.25）
交乘项 $[$ 变量 $\times D_{i,t} \times \ln(REV_{i,t}/REV_{i,t-1})]$		
$D\_twoyear_{i,t}$	0.031	0.267***
	（1.40）	（5.18）
$Gdpgrowth_{i,t}$	−0.023**	0.016
	（−2.01）	（0.60）
$Eintensity_{i,t}$	0.034***	−0.125***
	（3.39）	（−5.61）
$Aintensity_{i,t}$	−0.002	0.004
	（−0.34）	（0.30）
$Size_{i,t}$	−0.030**	−0.067**
	（−2.50）	（−2.41）
$Lev_{i,t}$	0.022	0.380***
	（0.39）	（3.06）
$ROA_{i,t}$	1.090***	0.015
	（7.78）	（0.05）
$SOE_{i,t}$	0.015	0.004
	（0.58）	（0.07）
$Dual_{i,t}$	0.069**	0.010
	（2.44）	（0.15）

续表

变量	物质资源成本变化	人力资源成本变化
Ind$_{i,t}$	0.263	−0.849
	（1.14）	（−1.61）
Bsize$_{i,t}$	−0.098	−0.312*
	（−1.35）	（−1.85）
Constant	−0.007	0.067***
	（−0.95）	（3.95）
行业	控制	控制
年度	控制	控制
Observations	13877	13850
Adj-R^2	0.782	0.100

注：括号内的数值为 t 值，***、**、* 分别表示在 1%、5%、10% 的水平上显著。

这可能是因为，一方面高管财务经历通常涉及财务管理和财务分析等方面的知识和技能，而这些知识和技能对于管理物质资源成本具有更强的应用性。在制造业等以物质投入为主的行业中，物质资源成本往往占据了很大的比重，高管的财务工作经历有助于提高企业对物质资源成本的精细管理，从而降低企业成本粘性。另一方面人力资源相对于物质资源更加容易调整和变更，因此在管理人力资源成本时，高管财务经历对人力资源成本粘性的边际作用可能会相对较弱。总的来说，高管财务经历对企业成本粘性具有重要的抑制作用，特别是在物质资源成本的管理方面，高管财务经历可以帮助企业降低物质资源成本粘性，从而提高企业的经济效益。

6.4.2　市场化程度、高管财务经历与企业成本粘性

Hambrick 和 Mason（1984）提出的高层梯队理论认为，高管背景特征对组织战略选择和组织绩效的影响也会受到组织内外部环境的影响。因而，考察环境和高管财务经历的交互作用更有助于我们深刻理解高管财务经历

的作用。中国经济发展的显著特点之一就是不同的地区，市场化程度不同，相比于我国的中西部地区，我国东部地区的市场化进程比较快（樊纲等，2011）。一方面，良好的外部市场环境本身具有一定的治理效应，市场化水平越高的地区信息不对称问题一般较少，因此能够抑制管理层的机会主义行为，从而会弱化高管财务经历对企业成本粘性的边际作用，此时，高管财务经历与市场化进程对企业成本粘性的影响便会呈现出一种替代关系。另一方面，区域制度环境也会影响高管的管理自主权。管理者个体的烙印特质能否发挥作用的一个前提条件就是管理者要具备一定的管理自主权，Hambrick 和 Finkelstein（1987）认为，管理自主权是高管个体特质影响企业行为结果的重要调节变量。只有高管拥有较高的自主权，其身上的职业习惯、性格特征、专长等烙印特征才会充分反映到企业决策中，发挥一定的作用。此时，高管财务经历与市场化进程对企业成本粘性的影响便会呈现出一种互补关系。

区分市场化进程后，高管财务经历对成本粘性的影响结果如表 6.14 所示，相比慢市场化进程组，在快市场化进程组中，高管财务经历与企业成本粘性交乘项 $[FE_{i,t} \times D_{i,t} \times \ln(REV_{i,t}/REV_{i,t-1})]$ 的系数为 0.056，在 10% 的水平上显著为正，证实了企业外部制度环境与高管财务经历的治理作用存在一定的互补关系，也说明了高管财务经历对企业成本粘性的积极影响需要一个良好的外部制度环境作为前提条件，以保证高管在企业的成本决策过程中拥有相对充分的管理自主权。

表 6.14　市场化进程、高管财务经历与企业成本粘性

变量	$\ln(COST_{i,t}/COST_{i,t-1})$	
	快市场化进程	慢市场化进程
$\ln(REV_{i,t}/REV_{i,t-1})$	0.966***	0.959***
	（202.68）	（182.13）
$D_{i,t} \times \ln(REV_{i,t}/REV_{i,t-1})$	−0.084	0.957***
	（−0.36）	（3.91）

续表

变量	ln(COST_{i,t}/COST_{i,t-1})	
	快市场化进程	慢市场化进程
$FE_{i,t} \times D_{i,t} \times \ln(REV_{i,t}/REV_{i,t-1})$	0.056*	0.004
	（1.86）	（0.15）
交乘项［变量 $\times D_{i,t} \times \ln(REV_{i,t}/REV_{i,t-1})$］		
$D\_twoyear_{i,t}$	0.066***	0.044**
	（4.03）	（2.48）
$Gdpgrowth_{i,t}$	−0.005	−0.001
	（−0.62）	（−0.07）
$Eintensity_{i,t}$	−0.013*	0.001
	（−1.96）	（0.11）
$Aintensity_{i,t}$	0.006	−0.014***
	（1.50）	（−3.32）
$Size_{i,t}$	−0.003	−0.036***
	（−0.38）	（−4.11）
$Lev_{i,t}$	0.047	0.160***
	（1.25）	（4.22）
$ROA_{i,t}$	0.395***	0.895***
	（4.56）	（9.70）
$SOE_{i,t}$	0.031	0.007
	（1.59）	（0.37）
$Dual_{i,t}$	−0.015	0.021
	（−0.78）	（0.94）
$Ind_{i,t}$	0.195	−0.023
	（1.06）	（−0.13）
$Bsize_{i,t}$	0.020	−0.110**
	（0.35）	（−2.03）
Constant	−0.002	0.010
	（−0.35）	（1.61）
行业	控制	控制
年度	控制	控制
Observations	7733	7280
Adj-R^2	0.906	0.892

注：括号内的数值为 t 值，***、**、* 分别表示在 1%、5%、10% 的水平上显著。

6.4.3 内部控制、高管财务经历与企业成本粘性

高管特征对组织战略选择与绩效的影响不仅会受到外部环境的影响，还会受到公司内部治理环境的影响。内部控制是企业重要的组织形式，其目的是保护企业利益和股东权益，防止企业内部产生一些不当行为，提高企业运营的效率和风险管理水平。当企业内部控制机制比较完善时，企业管理者能够有效地履行其职责，并遵循合理的决策程序，将企业利益放在首位，以股东的利益为导向进行管理。在这种情况下，高管财务经历对企业成本粘性的边际作用会受到削弱。而当企业内部控制质量较低时，管理层会更容易出现代理问题，此时高管财务经历能够有效地降低企业代理成本，进而降低企业成本粘性。

基于此，本书认为内部控制机制完善的公司，高管财务经历降低企业成本粘性的作用会被削弱，相反，在内部控制质量较低的企业中，高管财务经历能够发挥突出的治理作用。因而本部分将进一步结合企业的内部控制环境研究高管财务经历对企业成本粘性的异质性影响。内部控制指标采用迪博内部控制指数衡量，该数值越小表明企业内部控制质量越差。表 6.15 是根据内部控制指数的年度样本中位数进行分组后的回归结果，结果显示在低内部控制质量组中，高管财务经历与企业成本粘性的交乘项 $[FE_{i,t} \times D_{i,t} \times \ln(REV_{i,t}/REV_{i,t-1})]$ 的系数为 0.034，在 5% 的水平上显著为正，而在高内部控制质组中不显著，该结果说明高管财务经历能够显著地降低低内部控制质量企业的成本粘性，但未能显著降低高内部控制质量企业的成本粘性，说明作为非正式制度的高管财务经历与企业的内部控制质量具有一定的替代作用。

表 6.15　内部控制质量、高管财务经历与企业成本粘性

变量	$\ln(COST_{i,t}/COST_{i,t-1})$	
	高内部控制质量	低内部控制质量
$\ln(REV_{i,t}/REV_{i,t-1})$	0.973^{***} （216.78）	0.951^{***} （166.81）

续表

变量	ln(COST$_{i,t}$/COST$_{i,t-1}$)	
	高内部控制质量	低内部控制质量
D$_{i,t}$ × ln(REV$_{i,t}$/REV$_{i,t-1}$)	1.178***	0.567***
	（3.02）	（2.80）
FE$_{i,t}$ × D$_{i,t}$ × ln(REV$_{i,t}$/REV$_{i,t-1}$)	0.005	0.034**
	（0.09）	（2.06）
交乘项［变量 × D$_{i,t}$ × ln(REV$_{i,t}$/REV$_{i,t-1}$)］		
D_twoyear$_{i,t}$	0.027	0.054***
	（0.93）	（3.89）
Gdpgrowth$_{i,t}$	−0.030**	0.004
	（−2.14）	（0.61）
Eintensity$_{i,t}$	−0.006	−0.010*
	（−0.52）	（−1.94）
Aintensity$_{i,t}$	−0.013*	−0.003
	（−1.70）	（−0.90）
Size$_{i,t}$	−0.034**	−0.026***
	（−2.37）	（−3.65）
Lev$_{i,t}$	0.180**	0.120***
	（2.09）	（4.08）
ROA$_{i,t}$	1.229***	0.550***
	（4.84）	（7.89）
SOE$_{i,t}$	0.011	0.011
	（0.34）	（0.72）
Dual$_{i,t}$	0.105***	−0.008
	（2.83）	（−0.48）
Ind$_{i,t}$	0.120	−0.047
	（0.43）	（−0.31）
Bsize$_{i,t}$	−0.141	−0.039
	（−1.52）	（−0.88）
Constant	−0.006	0.015**
	（−1.04）	（2.32）

续表

变量	ln(COST$_{i,t}$/COST$_{i,t-1}$)	
	高内部控制质量	低内部控制质量
行业	控制	控制
年度	控制	控制
Observations	7504	7505
Adj-R^2	0.898	0.892

注：括号内的数值为 t 值，***、**、* 分别表示在 1%、5%、10% 的水平上显著。

6.5　本章小结

本章选取 2008~2019 年沪深 A 股制造业上市公司为研究对象，对高管财务经历与企业成本粘性间的关系进行了研究，最终得出结论：高管财务经历能够显著降低企业成本粘性，在考虑变量替换、内生性等问题后该结论依然成立，且作用机制检验发现，高管财务经历通过降低管理层乐观预期和企业代理成本进而降低企业成本粘性。此外，本章在进一步研究中区分成本要素后得出高管财务经历对物质资源成本粘性的负向影响要显著大于人力资源成本粘性；相比在市场化进程慢的地区，在市场化进程越快的地区，高管财务经历对企业成本粘性的负向影响越显著；相比在高内部控制质量的企业，在低内部控制质量的企业中高管财务经历对成本粘性的负向影响更显著。

基于"理论研究—实务经历—行为规范"的逻辑线条，本章在第 5 章高管学术经历研究的基础上进一步选取了高管财务经历这一视角，证明实务经历对高管决策的影响。当前，随着企业经营环境的不断变化和复杂性的增加，高管财务经历对企业的影响越来越受到重视。本章的研究结论支持了高管财务经历对企业成本管理的正面影响。本书根据研究结论提出了以下三点政策启示：①完善高管聘任和培训机制。公司在选拔和任命高管时，应当重视高管的异质性特征，充分考虑高管的财务工作经历，本书的研究结论表明，拥有财务经历的高管人员在进行成本决策时会更加谨慎，会更关注企业的资源使用效率。因此，公司在招聘管理者时不仅要注重提升具有财务经历的高管比例，同时也要不断地培育和更新高管人员的财务知识，使他们具备较高水平的财务判断能力。②给予财务型高管一定的管理自主权。本书进一步研究得出，随着市场化进程的加快，高管会拥有更多的行为自由度，此时高管财务职业经历的烙印特征能够更好地发挥作用，财务型高管能够充分发挥自身的专业优势，从而提升公司治理水平。③对于企业而言，要着力提升企业内部控制质量。本书的研究结果显示，高管财务经历与企业内部控制质量具有替代作用，完善企业内部控制程序能够规范管理层决策行为，减少管理层代理问题所导致的成本粘性问题。

高管的从军经历与
企业成本粘性

　　高管从军经历指的是企业高管曾经在军队中任职或有过相关经历。这一经历在近年来被越来越多的企业所重视。其制度背景主要体现在两个方面：首先，高管从军经历与国家的培养计划有关。在我国，军队一直是国家培养优秀人才的重要途径之一。通过在军队中的训练和实践，可以培养出一批思想坚定、勇于担当、忠诚守信的人才，而这些特质也是企业所需要的。因此，政府一直鼓励和支持将优秀人才从军队引导到企业中。其次，高管从军经历也与企业文化有关。在一些企业中，军队文化被视为重要的价值观念之一，即"团队合作、忠诚担当、迎难而上、不服输"，而这些特质也是高管所要具备的。因此，企业选择有军队经历的高管，也是为了借鉴这些价值观念，并将其融入企业文化。综合来看，高管从军经历是在国家政策和企业文化的影响下逐渐受到重视的。企业通过选择有军队经历的高管，希望其能够在领导团队建设、团队协作、忠诚担当等方面发挥积极的作用。

当前，在高管多元化的经历中，从军经历对个体性格、价值观和信念的塑造以及行事风格的影响也受到了越来越多的关注。在我国改革开放40 多年的历程中，涌现了许多优秀的具有从军经历的企业家，过往的军旅生涯为他们塑造了鲜明的价值观和管理风格，对其日后管理企业和制定战略决策等具有深远的影响。目前，国内外学术界针对高管从军经历对企业经营决策影响的研究结论尚不统一。根据烙印理论，高管特殊时期的人生经历会持续影响其对未来的认知结构与价值观，进而影响其在公司的行为决策（Marquis & Tilcsik，2013）。梳理相关文献发现，高管的从军经历对企业的影响主要集中在财务决策的选择上，而对企业成本管理过程中风险偏好以及管理风格的影响的相关研究较有限。为此，本章考察了高管从军经历在企业成本控制决策过程中的影响，具体包括五个部分：第一部分为理论分析与研究假设；第二部分为研究设计，包含了样本选取与数据来源、变量的定义、模型设定；第三部分为实证结果与分析，包含了样本分布及描述性统计、相关性分析、多元回归结果分析、内生性和稳健性检验以及影响机制分析；第四部分是进一步研究，将进一步区分成本要素和结合企业内外部环境，即外部市场化环境和企业内部控制质量对高管从军经历与企业成本粘性的关系进行研究；第五部分是本章小结。

7.1 理论分析与研究假设

从成本管理的角度来看，高管从军经历对企业可能存在积极和消极的影响。

积极作用：第一，具有从军经历的高管具有坚韧的意志力和决策能力。从军经历能够训练高管在压力下保持冷静、果断做出决策的能力，提升其抗压能力，进而在成本控制和管理中表现出更为坚定果断的态度。第二，具有从军经历的高管具有强大的团队协作能力。在军队中，高管会学习到如何与不同背景、文化和价值观的人合作，以达到共同的目标。这种团队协作的能力能够为企业带来更强的凝聚力和团队合作精神，提升成本管理的效率和质量。第三，具有从军经历的高管具有精细化的成本控制思维。从军经历能够训练高管在极度限制资源的环境下，具有更为精细化的成本控制思维，这种思维能力能够帮助企业在各个环节更加精准地控制成本，进而提高企业的盈利能力。消极作用：第一，部分具有从军经历的高管可能采取顽固的决策行为。从军经历可能会让部分高管形成固定思维，过分强调执行力和决断力，从而在企业成本管理中出现偏执和顽固的决策。第二，部分具有从军经历的高管更倾向于垂直管理。从军经历中，部分高管习惯于一种集权式的管理模式，这种管理模式可能会阻碍企业内部的信息流通，导致不同部门之间协调不畅，进而影响成本管理的效率。第三，部分具有从军经历的高管形成了粗犷的管理风格。军队中强调的是严格的纪律和权威，这种管理风格可能会对企业中员工的积极性和创造性产生一定的负面影响，从而限制企业成本管理的创新和灵活性。综合来看，高管从军经历对企业成本管理有潜在的积极和消极影响。

聚焦到成本管理中成本性态这一问题研究，高管从军经历具体会产生何种影响，本章将对此进行研究。传统成本理论认为，固定成本在一定时期和一定业务区间不受业务量增减变动影响，具有一定的稳定性，而变动成本则随着业务量的增减变动等比例、同方向变动（Noreen，1991）。然而，现实中，成本的变化并没有随着业务量的变化呈严格的对称性变动，Cooper 和 Kaplan（1999）、Kaplan（1997）指出成本在业务量上升时增加的幅度要大于业务量下降时成本下降的幅度，整体上呈现"易增难减"的状态，随后 Anderson 等（2003）通过大量的实务数据也证明了企业确实存在成本与收入变化不对称的异常现象，他们将此现象称为成本粘性。孙峥和刘浩（2004）、孔玉生等（2007）验证了我国企业同样存在成本粘性现象。Anderson 等（2003）、Banker 等（2011）将成本粘性存在性的成因归纳为调整成本、管理层乐观预期和代理问题三个方面。而成本粘性实质上是管理层经营决策的结果，一定程度上管理者是企业成本粘性出现与否的主要内因。基于高层梯队理论，高管作为一家公司核心的人力资源之一，其在制定公司战略等重要决策上扮演着极其重要的角色，高管的异质性会致使其做出不同的经营决策（Hambrick & Mason，1984）。本书认为高管作为企业各项决策制定与执行主体，其过往人生经历会影响其性格特质和行事风格，而从军经历作为高管的多元化经历之一，在个体性格、价值观的塑造方面受到越来越多的关注，那么高管从军经历会对企业成本粘性行为产生何种影响？本章将从心理学和组织文化两个视角进行具体分析。

7.1.1　高管从军经历与企业成本粘性：管理层乐观预期

从心理学视角来看，早期的军旅生涯会在高管身上形成了不可磨灭的英雄主义烙印和风险偏好烙印。其中，英雄主义烙印和风险偏好烙印会塑造高管过度自信和偏好风险的性格特征，进而影响管理者在企业中的管理风格与行为模式，在成本管理与控制中会增强企业成本粘性。①英雄主义烙印，具体表现为管理者过度自信的性格特征。严格且残酷的作战经历和军队训练提升了军人强大的心理承受力，训练了军人敏锐果敢的危机处理能力，经历过军队技能训练与习得的军人在退役后往往会更加自信，他们相信自己一定能够解决高压力和高风险的问题（Elder，1986；Elder & Clipp，1989；Elder et al.，1991）。Malmendier 等（2011）也发现具有从军经历的高管与过度自信的高管具有很强的相似性，因此其从过度自信的视角出发研究了高管从军经历对企业财务决策的影响，得出具有从军经历的高管所掌握的公司其融资模式会更为激进。②风险偏好烙印，具体体现为管理者具有攻击性和冒险性的性格特征。Wansink 等（2008）的研究证明具有第二次世界大战从军经历的高管具有更强的风险偏好，早期的军旅经历塑造和强化了军人勇往直前、大无畏和容忍风险的性格特征，使得部分军人在退伍后倾向于高估自身应对风险的能力，在公司财务决策过程中风险规避倾向较低，战略规划更为激进。赖黎等（2017）发现，部分具有从军经历的高管身上的攻击性和冒险性特征使他们主观上低估投资风险、高估投资收益，其所在企业的并购决策会更加激进，并购支出更多。综合来看，部分高管的从军经历会使其具有过度自信和出现风险偏好特征，而这些性格特征会调高管理层乐观预期。一方面，过度自信会直接导致管理层乐观预期，即使当期业务量下降，过度自信的管理层也会坚信未来销售情况会有所好转，他们不会立即削减资源，从而加剧企业成本粘性（梁上坤，2015）；另一方面，偏好风险的管理层在面临现金流不确定性时往往预期会更加乐观，他们会高估企业现金流，低估企业陷入财务困境的经营风险，导致企业成本费用支出大幅度增加，从而加剧企业成本粘性（张传奇等，2019；刘嫦等，2020）。总体来看，在面临外部经济冲击、业务量下滑时，部分具有从军经历的高管身上的过度自信和风险偏好特征会降低其对业务量下降和企业风险的敏感性，他们会对自身能力及所面临的环境更加自信乐观，面对高风险的项目，具有从军经历的高管也会具有较高的预期和把握，进而会做出对未来市场迅速回暖的乐观判断。因此，持乐观态度的具有从军经历的高管在面临业务量下滑时往往会倾向于维持，甚至追增现有的业务规模以待市场形势好转时迅速满足市场需求，以此占领市场和击败竞争对手，为企业带来巨大收益，这就会造成企业较高的成本粘性。

7.1.2　高管从军经历与企业成本粘性：代理冲突

从组织文化视角来看，军队是有效率的组织（张建华，2015）。自古以来，军队特有的文化和价值观熏陶会对军人高管的思想意识形态产生深远影响，军队文化所承载的责任、诚信、自律、遵守规则、奉献等精神文化也将会对高管行为产生显著的正面影响，经历过军队历练的高管普遍具有更强的自我约束力和大局观，这种价值观会改善公司治理模式，降低代理成本。一是军队文化塑造了军人诚信自律的品格。Bamber 等（2010）在考察具有从军经历的高管所在企业的信息披露质量时得出，有从军经历的高管会更加偏好精准和高质量的信息披露，这有利于缓解公司和投资者之间的信息不对称，加强对管理者代理行为的监督，降低代理人不道德行为发生的概率。二是军队文化强调恪守规则的重要性，这塑造了军人遵守规则、服从命令、维护权威的强烈意识。军队有着严明的纪律要求和明确的组织建制，这强化了个体对组织制度的遵从性和服从性。Law 和 Mills（2017）通过实证研究发现，具有从军经历的总经理所在的企业涉及避税、诉讼、财务重述、盈余管理等行为的概率较低。这些证据表明，恪守规则的具有从军经历的高管在做决策时会更加尊重公司规章制度要求，吸纳董事会意见，及时了解利益相关者诉求，降低企业出现经营风险的可能性。三是军队培养了军人的一种重要品质，即不怕牺牲、奉献高于自利的精神。从军经历会使高管将公司的利益和目标放在首位，而把个人利益放在次要位置，过往的服役经历会修正和优化具有从军经历的高管的利益偏好，促使具有从军经历的高管从股东和公司利益最大化而不是个人私利最大化出发进行决策和行动（权小锋等，2019）。成本粘性的代理观认为，管理层与股东、公司之间的利益目标函数存在偏差，在信息不对称的情况下，管理层存在私利动机，其自利行为的选择会造成企业资源配置不当，从而引发成本粘性（Chen et al.，2012）。以上分析表明，军队强调的诚信自律、恪守规则、奉献精神等文化和价值观将会对具有从军经历的高管的代理行为产生持续的正面影响，可以有效降低代理成本，进而抑制企业成本粘性。

综上分析，从心理学视角来看，具有从军经历的高管的英雄主义烙印和风险偏好烙印特征会提高管理层乐观预期，进而增强企业成本粘性；从组织文化视角来看，具有从军经历的高管诚信自律、恪守规则、奉献高于自利的品质与精神会降低代理成本，进而抑制企业成本粘性。基于此，本书提出以下竞争性假设：

H7：相比无从军经历的高管所在的企业，具有从军经历的高管所在的企业成本粘性程度更高。

H8：相比无从军经历的高管所在的企业，具有从军经历的高管所在的企业成本粘性程度更低。

图 7.1 总结了高管从军经历与企业成本粘性逻辑框架。

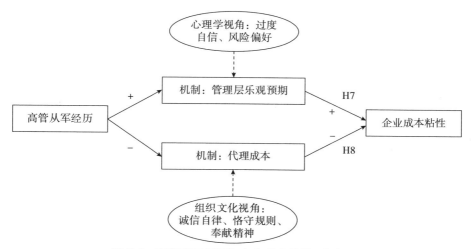

图 7.1　高管从军经历与企业成本粘性逻辑框架

7.2　研究设计

7.2.1　样本选取与数据来源

本书选取 2008~2019 年沪深 A 股制造类行业上市公司为初始研究样本 [①]，研究样本之所以选择制造类行业，是因为对于成本管理研究话题，制造业更为合适。由于被解释变量成本变化率、解释变量收入变化率以及控制变量企业是否连续两年收入下降均需要前一年或前两年的收入成本数据，因此在搜集企业收入和成本数据时实际采用的样本区间为 2006~2019 年，其他变量仍然是按照 2008~2019 年进行选取，本书在整理样本的过程中剔除 ST 和 *ST 的公司以及相关数据缺失的样本公司。本书关于高管从军经历的数据主要来自 CSMAR 数据库中的上市公司人物特征数据库，通过对高管个人简历信息进行手工筛选、收集，其中部分数据不全面，我们通过使用新浪财经、百度百科等网站搜索进行补充。本书中其他财务数据、产权性质数据等均来自 CSMAR 数据库和 WIND 数据库。最终我们获取了 15013 个有效样本观测值，且为控制极端值的影响，本书对主要变量进行了 1% 和 99% 分位上的缩尾处理。本书主要采用了 Excel 和 Stata 统计软件对数据进行处理与统计分析。

---

① CSMAR 数据库中学术经历数据统计的起始年份为 2008 年，因此本书在研究高管从军经历时也统一以 2008 年为起始研究年份。

7.2.2 变量的定义

7.2.2.1 被解释变量

依据成本粘性的定义，成本粘性意味着公司相对于销售收入上升时，销售收入下降时成本的边际减少量更少，通常采用营业成本变化率与营业收入变化率之间的变动关系来衡量，即营业成本是否随着营业收入的变动等额变动（Anderson et al.，2003）。为此本书借鉴 Anderson 等（2003）的衡量方法，确定本书的被解释变量为成本变化率的自然对数 $[\ln(COST_{i,t}/COST_{i,t-1})]$，其中，$COST_{i,t}$ 为本期营业成本，$COST_{i,t-1}$ 为上期营业成本。

7.2.2.2 解释变量

（1）收入水平变化率。成本粘性是用收入和成本的变动关系来进行解释的，因此本书采用收入水平变化率的自然对数，即 $\ln(REV_{i,t}/REV_{i,t-1})$ 作为解释变量，其中 $REV_{i,t}$ 为本期主营业务收入，$REV_{i,t-1}$ 为上期主营业务收入。

（2）收入下降虚拟变量。$D_{i,t}$ 为哑变量，当第 t 年的主营业务收入较第 t-1 期时下降，取值为 1，否则为 0。

（3）高管从军经历。本书对高管身份的定位借鉴 Hambrick 和 Mason（1984）的高层梯队理论，将董事长和总经理定义为高管。在我国的企业中，董事长和总经理在企业的经营决策中发挥着至关重要的作用。高管从军经历（$ARMY_{i,t}$）是虚拟变量，当董事长或总经理具有从军经历时取 1，否则为 0。其中高管从军经历的选取较为广泛，借鉴邵剑兵和吴珊（2018）、王元芳和徐业坤（2019）的度量方法，通过对董事长和总经理的个人简历筛选关键词确认其是否具有从军经历，筛选的关键词主要包括"解放军""参军""入伍""退役""退伍""退役""转业""部队""战士""士兵""海军""空军""陆军""军衔""参谋""班长""排长""连长""营长"等，并且还包括了其是否曾是武警、其是否是具有军籍的医生和老师以及其是否具有军校的学习经历，虽然这些人不是传统意义上的军人，但是他们长期也接受着军队的生活和训练模式，通过仔细阅读与整理这些关键词所在的简历信息，剔除不符合要求的搜寻结果，对于个人简历缺失的或者简历描述不清的样本通过百度、新浪财经等网站进行补充。

7.2.2.3　控制变量

本书参考 Anderson 等（2003）的研究，选取四大经济因素变量作为控制变量，具体包括：是否连续两年收入下降虚拟变量（$D\_twoyear_{i,t}$）、经济增长率（$Gdpgrowth_{i,t}$）、人力资本密集度（$Eintensity_{i,t}$）、固定资本密集度（$Aintensity_{i,t}$）。此外还控制了公司规模（$Size_{i,t}$）、资产负债率（$Lev_{i,t}$）、资产收益率（$ROA_{i,t}$）、所有权性质（$SOE_{i,t}$）四个公司特征控制变量以及董事长与总经理两职合一（$Dual_{i,t}$）、独立董事占比（$Ind_{i,t}$）、董事会规模（$Bsize_{i,t}$）三个公司治理特征控制变量。具体变量的定义和说明如表 7.1 所示。

表 7.1　变量定义

变量	名称	符号	定义
被解释变量	营业成本变动	$\ln(COST_{i,t}/COST_{i,t-1})$	当年营业成本与上年营业成本的比值再取自然对数
解释变量	营业收入变动	$\ln(REV_{i,t}/REV_{i,t-1})$	当年主营业务收入与上年主营业务收入的比值再取自然对数
	收入下降	$D_{i,t}$	哑变量，当本年的主营业务收入较上年下降时取值为 1，否则为 0
	高管从军经历	$ARMY_{i,t}$	当公司的董事长或者总经理具有从军经历时取值为 1，否则为 0
经济因素控制变量	连续两年收入下降	$D\_twoyear_{i,t}$	虚拟变量，若公司营业收入连续两年下降，则取值为 1，否则为 0
	经济增长率	$Gdpgrowth_{i,t}$	当年全国 GDP 增长率乘以 100
	人力资本密集度	$Eintensity_{i,t}$	当年员工总人数与营业收入（百万元）的比值
	固定资本密集度	$Aintensity_{i,t}$	当年资产总额与营业收入之比

续表

变量	名称	符号	定义
其他控制变量	公司规模	$Size_{i,t}$	公司期末总资产取自然对数
	资产负债率	$Lev_{i,t}$	公司期末负债总额除以期末总资产
	资产收益率	$ROA_{i,t}$	公司净利润除以总资产
	所有权性质	$SOE_{i,t}$	虚拟变量，国有企业为 1，否则为 0
	董事长与总经理两职合一	$Dual_{i,t}$	虚拟变量，董事长与总经理两职合一为 1，否则为 0
	独立董事占比	$Ind_{i,t}$	公司当年独立董事人数占董事会人数的比值
	董事会规模	$Bsize_{i,t}$	公司当年董事会总人数取自然对数

7.2.3 模型设定

为了有效验证 H7 和 H8，即高管从军经历与企业成本粘性的关系，本书借鉴 Anderson 等（2003）的研究，构建模型（7-1），并进行 OLS 回归检验。回归过程中本书对行业和年份进行了控制，其中本书根据中国证监会行业分类（2012 年）标准保留了制造业前两位代码。

$$\ln(COST_{i,t}/COST_{i,t-1}) = \alpha_0 + \alpha_1 \ln(REV_{i,t}/REV_{i,t-1}) + \alpha_2 D_{i,t} \times \ln(REV_{i,t}/REV_{i,t-1}) +$$
$$\alpha_3 ARMY_{i,t} \times D_{i,t} \times \ln(REV_{i,t}/REV_{i,t-1}) +$$
$$\sum_{m=4}^{7} \alpha_m Econ\_Var_{m,i,t} \times D_{i,t} \times \ln(REV_{i,t}/REV_{i,t-1}) +$$
$$\sum_{n=8}^{14} \alpha_n Con\_Var_{n,i,t} \times D_{i,t} \times \ln(REV_{i,t}/REV_{i,t-1}) +$$
$$\sum Year + \sum Ind + \varepsilon_{i,t} \qquad (7-1)$$

模型（7-1）中 $Econ\_Var_{m,i,t}$ 是本书的四大经济因素控制变量，$Con\_Var_{n,i,t}$ 是本书的其他控制变量。根据成本粘性的定义，当企业收入上升时，成本的变化量是 $\alpha_0 + \alpha_1$，当企业收入下降时，成本的变化量是 $\alpha_0 + \alpha_1 + \alpha_2$。在模型（7-1）中，若系数 α_2 显著为负，即 $\alpha_0 + \alpha_1 + \alpha_2$ 小

于 $\alpha_0+\alpha_1$，表明企业的成本在业务量下降时的减少幅度小于业务量上升时成本的增加幅度，则表明企业存在成本粘性。加入高管从军经历（$ARMY_{i,t}$）变量后，我们重点关注系数 α_3，系数 α_3 表明了高管从军经历对企业成本粘性的影响，如果 α_3 显著小于零，则证明高管从军经历对企业成本粘性具有增强作用，由此证明了本书的 H7，如果 α_3 显著大于零，则表明高管从军经历对企业成本粘性具有抑制作用，由此证明了本书的 H8。

此外，模型（7–1）中包含了所有控制变量与企业成本粘性（$D_{i,t} \times \ln REV_{i,t}$）的交乘项，这是因为，成本粘性并非通过单一的变量计算来衡量，而是通过观察成本变动与收入变动之间的关系进行解释，因此为了反映控制变量对成本变动率 $[\ln(COST_{i,t}/COST_{i,t-1})]$ 的影响，同样也要和解释变量高管从军经历（$ARMY_{i,t}$）一样分别与企业成本粘性（$D_{i,t} \times \ln REV_{i,t}$）进行交乘，以此来反映控制变量在模型中的影响。

7.3　实证结果与分析

7.3.1　样本分布及描述性统计

本书对高管从军经历的样本分布以及各主要变量进行了描述性统计，结果如表 7.2 所示。从表 7.2 的第一部分可以看出，2008~2019 年，高管中拥有从军经历的样本占比从 2008 年的 2.06% 增加到了 2019 年的 2.84%，总体上我国制造业企业高管拥有从军经历的样本较为稳定，其中 2017 年，高管拥有从军经历样本量的占比最高，为 3.06%，2008~2019 年整个样本区间，高管拥有从军经历的样本量为 392 个，约占总样本的 2.61%。

表 7.2　样本分布及描述性统计

第一部分：样本分布

年度	高管有从军经历	高管无从军经历	合计	有从军经历占比（％）
2008	14	665	679	2.06
2009	16	744	760	2.11
2010	17	751	768	2.21
2011	16	845	861	1.86
2012	29	1092	1121	2.59
2013	34	1264	1298	2.62
2014	33	1342	1375	2.40
2015	38	1350	1388	2.74
2016	38	1409	1447	2.63
2017	48	1520	1568	3.06
2018	52	1689	1741	2.99
2019	57	1950	2007	2.84
合计	392	14621	15013	2.61

第二部分：主要变量描述性统计

变量名称	观测值	均值	标准差	最小值	最大值	中位数
$\ln(COST_{i,t}/COST_{i,t-1})$	15013	0.119	0.284	−0.707	1.32	0.101
$\ln(REV_{i,t}/REV_{i,t-1})$	15013	0.120	0.282	−0.71	1.33	0.106
$D_{i,t}$	15013	0.277	0.447	0.000	1.000	0.000
$ARMY_{i,t}$	15013	0.026	0.159	0.000	1.000	0.000
$D\_twoyear_{i,t}$	15013	0.103	0.304	0.000	1.000	0.000
$Gdpgrowth_{i,t}$	15013	7.520	1.280	6.100	10.600	6.900
$Eintensity_{i,t}$	15013	1.520	1.100	0.130	6.310	1.270
$Aintensity_{i,t}$	15013	2.070	1.380	0.419	9.290	1.720
$Size_{i,t}$	15013	22.000	1.160	19.70	25.400	21.900
$Lev_{i,t}$	15013	0.420	0.200	0.057	0.952	0.411
$ROA_{i,t}$	15013	0.038	0.062	−0.235	0.211	0.035
$SOE_{i,t}$	15013	0.351	0.477	0.000	1.000	0.000
$Dual_{i,t}$	15013	0.264	0.441	0.000	1.000	0.000
$Ind_{i,t}$	15013	0.373	0.052	0.333	0.571	0.333
$Bsize_{i,t}$	15013	2.130	0.190	1.610	2.640	2.200

续表

第三部分：主要变量均值、中位数差异检验				
变量名称	均值与 中位数检验	$ARMY_{i,t}=1$ （1）	$ARMY_{i,t}=0$ （2）	差异 （1）—（2）
$\ln(COST_{i,t}/COST_{i,t-1})$	均值	0.119	0.143	−0.024*
	中位数	0.100	0.130	−0.030**
$\ln(REV_{i,t}/REV_{i,t-1})$	均值	0.120	0.143	−0.023*
	中位数	0.105	0.133	−0.028**

注：**、* 分别表示在 5%、10% 的水平上显著。

表 7.2 的第二部分是本书主要变量的描述性统计，结果显示样本企业营业成本变动 $[\ln(COST_{i,t}/COST_{i,t-1})]$ 的均值为 0.119，中位数为 0.101，营业收入变动 $[\ln(REV_{i,t}/REV_{i,t-1})]$ 的均值为 0.120，中位数为 0.106，营业成本变动率的均值和中位数分别接近于营业收入变动率的均值和中位数，这表明企业利润存在被成本费用大幅挤占的现象，从而导致企业业绩逐渐下滑，这可能是企业存在成本粘性的直观表现。高管从军经历（$ARMY_{i,t}$）的均值为 0.026，表明全样本约有 2.6% 的企业高管具有从军经历。总体来看，本书相关变量的描述性统计结果均处于正常值范围。

表 7.2 的第三部分是根据高管是否拥有从军经历进行的分样本比较，结果显示无论是平均值检验还是中位数检验，相比高管无从军经历的组中，在高管拥有从军经历的组中，营业成本变化率 $[\ln(COST_{i,t}/COST_{i,t-1})]$ 和营业收入变化率 $[\ln(REV_{i,t}/REV_{i,t-1})]$ 的值都更小，且组间差异均显著，这表明高管拥有从军经历的样本公司的成本和收入变动相对缺乏弹性，企业成本弹性越低，其成本粘性出现的可能性就越高，这初步验证了本书的 H7。

7.3.2 相关性分析

表 7.3 为变量间的相关性系数。通过表 7.3 可知，营业收入变动

$[\ln(REV_{i,t}/REV_{i,t-1})]$ 和营业成本变动 $[\ln(COST_{i,t}/COST_{i,t-1})]$ 的相关性系数高达 0.947，这也说明营业收入与营业成本之间是一种共生互长的关系，这也符合企业营业收入与营业成本变动的实际情况。并且，连续两年收入下降虚拟变量（$D\_twoyear_{i,t}$）、经济增长（$Gdpgrowth_{i,t}$）、人力资本密集度（$Eintensity_{i,t}$），固定资本密集度（$Aintensity_{i,t}$）与营业成本变动 $[\ln(COST_{i,t}/COST_{i,t-1})]$ 之间均显著相关，这表明企业营业成本的变化调整会受到四大经济因素变量的影响，而高管从军经历（$ARMY_{i,t}$）与营业成本变动 $[\ln(COST_{i,t}/COST_{i,t-1})]$ 之间的相关性不显著，可能是因为未加入经济因素和公司特征等控制变量，需要在多元回归中进行检验分析。此外，董事会规模（$Bsize_{i,t}$）与独立董事占比（$Ind_{i,t}$）之间的相关性系数为 -0.523，显著为负，这符合实际情况，因为独立董事占比是用独立董事人数占董事会总人数计算得出，二者之间具有关联性，除此之外，表 7.3 中的其余变量之间的相关性系数均小于 0.5，且本书的 VIF 检验结果也均小于临界值 10，这意味着各变量之间不存在严重的多重共线性问题，适合进一步做多元回归分析。

7.3.3　多元回归结果分析

表 7.4 列示了高管从军经历对企业成本粘性的影响结果。其中，第（1）列仅包含营业收入变动 $[\ln(REV_{i,t}/REV_{i,t-1})]$ 和企业成本粘性 $[D_{i,t} \times \ln(REV_{i,t}/REV_{i,t-1})]$ 两项，用以检验样本企业是否存在成本粘性。结果显示企业成本粘性 $[D_{i,t} \times \ln(REV_{i,t}/REV_{i,t-1})]$ 的系数为 -0.040，在 1% 的水平上显著为负，由此证明样本企业普遍存在着成本粘性现象。第（2）列是加入高管从军经历（$ARMY_{i,t}$）与企业成本粘性 $[D_{i,t} \times \ln(REV_{i,t}/REV_{i,t-1})]$ 的交乘项以及其他控制变量与企业成本粘性的交乘项，最终结果显示高管从军经历与企业成本粘性的交乘项 $[ARMY_{i,t} \times D_{i,t} \times \ln(REV_{i,t}/REV_{i,t-1})]$ 的系数为 -0.120，在 1% 的水平上显著为负，该结果证明了 H7，即相比无从

表 7.3　变量间的相关性系数

	$C\_Ratio_{i,t}$	$R\_Ratio_{i,t}$	$ARMY_{i,t}$	$D\_twoyear_{i,t}$	$Gdpgrowth_{i,t}$	$Eintensity_{i,t}$	$Aintensity_{i,t}$	$Size_{i,t}$	$Lev_{i,t}$	$ROA_{i,t}$	$SOE_{i,t}$	$Dual_{i,t}$	$Ind_{i,t}$	$Bsize_{i,t}$
$C\_Ratio_{i,t}$	1													
$R\_Ratio_{i,t}$	0.947***	1												
$ARMY_{i,t}$	0.013	0.013	1											
$D\_twoyear_{i,t}$	−0.376***	−0.390***	0.005	1										
$Gdpgrowth_{i,t}$	0.048***	0.047***	−0.018**	−0.028***	1									
$Eintensity_{i,t}$	−0.139***	−0.151***	−0.002	0.124***	0.190***	1								
$Aintensity_{i,t}$	−0.138***	−0.153***	0.013	0.193***	−0.117***	0.364***	1							
$Size_{i,t}$	0.077***	0.081***	−0.066***	−0.053***	−0.165***	−0.393***	−0.108***	1						
$Lev_{i,t}$	0.009	0.005	−0.003	0.021**	0.181***	−0.104***	−0.147***	0.388***	1					
$ROA_{i,t}$	0.230***	0.297***	−0.012	−0.234***	−0.002	−0.167***	−0.211***	0.063***	−0.365***	1				
$SOE_{i,t}$	−0.068***	−0.066***	−0.038**	0.049***	0.238***	−0.056***	−0.136***	0.257***	0.294***	−0.111***	1			
$Dual_{i,t}$	0.033***	0.031***	−0.009	−0.024***	−0.106***	0.049***	0.079***	−0.130***	−0.115***	0.029***	−0.270***	1		
$Ind_{i,t}$	0.009	0.004	−0.007	0.012	−0.081***	−0.021**	0.053***	0.001	−0.023**	−0.016*	−0.055***	0.115***	1	
$Bsize_{i,t}$	−0.004	−0.000	−0.039***	−0.021**	0.161***	−0.052***	−0.115***	0.237***	0.153***	0.025***	0.254***	−0.181***	−0.523***	1

注：$C\_Ratio_{i,t}$ 和 $R\_Ratio_{i,t}$ 分别是 $\ln(COST_{i,t}/COST_{i,t-1})$ 和 $\ln(REV_{i,t}/REV_{i,t-1})$；***、**、* 分别表示在 1%、5%、10% 的水平上显著。

军经历的高管所在的企业，具有从军经历的高管所在的企业成本粘性程度更高。除此之外，四大经济因素控制变量中连续两年收入下降与企业成本粘性的交乘项［$D\_twoyear_{i,t} \times D_{i,t} \times \ln(REV_{i,t}/REV_{i,t-1})$］的系数为 0.051，在 1% 的水平上显著，这表明营业收入连续两年下降会减轻企业成本粘性；人力资本密集度与企业成本粘性的交乘项［$Eintensity_{i,t} \times D_{i,t} \times \ln(REV_{i,t}/REV_{i,t-1})$］的系数为 −0.009，在 5% 的水平上显著，说明劳动力密集度高的企业其成本粘性较高，这两个经济因素控制变量的结果均符合已有文献的研究结论（Anderson et al.，2003；孙铮和刘浩，2004；梁上坤，2015）。

表 7.4　高管从军经历与企业成本粘性

变量	被解释变量：$\ln(COST_{i,t}/COST_{i,t-1})$	
	（1）	（2）
$\ln(REV_{i,t}/REV_{i,t-1})$	0.963***	0.962***
	（270.74）	（270.67）
$D_{i,t} \times \ln(REV_{i,t}/REV_{i,t-1})$	−0.040***	0.562***
	（−4.71）	（3.35）
$ARMY_{i,t} \times D_{i,t} \times \ln(REV_{i,t}/REV_{i,t-1})$		−0.120***
		（−2.60）
交乘项［变量 $\times D_{i,t} \times \ln(REV_{i,t}/REV_{i,t-1})$］		
$D\_twoyear_{i,t}$		0.051***
		（4.26）
$Gdpgrowth_{i,t}$		0.002
		（0.26）
$Eintensity_{i,t}$		−0.009**
		（−2.00）
$Aintensity_{i,t}$		−0.004
		（−1.36）
$Size_{i,t}$		−0.024***
		（−4.09）
$Lev_{i,t}$		0.111***
		（4.22）

变量	被解释变量：ln(COST$_{i,t}$/COST$_{i,t-1}$)	
	（1）	（2）
ROA$_{i,t}$		0.643***
		（10.23）
SOE$_{i,t}$		0.013
		（0.98）
Dual$_{i,t}$		0.005
		（0.36）
Ind$_{i,t}$		−0.003
		（−0.02）
Bsize$_{i,t}$		−0.054
		（−1.40）
Constant	0.003	0.004
	（0.80）	（0.96）
行业	控制	控制
年度	控制	控制
Observations	15013	15013
Adj-R^2	0.897	0.898

注：括号内的数值为 t 值，***、**、* 分别表示在 1%、5%、10% 的水平上显著。

7.3.4　内生性和稳健性检验

前文已经验证了高管从军经历会提升企业成本粘性。然而，高管从军经历与企业成本粘性之间可能会存在内生性问题。为此本书基于高管变更的视角，采用倾向评分匹配法、工具变量法、固定效应模型、重新定义高管与变更成本粘性衡量方法以及加入高管个体背景特征控制变量等方法来进一步分析。

7.3.4.1 基于高管变更视角的分析

本书以高管从军经历变更为研究场景，由于高管从军经历变更属于多期变更事件，在此构建如下双重差分模型（模型7-2）来考察高管从军经历对企业成本粘性的影响：

$$\ln(COST_{i,t}/COST_{i,t-1})=\alpha_0+\alpha_1\ln(REV_{i,t}/REV_{i,t-1})+\alpha_2 D_{i,t}\times\ln(REV_{i,t}/REV_{i,t-1})+$$
$$\alpha_3 ARMY\_Change_{i,t}\times D_{i,t}\times\ln(REV_{i,t}/REV_{i,t-1})+$$
$$\sum_{m=4}^{7}\alpha_m Econ\_Var_{m,i,t}\times D_{i,t}\times\ln(REV_{i,t}/REV_{i,t-1})+$$
$$\sum_{n=8}^{14}\alpha_n Con\_Var_{n,i,t}\times D_{i,t}\times\ln(REV_{i,t}/REV_{i,t-1})+$$
$$\sum Year+\sum Ind+\varepsilon_{i,t} \qquad (7-2)$$

首先模型（7-2）的研究样本是一直无从军经历的高管所在的公司和从无从军经历的高管变更为有从军经历的高管所在的公司，从无从军经历的高管变更为有从军经历的高管的当年及之后高管从军经历变更（$ARMY\_Change_{i,t}$）为1，变更前为0。模型（7-2）中的系数α_3是本书关注的重点，它衡量了有从军经历的高管接任企业相对无从军经历的高管接任企业对企业成本粘性的净影响。若系数α_3显著为负，则表明有从军经历的高管所在的企业成本粘性程度确实更高。

本书在研究过程中借鉴Jiang等（2013）的研究思路，以高管从军经历变更前后两年（-2，2）作为本书的研究窗口，并剔除窗口期内发生其他事件的样本。同时，对于上市公司高管从军经历频繁变更的样本，本书只考虑第一次高管从军经历变更的事件，最终研究结果如表7.5所示。表7.5的结果显示高管从军经历变更与企业成本粘性的交乘项〔$ARMY\_Change_{i,t}\times D_{i,t}\times\ln(REV_{i,t}/REV_{i,t-1})$〕的系数为0.058，为正但不显著，原因可能是高管从军经历变更后对企业的成本决策的影响需要一段时间才能显示出来，所以结果并不显著，此外我们只保留了高管从军经历仅发生一次变更的事件，导致实验组即高管具有从军经历的样本量大大减少，这也可能是结果不显著的潜在原因。

表 7.5　高管从军经历变更回归结果

变量	$\ln(COST_{i,t}/COST_{i,t-1})$
$\ln(REV_{i,t}/REV_{i,t-1})$	0.963***
	（266.07）
$D_{i,t} \times \ln(REV_{i,t}/REV_{i,t-1})$	0.549***
	（3.20）
$ARMY\_Change_{i,t} \times D_{i,t} \times \ln(REV_{i,t}/REV_{i,t-1})$	0.058
	（0.45）
交乘项 $[$ 变量 $\times D_{i,t} \times \ln(REV_{i,t}/REV_{i,t-1})]$	
$D\_twoyera_{i,t}$	0.051***
	（4.19）
$Gdpgrowth_{i,t}$	−0.001
	（−0.10）
$Eintensity_{i,t}$	−0.013***
	（−2.83）
$Aintensity_{i,t}$	−0.004
	（−1.43）
$Size_{i,t}$	−0.023***
	（−3.82）
$Lev_{i,t}$	0.089***
	（3.30）
$ROA_{i,t}$	0.684***
	（10.47）
$SOE_{i,t}$	0.011
	（0.82）
$Dual_{i,t}$	−0.002
	（−0.12）
$Ind_{i,t}$	−0.018
	（−0.14）

续表

变量	ln(COST_{i,t}/COST_{i,t-1})
Bsize_{i,t}	−0.039
	（−1.02）
Constant	0.008*
	（1.83）
行业	控制
年度	控制
Observations	13654
Adj-R^2	0.904

注：括号内的数值为 t 值，***、**、*分别表示在 1%、5%、10% 的水平上显著。

7.3.4.2 倾向评分匹配法

通过分析发现，高管从军经历加剧了企业的成本粘性，但是这种影响还需要我们控制样本的选择性问题，即需要考虑具有从军经历的高管在选择就业时倾向于选择那些风格激进的企业。为了解决这种选择性问题，本书采用倾向评分匹配法进行检验。根据公司特征等变量，采用 1：3 的配对原则，构建相应的配对样本，其匹配后的样本回归结果如表 7.6 所示，高管从军经历与企业成本粘性的交乘项［ARMY_{i,t} × D_{i,t} × ln(REV_{i,t}/REV_{i,t-1})］的系数为 −0.147，在 5% 的水平上显著为负，因此本书的研究结论依然是稳健的。

表 7.6　倾向评分匹配法回归结果

变量	ln(COST_{i,t}/COST_{i,t-1})
ln(REV_{i,t}/REV_{i,t-1})	0.942***
	（57.53）
D_{i,t} × ln(REV_{i,t}/REV_{i,t-1})	−0.192
	（−0.16）
ARMY_{i,t} × D_{i,t} × ln(REV_{i,t}/REV_{i,t-1})	−0.147**
	（−2.12）

续表

变量	$\ln(COST_{i,t}/COST_{i,t-1})$
交乘项〔变量 $\times D_{i,t} \times \ln(REV_{i,t}/REV_{i,t-1})$〕	
D_twoyear$_{i,t}$	−0.009
	（−0.14）
Gdpgrowth$_{i,t}$	−0.010
	（−0.36）
Eintensity$_{i,t}$	0.060**
	（2.26）
Aintensity$_{i,t}$	−0.036**
	（−2.43）
Size$_{i,t}$	−0.020
	（−0.55）
Lev$_{i,t}$	0.594***
	（4.47）
ROA$_{i,t}$	0.497
	（1.31）
SOE$_{i,t}$	0.121**
	（2.02）
Dual$_{i,t}$	−0.173**
	（−2.08）
Ind$_{i,t}$	0.651
	（0.70）
Bsize$_{i,t}$	0.055
	（0.22）
Constant	0.003
	（0.14）
行业	控制
年度	控制
Observations	1517
Adj-R^2	0.872

注：括号内的数值为 t 值，***、**、* 分别表示在 1%、5%、10% 的水平上显著。

7.3.4.3 工具变量法

依据王元芳和徐业坤（2019）的内生性检验方法，选择1977年恢复高考时，高管是否已满18周岁作为高管从军经历的工具变量。由此构建虚拟变量gk，即1977年高管已年满18周岁则赋值为1，否则为0，作为高管从军经历的工具变量，王元芳和徐业坤（2019）的研究中也证明了该工具变量具有一定的合理性。本书采用工具变量进行两个阶段回归后结果如表7.7显示，第一阶段回归结果显示，高管从军经历与工具变量gk的回归系数为0.094（t=1.71，p<0.1），从统计意义上看，该工具变量较为理想，第二阶段使用第一阶段求出的拟合值进行回归，结果显示在控制了内生性问题后，高管从军经历与企业成本粘性的交乘项［$ARMY_{i,t} \times D_{i,t} \times \ln(REV_{i,t}/REV_{i,t-1})$］的系数为 -0.127（t=-2.65，p<0.01），说明具有从军经历的高管所在的企业其成本粘性程度更高的研究结论依然成立。

表 7.7 工具变量法回归结果

变量	第一阶段	第二阶段
	$ARMY_{i,t}$	$\ln(COST_{i,t}/COST_{i,t-1})$
gk	0.094*	
	（1.71）	
$\ln(REV_{i,t}/REV_{i,t-1})$		0.962***
		（270.67）
$D_{i,t} \times \ln(REV_{i,t}/REV_{i,t-1})$		0.564***
		（3.35）
$ARMY_{i,t} \times D_{i,t} \times \ln(REV_{i,t}/REV_{i,t-1})$		−0.127***
		（−2.65）
交乘项［变量 $\times D_{i,t} \times \ln(REV_{i,t}/REV_{i,t-1})$］		
$D\_twoyear_{i,t}$		0.051***
		（4.26）
$Gdpgrowth_{i,t}$		0.002
		（0.28）

续表

变量	第一阶段	第二阶段
	$ARMY_{i,t}$	$\ln(COST_{i,t}/COST_{i,t-1})$
Eintensity$_{i,t}$		-0.009^{**}
		(-2.01)
Aintensity$_{i,t}$		-0.004
		(-1.36)
Size$_{i,t}$		-0.024^{***}
		(-4.11)
Lev$_{i,t}$		0.110^{***}
		(4.21)
ROA$_{i,t}$		0.641^{***}
		(10.21)
SOE$_{i,t}$		0.013
		(0.99)
Dual$_{i,t}$		0.005
		(0.38)
Ind$_{i,t}$		-0.003
		(-0.03)
Bsize$_{i,t}$		-0.054
		(-1.42)
Constant	-2.268^{***}	0.004
	(-15.02)	(0.96)
行业	控制	控制
年度	控制	控制
Observations	15012	15012
Pseudo R^2/Adj-R^2	0.017	0.898

注：括号内的数值为 t 值，***、**、* 分别表示在 1%、5%、10% 的水平上显著。

7.3.4.4　固定效应模型

为了避免原模型中变量遗漏带来的系数偏误问题，本书采用固定效应模型对高管从军经历与企业成本粘性的关系进行检验。固定效应模型回归的结果如表 7.8 所示，结果表明，在控制了时间和个体固定效应后，高管从军经历与企业成本粘性的交乘项 $[ARMY_{i,t} \times D_{i,t} \times \ln(REV_{i,t}/REV_{i,t-1})]$ 的系数为 -0.137，在 10% 的水平上显著为负，本书的研究结论依然成立。

表 7.8　固定效应模型回归结果

变量	$\ln(COST_{i,t}/COST_{i,t-1})$
$\ln(REV_{i,t}/REV_{i,t-1})$	0.960***
	（240.44）
$D_{i,t} \times \ln(REV_{i,t}/REV_{i,t-1})$	0.829***
	（4.27）
$ARMY_{i,t} \times D_{i,t} \times \ln(REV_{i,t}/REV_{i,t-1})$	-0.137^*
	（-1.81）
交乘项 $[变量 \times D_{i,t} \times \ln(REV_{i,t}/REV_{i,t-1})]$	
$D\_twoyear_{i,t}$	0.046***
	（3.53）
$Gdpgrowth_{i,t}$	-0.012^*
	（-1.90）
$Eintensity_{i,t}$	-0.016^{***}
	（-3.00）
$Aintensity_{i,t}$	-0.007^{**}
	（-2.24）
$Size_{i,t}$	-0.034^{***}
	（-4.78）
$Lev_{i,t}$	0.205***
	（6.62）
$ROA_{i,t}$	0.815***
	（11.88）
$SOE_{i,t}$	0.018
	（1.16）
$Dual_{i,t}$	0.027
	（1.58）

续表

变量	ln(COST$_{i,t}$/COST$_{i,t-1}$)
Ind$_{i,t}$	0.109
	（0.76）
Bsize$_{i,t}$	−0.069
	（−1.56）
Constant	0.018*
	（1.73）
行业	控制
年度	控制
公司	控制
Observations	15013
R^2_Within	0.899

注：括号内的数值为 t 值，***、**、* 分别表示在 1%、5%、10% 的水平上显著。

7.3.4.5　重新定义高管与变更成本粘性衡量方法

　　首先，我们重新定义了高管，将高管定义为董事长、总经理和财务总监，这是因为在公司经营管理过程中，财务总监能够为公司提供决策信息和决策相关的建议，在企业的经营决策中财务总监也具有不可忽视的作用。重新定义高管后的回归结果如表 7.9 的第（1）列所示，高管从军经历与企业成本粘性的交乘项 ［ARMY$_{i,t}$ × D$_{i,t}$ × ln(REV$_{i,t}$/REV$_{i,t-1}$)］ 的系数为 −0.106，在 5% 的水平上显著为负，表明重新定义高管后，本书的研究结论即高管从军经历对企业成本粘性具有显著的增强作用依然成立。其次，我们改变了成本粘性的度量方法。我们使用了更广义的成本，即营业成本与销售和管理费用之和的总成本变化率 ［ln(TC$_{i,t}$/TC$_{i,t-1}$)］ 来作为被解释变量的替代变量进行检验。最终回归结果如表 7.9 的第（2）列所示，高管从军经历与企业成本粘性的交乘项 ［ARMY$_{i,t}$ × D$_{i,t}$ × ln(REV$_{i,t}$/REV$_{i,t-1}$)］ 的系数为 −0.076，在 10% 的水平上显著为负，表明更换成本粘性衡量方法后，本书的研究结论依然成立。

表 7.9 重新定义高管与变更成本粘性衡量方法的稳健性检验

变量	（1） $\ln(COST_{i,t}/COST_{i,t-1})$	（2） $\ln(TC_{i,t}/TC_{i,t-1})$
$\ln(REV_{i,t}/REV_{i,t-1})$	0.962*** （270.66）	0.894*** （298.93）
$D_{i,t} \times \ln(REV_{i,t}/REV_{i,t-1})$	0.561*** （3.33）	0.435*** （3.07）
$ARMY_{i,t} \times D_{i,t} \times \ln(REV_{i,t}/REV_{i,t-1})$	−0.106** （−2.34）	−0.076* （−1.88）
交乘项［变量 $\times D_{i,t} \times \ln(REV_{i,t}/REV_{i,t-1})$］		
D_twoyear$_{i,t}$	0.051*** （4.25）	0.051*** （5.02）
Gdpgrowth$_{i,t}$	0.002 （0.27）	0.003 （0.60）
Eintensity$_{i,t}$	−0.009** （−2.02）	−0.020*** （−5.23）
Aintensity$_{i,t}$	−0.004 （−1.35）	−0.021*** （−8.96）
Size$_{i,t}$	−0.024*** （−4.08）	−0.016*** （−3.22）
Lev$_{i,t}$	0.110*** （4.21）	0.074*** （3.35）
ROA$_{i,t}$	0.642*** （10.21）	0.773*** （14.62）
SOE$_{i,t}$	0.013 （0.98）	0.037*** （3.32）
Dual$_{i,t}$	0.005 （0.35）	−0.019 （−1.54）
Ind$_{i,t}$	−0.004 （−0.03）	−0.008 （−0.07）

续表

变量	（1）	（2）
	$\ln(COST_{i,t}/COST_{i,t-1})$	$\ln(TC_{i,t}/TC_{i,t-1})$
$Bsize_{i,t}$	−0.054	−0.057*
	（−1.40）	（−1.77）
Constant	0.004	0.022***
	（0.96）	（6.35）
行业	控制	控制
年度	控制	控制
Observations	15013	15013
Adj-R^2	0.898	0.913

注: 括号内的数值为 t 值，***、**、* 分别表示在 1%、5%、10% 的水平上显著。

7.3.4.6　高管个体背景特征的控制

前文在分析高管从军经历对企业成本粘性的影响时，未考虑高管个人背景特征差异可能产生的影响。因此，我们控制了高管年龄（MAGE）、性别（MGEND）、是否有海外背景（MOVE）和财务背景（MFIN）的特征差异（姜付秀等，2009；周楷唐等，2017；文雯等，2019；姜付秀等，2019），这些特征差异可能会同时影响高管从军经历和企业成本粘性。最终回归结果如表 7.10 所示，在控制了高管的年龄、性别、是否有海外背景和财务背景的特征差异后，高管从军经历与企业成本粘性的交乘项 $[ARMY_{i,t} \times D_{i,t} \times \ln(REV_{i,t}/REV_{i,t-1})]$ 的系数为 −0.124，在 5% 的水平上显著为负，因此在考虑高管个人背景特征后本书的研究结论依然成立。

表 7.10　控制高管相关背景特征差异的稳健性检验

变量	$\ln(COST_{i,t}/COST_{i,t-1})$
$\ln(REV_{i,t}/REV_{i,t-1})$	0.962***
	（270.71）
$D_{i,t} \times \ln(REV_{i,t}/REV_{i,t-1})$	0.623***
	（3.66）

续表

变量	$\ln(COST_{i,t}/COST_{i,t-1})$
$ARMY_{i,t} \times D_{i,t} \times \ln(REV_{i,t}/REV_{i,t-1})$	-0.124^{**}
	(-2.57)
交乘项〔变量 $\times D_{i,t} \times \ln(REV_{i,t}/REV_{i,t-1})$〕	
$D\_twoyear_{i,t}$	0.050^{***}
	(4.18)
$Gdpgrowth_{i,t}$	-0.001
	(-0.14)
$Eintensity_{i,t}$	-0.009^{*}
	(-1.89)
$Aintensity_{i,t}$	-0.004
	(-1.49)
$Size_{i,t}$	-0.021^{***}
	(-3.51)
$Lev_{i,t}$	0.107^{***}
	(4.04)
$ROA_{i,t}$	0.646^{***}
	(10.24)
$SOE_{i,t}$	0.015
	(1.14)
$Dual_{i,t}$	0.008
	(0.57)
$Ind_{i,t}$	-0.037
	(-0.29)
$Bsize_{i,t}$	-0.059
	(-1.51)
$MAGE_{i,t}$	-0.030^{***}
	(-2.97)
$MGEND_{i,t}$	-0.016
	(-0.46)

变量	$\ln(COST_{i,t}/COST_{i,t-1})$
MOVE$_{i,t}$	0.014
	（0.71）
MFIN$_{i,t}$	0.011
	（0.68）
Constant	0.004
	（1.00）
行业	控制
年度	控制
Observations	15009
Adj-R^2	0.898

注：括号内的数值为 t 值，***、** 、* 分别表示在 1%、5%、10% 的水平上显著。

7.3.5 影响机制分析

本书的实证结果支持了 H7，从心理学视角来看，部分高管过往的军旅生涯在其身上打上了过度自信和风险偏好的烙印，而这些心理特征会进一步强化其对未来市场的乐观预期（梁上坤，2015；张传奇等，2019；刘嫦等，2020），显著表现之一就是在面对困难和压力时，部分具有从军经历的高管不仅对自身取得成功的预期更高，而且也具有强烈的自我能力证明的动机，而这最终使其在面临公司业务量下降时，并不会立即缩减业务规模，进而导致企业成本粘性上升，但仅通过单一的多元回归结果难以判断高管从军经历对企业成本粘性的具体作用路径。为此，本书借鉴 Chen 等（2012）的研究思路，采用分组研究的方法，若在管理层乐观预期较弱的样本中，高管从军经历对企业成本粘性的增强效应显著，则可以说明高管从军经历通过提升管理者乐观预期增强企业成本粘性的观点成立。

高管从军经历对企业成本粘性的影响是一个复杂的问题，其中高管的乐观预期程度是一个重要因素。在营业收入出现下降的情况下，持乐观态度的具有从军经历的高管可能会认为这只是暂时的，而不会立即采取缩减资源投入和业务规模的措施，这会进一步增强企业成本粘性。本书借鉴李粮和赵息（2013）、王睿和韦鹏（2016）的研究方法，构建管理层悲观预期虚拟变量（$D_{i,t}$），采用前期营业收入的变化趋势来表示管理层对未来业务量的预期倾向，当上期营业收入下降时，管理层会倾向于对当期业务量增长持悲观预期，此时 $D_{i,t}$ 赋值为 1，否则为 0。表 7.11 的回归结果显示，在管理层倾向于持悲观预期的组中，高管从军经历与企业成本粘性的交乘项［$ARMY_{i,t} \times D_{i,t} \times \ln(REV_{i,t}/REV_{i,t-1})$］的系数为 −0.221，在 1% 的水平上显著为负，表 7.11 的结果说明在面临前期销售收入下降的情形，具有从军经历的高管并没有持消极态度，乐观自信的具有从军经历的高管会通过对企业未来业务量增长持乐观预期进而增强企业成本粘性。具体来看，这可能是因为在军队中，乐观主义往往是必需的，军队需要保持士气高昂，即使在面对不利情况时也要保持积极的态度。并且，在军队中，领导者通常具备在复杂环境下做出决策的领导能力。而一位有领导力的高管通常会认为，即使面对困难，他也可以领导团队来解决这一问题。因此，即使面临营业收入下降的情况，拥有从军经历的高管也会乐观地认为他能够通过团队合作和领导力克服困难，而不会轻易地采取削减资源投入和缩减业务规模等措施，从而导致了企业成本粘性的增加。

表 7.11　提升管理层乐观预期的机制检验

变量	$\ln(COST_{i,t}/COST_{i,t-1})$	
	$D_{i,t}=1$	$D_{i,t}=0$
$\ln(REV_{i,t}/REV_{i,t-1})$	0.939***	0.975***
	（143.93）	（228.29）

续表

变量	ln(COST_{i,t}/COST_{i,t-1})	
	$D_{i,t}=1$	$D_{i,t}=0$
$D_{i,t} \times \ln(REV_{i,t}/REV_{i,t-1})$	0.454*	0.707***
	（1.78）	（2.98）
$ARMY_{i,t} \times D_{i,t} \times \ln(REV_{i,t}/REV_{i,t-1})$	−0.221***	−0.022
	（−2.96）	（−0.35）
交乘项 ［变量 $\times D_{i,t} \times \ln(REV_{i,t}/REV_{i,t-1})$］		
$Gdpgrowth_{i,t}$	0.005	−0.001
	（0.50）	（−0.15）
$Eintensity_{i,t}$	−0.005	−0.016**
	（−0.74）	（−2.33）
$Aintensity_{i,t}$	−0.011***	0.008*
	（−2.68）	（1.84）
$Size_{i,t}$	−0.017*	−0.034***
	（−1.78）	（−4.20）
$Lev_{i,t}$	0.094**	0.132***
	（2.56）	（3.23）
$ROA_{i,t}$	0.629***	0.649***
	（7.04）	（6.79）
$SOE_{i,t}$	0.014	0.010
	（0.70）	（0.52）
$Dual_{i,t}$	0.030	−0.019
	（1.31）	（−0.94）
$Ind_{i,t}$	−0.037	0.120
	（−0.20）	（0.63）
$Bsize_{i,t}$	−0.046	−0.055
	（−0.79）	（−1.00）

变量	ln(COST$_{i,t}$/COST$_{i,t-1}$)	
	D$_{i,t}$=1	D$_{i,t}$=0
Constant	0.009	−0.001
	（0.79）	（−0.19）
行业	控制	控制
年度	控制	控制
Observations	3866	11147
Adj-R^2	0.916	0.887

注：括号内的数值为 t 值，***、**、* 分别表示在 1%、5%、10% 的水平上显著。

7.4 进一步研究

7.4.1 区分成本要素分析

本书借鉴赵璨等（2020）的方法，将营业成本进一步细分为物质资源成本和人力资源成本，以进一步探索高管从军经历对企业成本粘性的加剧作用主要集中在哪一部分成本要素上。具体来看，首先用支付给职工以及为职工支付的现金减去高管薪酬得出普通员工人力资源成本（陆正飞等，2012），然后是营业成本扣除人力资源成本，最终得出物质资源成本；人力资源成本的计算借鉴刘媛媛和刘斌（2014）的度量方法，以用工数量的变化衡量人力资源成本变化。最终，区分成本要素后高管从军经历对成本粘性的影响结果如表 7.12 所示，相比于人力资源成本粘性，高管从军经历对物质资源成本粘性的正向影响更加明显，其高管从军经历与企业成本粘性的交乘项［ARMY$_{i,t}$ × D$_{i,t}$ × ln(REV$_{i,t}$/REV$_{i,t-1}$)］的系数为 −0.446，在 1% 的水平上显著为负，而用工数量的变化不受高管从军经历的显著影响。这可能是因为高管的从军经历给企业带来了一定的军事化管理思想和经验，从而在企业的资源配置、采购和管理等方面形成了一定的惯性。相比于人力资源成本，企业的物质资源成本相对固定，其对外部环境变化的响应也相对缓慢，因此在惯性思维的影响下，拥有从军经历的高管在面对市场需求变化或原材料价格波动等外部因素时，难以及时调整物质资源的储备和生产计划，从而导致企业物质资源成本粘性增强。

表 7.12　成本要素、高管从军经历与企业成本粘性

变量	物质资源成本变化	人力资源成本变化
$\ln(REV_{i,t}/REV_{i,t-1})$	1.077***	0.479***
	（162.39）	（31.27）
$D_{i,t} \times \ln(REV_{i,t}/REV_{i,t-1})$	0.975***	2.045***
	（3.09）	（2.80）
$ARMY_{i,t} \times D_{i,t} \times \ln(REV_{i,t}/REV_{i,t-1})$	−0.446***	−0.250
	（−4.61）	（−1.11）
交乘项［变量 $\times D_{i,t} \times \ln(REV_{i,t}/REV_{i,t-1})$］		
$D\_twoyear_{i,t}$	0.032	0.267***
	（1.41）	（5.19）
$Gdpgrowth_{i,t}$	−0.027**	0.014
	（−2.40）	（0.54）
$Eintensity_{i,t}$	0.037***	−0.124***
	（3.61）	（−5.57）
$Aintensity_{i,t}$	−0.004	0.003
	（−0.65）	（0.23）
$Size_{i,t}$	−0.035***	−0.069**
	（−2.93）	（−2.51）
$Lev_{i,t}$	0.026	0.382***
	（0.46）	（3.08）

续表

变量	物质资源成本变化	人力资源成本变化
ROA$_{i,t}$	1.063***	0.000
	（7.58）	（0.00）
SOE$_{i,t}$	0.018	0.006
	（0.74）	（0.11）
Dual$_{i,t}$	0.070**	0.011
	（2.49）	（0.17）
Ind$_{i,t}$	0.271	−0.848
	（1.18）	（−1.61）
Bsize$_{i,t}$	−0.096	−0.311*
	（−1.32）	（−1.84）
Constant	−0.007	0.067***
	（−0.92）	（3.96）
行业	控制	控制
年度	控制	控制
Observations	13877	13850
Adj-R^2	0.783	0.100

注：括号内的数值为 t 值，***、**、*分别表示在 1%、5%、10% 的水平上显著。

7.4.2　市场化进程、高管从军经历与企业成本粘性

Hambrick 和 Mason（1984）提出的高层梯队理论认为，高管背景特征对组织战略选择和组织绩效的影响也会受到组织内外部环境的影响。因而，考察环境和高管从军经历的交互作用更有助于我们深刻理解高管从军经历的经济后果。为此，我们进一步探讨了企业所属地区的外部市场环境对高管从军经历与企业成本粘性关系的影响。张三保和张志学（2012）认

为，区域制度环境会影响高管的管理自主权。连燕玲等（2015）认为，地区市场化水平越高，表明该地区企业的组织或交易方式越灵活，管理者在经营活动中拥有的自主权越高，且制度环境好的地区，企业管理者的经营自由度也越高，而市场化水平低的地区，政府过度干预、市场环境的不完善等都会约束管理者的管理自主权，使管理者难以有效实施战略变革。具有从军经历的高管的管理自主权越大，其成本决策的基调就越可能会依据自身的价值观、管理风格和认知结构而定；此外，市场化进程越快的地区，竞争越激烈（王小鲁和樊纲，2017），而在竞争压力下，具有从军经历的高管对自身成功持有较高的预期（权小锋等，2019），其较强的进取心和乐观积极的心态使他们在面临销售量下降时，并不会立即缩减业务规模，因此市场化水平可能会增强高管从军经历对企业成本粘性的影响。

区分市场化进程后，高管从军经历对企业成本粘性的影响结果如表 7.13 所示，结果显示，相比慢市场化进程，在快市场化进程中，高管从军经历显著提升了企业成本粘性，其高管从军经历与企业成本粘性的交乘项 $[\mathrm{ARMY}_{i,t} \times \mathrm{D}_{i,t} \times \ln(\mathrm{REV}_{i,t}/\mathrm{REV}_{i,t-1})]$ 的系数为 -0.352，在 1% 的水平上显著为负，这表明在成本管理过程中，良好的外部制度环境赋予了具有从军经历的高管更多的管理自主权，会促使具有从军经历的高管在进行成本决策时更可能会依据自身的价值观和管理风格来定，且较快的市场化进程也会进一步激发具有从军经历的高管自信乐观的特质，因此相比慢市场化进程的地区，在快市场化进程的地区具有从军经历的高管所在的企业其成本粘性程度更高。

表 7.13　市场化进程、高管从军经历与企业成本粘性

变量	$\ln(\mathrm{COST}_{i,t}/\mathrm{COST}_{i,t-1})$	
	快市场化进程	慢市场化进程
$\ln(\mathrm{REV}_{i,t}/\mathrm{REV}_{i,t-1})$	0.966***	0.959***
	（202.88）	（182.15）

续表

变量	ln(COST$_{i,t}$/COST$_{i,t-1}$)	
	快市场化进程	慢市场化进程
$D_{i,t} \times \ln(REV_{i,t}/REV_{i,t-1})$	−0.048	0.984***
	（−0.20）	（4.04）
$ARMY_{i,t} \times D_{i,t} \times \ln(REV_{i,t}/REV_{i,t-1})$	−0.352***	−0.072
	（−3.91）	（−1.21）
交乘项［变量 ×D$_{i,t}$×ln(REV$_{i,t}$/REV$_{i,t-1}$)］		
D_twoyear$_{i,t}$	0.066***	0.044**
	（4.04）	（2.47）
Gdpgrowth$_{i,t}$	−0.007	−0.001
	（−0.94）	（−0.10）
Eintensity$_{i,t}$	−0.013**	0.001
	（−1.96）	（0.17）
Aintensity$_{i,t}$	0.006*	−0.015***
	（1.75）	（−3.44）
Size$_{i,t}$	−0.005	−0.037***
	（−0.68）	（−4.23）
Lev$_{i,t}$	0.059	0.160***
	（1.57）	（4.24）
ROA$_{i,t}$	0.405***	0.888***
	（4.68）	（9.61）
SOE$_{i,t}$	0.033*	0.006
	（1.67）	（0.32）
Dual$_{i,t}$	−0.020	0.022
	（−1.05）	（0.96）
Ind$_{i,t}$	0.219	−0.027
	（1.19）	（−0.15）
Bsize$_{i,t}$	0.031	−0.109**
	（0.55）	（−2.02）
Constant	−0.002	0.010
	（−0.36）	（1.62）

续表

变量	$\ln(COST_{i,t}/COST_{i,t-1})$	
	快市场化进程	慢市场化进程
行业	控制	控制
年度	控制	控制
Observations	7733	7280
Adj-R^2	0.906	0.892

注：括号内的数值为 t 值，***、** 、* 分别表示在 1%、5%、10% 的水平上显著。

7.4.3　内部控制、高管从军经历与企业成本粘性

高管特征对组织战略选择与绩效的影响不仅会受到外部环境的影响，还会受到公司内部治理环境的影响。本部分进一步结合企业的内部控制环境研究高管从军经历对企业成本粘性的影响。内部控制质量是企业运营的重要保障，其良好程度直接关系到企业的财务健康和治理效率。D'Mello等（2016）认为，企业内部控制质量对企业的投资与投资机会之间的敏感性具有深刻的影响。研究认为，高质量内部控制的企业往往具有合理的董事会决策程序和风险评估程序（于连超等，2019），这能够抑制高管从军经历对企业成本粘性的促进作用。企业较高的内部控制质量能够有效监督管理层决策时遵循董事会决策程序，充分吸纳董事会意见，平衡各方利益诉求，在进行决策时真正秉承股东利益至上的原则（Ling et al.，2016），这会抑制高管从军经历对企业成本粘性的增强作用。此外，内部控制质量高的企业往往具有全面细致的风险识别、分析和应对措施（Krishnan，2005），因此企业在决定是否削减成本投入时会尽可能地揭示企业继续扩大规模的潜在风险，这也会抑制高管从军经历对企业成本粘性的加剧作用。因此，本书认为，与高内部控制质量的企业相比，高管从军经历对低内部控制质量企业成本粘性的加剧作用更显著。

基于此，本部分进一步检验了内部控制质量对高管从军经历与企业成

本粘性关系的异质性影响，最终检验结果如表 7.14 所示，其中内部控制指标采用迪博内部控制指数衡量，该数值越小，表明企业内部控制质量越差，本部分的分组是根据内部控制指数的年度样本中位数进行分组。表7.14 结果显示，在低内部控制质量组中，高管从军经历与企业成本粘性的交乘项［$ARMY_{i,t} \times D_{i,t} \times \ln(REV_{i,t}/REV_{i,t-1})$］的系数为 −0.112，在 5% 的水平上显著为负，而在高内部控制质量组中不显著，该结果说明，相比高内部控制质量的企业，高管从军经历对低内部控制质量企业成本粘性的正向影响更为明显。这可能是因为在内部控制质量较低的企业中，高管往往更具有决策自主权，具有从军经历的高管容易将其个人意愿和观点融入成本决策之中，导致成本决策过于主观化和不够理性。相反，在内部控制质量较高的企业中，决策程序会更规范化和科学化，可以有效避免高管主观意愿对成本决策的干扰。同时，企业内部控制质量较高，各部门之间信息共享和协作更为紧密，也能够避免高管过度集中权力，从而减少成本决策中的人为因素。此外，在企业内部控制质量较高的情况下，股东对企业决策也能够进行更有效的监督和干预，避免高管从军经历对成本决策产生不良影响。

表 7.14　内部控制质量、高管从军经历与企业成本粘性

变量	$\ln(COST_{i,t}/COST_{i,t-1})$	
	高内部控制质量	低内部控制质量
$\ln(REV_{i,t}/REV_{i,t-1})$	0.973***	0.951***
	（216.74）	（166.86）
$D_{i,t} \times \ln(REV_{i,t}/REV_{i,t-1})$	1.146***	0.607***
	（2.94）	（3.01）
$ARMY_{i,t} \times D_{i,t} \times \ln(REV_{i,t}/REV_{i,t-1})$	−0.647	−0.112**
	（−1.42）	（−2.20）
交乘项［变量 $\times D_{i,t} \times \ln(REV_{i,t}/REV_{i,t-1})$］		
$D\_twoyear_{i,t}$	0.034	0.054***
	（1.17）	（3.85）

续表

变量	ln(COST$_{i,t}$/COST$_{i,t-1}$)	
	高内部控制质量	低内部控制质量
Gdpgrowth$_{i,t}$	−0.034**	0.003
	（−2.42）	（0.47）
Eintensity$_{i,t}$	−0.007	−0.009*
	（−0.53）	（−1.80）
Aintensity$_{i,t}$	−0.010	−0.003
	（−1.40）	（−1.02）
Size$_{i,t}$	−0.036**	−0.028***
	（−2.46）	（−3.88）
Lev$_{i,t}$	0.196**	0.122***
	（2.27）	（4.16）
ROA$_{i,t}$	1.268***	0.545***
	（5.00）	（7.83）
SOE$_{i,t}$	0.012	0.011
	（0.37）	（0.73）
Dual$_{i,t}$	0.096***	−0.009
	（2.59）	（−0.54）
Ind$_{i,t}$	0.222	−0.048
	（0.79）	（−0.32）
Bsize$_{i,t}$	−0.118	−0.037
	（−1.29）	（−0.84）
Constant	−0.006	0.015**
	（−1.06）	（2.34）
行业	控制	控制
年度	控制	控制
Observations	7504	7505
Adj-R^2	0.898	0.892

注：括号内的数值为 t 值，***、**、* 分别表示在 1%、5%、10% 的水平上显著。

7.5 本章小结

本章选取 2008~2019 年沪深 A 股制造业上市公司为研究对象，对高管从军经历与企业成本粘性之间的关系进行了研究，最终得出结论：相比于无从军经历的高管所在的企业，具有从军经历的高管所在的企业成本粘性程度更高，其研究结论在考虑内生性、变量替换等问题后依然成立，且机制检验发现，高管从军经历通过提升管理层乐观预期进而加剧企业成本粘性；此外，本章的进一步研究还发现，高管从军经历对企业成本粘性的加剧作用主要作用于物质资源成本而非人力资源成本；外部市场化进程越快越会扩大高管从军经历对企业成本粘性的正向影响；相比内部控制质量高的企业，高管从军经历对内部控制质量低的企业成本粘性的加剧作用更加明显。

基于"理论研究—实务经历—行为规范"的逻辑线条，本章在高管学术经历和高管财务经历的研究基础上进一步选取了高管从军经历这一视角，研究证明良好的行为规范对高管决策的影响。虽然本章的研究结论最终表明从军经历会对企业成本控制产生消极影响，但是依然不能否认从军经历给企业带来的积极作用。因此，本书提出了以下三点政策启示：①就上市公司而言，应当大力提倡具有从军经历的高管充分发扬其军队文化的诚实、自律、无私奉献精神，提高公司治理效率，约束具有从军经历的高管过度自信和风险偏好的行为倾向，避免因乐观预期而导致企业成本较大的增长幅度。②管理自主权的不足会导致高管的特征失去原有的意义，但是在公司治理中要辩证地看待管理自主权带来的影响。市场化进程越快，高管的自主决策权会越大，而管理自主权越大，高管的烙印特征才会充分发挥作用，但并不是每一个特征都会产生积极的效果，因此既要充分给高管管理自主权，也要加强其权力监管，即使外部市场进程比较快，监管比较完善，对于高管的管理自主权依然要加强监督，尤其是具有从军经历的高管，促使具有从军经历的高管的烙印特征能够发挥出企业和市场所希望的作用。③就企业而言，要着力提升企业内部控制质量。本书的研究结果显示，高内部控制质量能够减弱高管从军经历对企业成本粘性的增强作用，可见合理的内部控制程序能够规范高管特质背后的行为偏好，尤其是从军经历高管因过度乐观所导致的成本粘性问题。综合来看，结合前两章的研究可以得出，扎实的理论功底、丰富的实务工作经验、良好的行为规范和遵纪守法意识对企业的经营管理均具有十分重要的影响。

CHAPTER

8

研究结论、政策建议、
研究不足与未来展望

　　本章主要是对本书的研究内容进行梳理与总结，共包括四个部分：第一部分是对本书所进行的理论分析与实证检验的内容进行总结，从而归纳本书的研究结论；第二部分是根据本书的研究结论提出相应的政策建议；第三部分是指出本书研究的不足；第四部分是对未来的研究展望。

8.1 研究结论

在企业的实际经营管理过程中，成本控制是企业能否获得超额利润的关键，更是企业经营过程中要重点考量的主要内容，而高管作为企业经营的重要决策者，其过往的职业经历会影响自身的管理风格与行为倾向，进而会对企业的成本管控产生影响。本书以成本粘性为切入点，首先，实证检验了企业成本粘性的存在性问题；其次，本书以管理层乐观预期理论、委托代理理论、高层梯队理论、烙印理论和声誉理论为基础，利用规范性和实证检验的研究方法对高管职业经历与企业成本粘性的关系进行了检验，不仅检验了高管职业经历对企业成本粘性的影响，也探索了二者的影响路径。此外，本书基于成本要素进一步分析了高管职业经历对成本粘性的影响，同时又结合企业内外部环境，即外部市场化进程和企业内部控制质量检验了高管职业经历对企业成本粘性的影响。通过对企业成本粘性存在性问题的分析和高管学术经历、高管财务经历、高管从军经历对企业成本粘性影响的检验，本书总结了以下五个方面的研究结论：

第一，本书对企业成本粘性存在性问题进行了研究，最终得出研究结论：中国制造业上市公司普遍存在成本粘性；国有企业和非国有企业均具有较高的成本粘性；相比东部地区的企业，中西部地区的企业具有更高的成本粘性；在内部控制质量高的企业中，其成本粘性更低。

第二，本书基于管理层乐观预期理论、委托代理理论、高层梯队理论、烙印理论、声誉理论，从企业成本粘性动因中的管理层乐观预期与代理问题的角度对高管学术经历与企业成本粘性的关系进行了理论分析与实证检验，研究发现，具有学术经历的高管所在的公司具有较低的成本粘性，按照学术经历类型分类发现，相比具有科研协会学术经历的高管，具有高校与科研机构学术经历的高管更能显著降低企业成本粘性；本书对高管学术经历对企业成本粘性的影响机制进行了探索，研究结果支持了高管学术经历通过降低管理层乐观预期、缓解企业代理问题进而降低企业成本粘性的观点；此外，本书进一步研究发现，相比于人力资源成本粘性，高管学术经历对物质资源成本粘性的负向影响更加明显。

第三，本书基于管理层乐观预期理论、委托代理理论、高层梯队理论、烙印理论、声誉理论等对高管财务经历与企业成本粘性的关系进行了理论分析与实证检验，检验结果得出具有财务经历的高管所在的公司具有较低的成本粘性；本书从成本粘性的动因之管理层乐观预期与代理问题的角度对高管财务经历影响企业成本粘性的路径进行了探索，最终检验结果支持了管理层乐观预期与代理成本的机制检验，即高管财务经历会通过抑制管理层乐观预期、缓解企业代理问题进而降低企业成本粘性的观点；此外，本书进一步研究还发现，相比于人力资源成本粘性，高管财务经历对物质资源成本粘性的负向影响更加明显。

第四，本书主要从心理学和组织文化两个视角，且主要基于烙印理论研究了高管从军经历对企业成本粘性的影响，本书提出竞争性假设，从心理学视角出发，拥有从军经历的高管身上具有英雄主义烙印和风险偏好烙印的显著特征，这会提升管理层在成本控制中的乐观预期，进而增强企业成本粘性，由此提出了具有从军经历的高管所在的企业其成本粘性程度更高的假设；然后，又从组织文化的视角出发，军队强调诚信自律、恪守规则、奉献精神等价值观，认为高管从军经历有助于提升公司治理水平，降低企业成本粘性，由此提出了具有从军经历的高管所在的企业其成本粘性程度更低的竞争性假设。最终检验结果支持了具有从军经历的高管所在的企业其成本粘性程度更高的假设；本书又探索了高管从军经历影响企业成本粘性的机制，检验结果表明从军经历会提升高管对未来的乐观预期，在面临业务量下降时，拥有从军经历的高管会倾向于维持现有投资规模，进而导致企业成本粘性增强；此外，本书进一步研究发现，相比于人力资源成本粘性，高管从军经历对物质资源成本粘性的加剧效应更为明显。

第五，本书各章节对应的进一步研究中都研究了外部市场化进程和企业内部控制质量对高管职业经历与企业成本粘性关系的影响，最终研究得出，在市场化进程比较快的地区，高管职业经历对企业成本粘性的影响会更强；相比于高内部控制质量的企业，高管职业经历对低内部控制质量企业成本粘性的影响更强。其中，较快的市场化进程会强化高管学术经历以及高管财务经历对企业成本粘性的负向影响，这表明学者型高管与财务型高管的专长等优势的发挥都需要以一个对高管约束力较低、高管行为自由度较高的外部环境为前提，要减少对高管的干预程度。此外，高管从军经历对企业成本粘性的加剧作用也是在市场化水平较高的环境下更为显著，这一方面表明了具有从军经历的高管的性格、价值观、管理风格等烙印特征对企业成本决策的影响也是在一个对自身干预程度较低的环境中更为明显，另一方面表明了充分的管理自主权环境有利也有弊。结合内部控制质量进行研究的结果显示，高管学术经历和高管财务经历与企业内部控制质量具有替代作用，作为非正式制度的高管学术经历和财务经历能够弥补企业内部控制制度的不足，发挥一定的治理作用；且良好的内部控制环境能够减弱高管从军经历对企业成本粘性的促进作用，未来企业仍然需要不断完善内部控制的规范与程序。

8.2 政策建议

本书通过理论分析与实证检验研究了企业成本粘性的存在性，以及高管学术经历、高管财务经历和高管从军经历对企业成本粘性的影响，探索了高管职业经历与企业成本粘性之间的影响机制，且进一步区分成本要素，结合企业内外部制度环境，进一步研究了高管职业经历对企业成本粘性的影响，针对研究结论，本书从以下几个方面对完善公司治理、加强控制企业成本粘性提供了有针对性的政策建议：

第一，针对上市公司普遍存在成本粘性的问题，企业未来可以采取以下措施：①总体来看，制造业企业只有通过制定科学的政策、加大技术创新和人才培养力度、完善市场监管机制等多种手段，才能够有效地解决成本粘性问题，提高制造业企业的效率和竞争力。②对于国有企业而言，可以通过引入非国有资本，提升企业的市场竞争力和经营管理效率，从而降低企业的成本费用粘性；对非国有企业而言，国家需要进一步建立一个完善、充分竞争的市场经济体制，为非国有企业的发展创造真正公平的环境和氛围，提升非国有企业的资源获取能力，进而降低非国有企业的成本粘性。③中西部地区的企业需要通过提高管理效率、优化资源配置、加强科技创新、拓展市场渠道等方式来降低成本，增强自身竞争力。同时，政府也需要加大对中西部地区的基础设施建设、人才培养和政策环境的改善等方面的投入，为企业的发展提供更加稳定和有利的环境。④对于企业内部控制质量较低的企业，管理层要更加重视建立健全内部控制制度，强化内部控制环境建设。通过加强公司内部控制的建设可以有效缓解代理问题，促使管理层严格按照内部控制的框架规定对企业进行管理，提升企业内部控制的执行效率，进而降低企业的成本粘性风险。

第二，高管职业经历对企业成本粘性的影响结论为未来上市公司在甄选人才时提供了一定的启示。本书的研究结果表明，高管的学术经历和财务经历有助于高管做出专业、客观的成本控制决策，能够提高企业资源配置效率，降低企业成本粘性。学者型高管和财务型高管在能力上具有一定的相似性，他们都具有专业的知识背景、较强的逻辑分析能力、良好的职业习惯等，其中，拥有学术经历的高管往往拥有丰富的知识资本和良好的科研经历，拥有财务实务经历的高管一般具有专业的财务知识和严谨的职业习惯，这些都有助于提高企业资源配置效率，在企业成本控制决策中发挥应有的积极效应。未来上市公司高管团队的人员构成要重视高管的异质性，适当提升高管团队中理论型人才的比重，吸纳更多具有学术研究经历即来自高校和科研机构以及更高层次的学术型人才，同时也要注重提升具有财务实务工作经历的财务型人才的比重，充分发挥学术型高管和财务型高管在企业资源配置过程中的积极作用，促使理论型人才和实务型人才在企业中的配合。

第三，针对高管从军经历对企业成本粘性的影响结论，我们并非要排斥军人进入企业高管层，也并非否认具有从军经历的高管身上的优秀品质以及其对企业其他方面的积极影响，本书得出的结论是为了促使上市公司清楚地认识到具有从军经历的高管在企业成本管理过程中潜在的利弊影响，以此在未来进行成本控制决策时可以建议企业听取更多专家学者和具有丰富财务工作经验人员的建议，从而避免企业资源配置效率低下的问题。未来企业在安置和聘用退伍军人时要大力提倡具有从军经历的高管发扬其军队文化中诚实、自律、无私奉献的精神，进而提高公司治理效率，约束具有从军经历的高管在资源配置过程中的过度自信和高风险偏好的行为倾向，进而避免因激进的扩张策略所导致的成本增长幅度较大从而产生的成本粘性问题。企业在选聘和考核时要注重对具有从军经历者相关专业知识和管理能力方面的考察，注重对拥有从军经历的高管在金融、会计、经济管理等专业知识的培训，不断培育和更新其财务知识，提升其财务管理的实践技能，使他们具备较高水平的财务专业知识与财务判断能力。

第四，本书的研究结果表明，较快的市场化进程能够使得高管拥有更多的行为自由度和自主管理权。高管职业经历在高管身上所形成的烙印特征的作用发挥需要高管拥有一定的自主管理权，在企业成本管理过程中，企业应当赋予拥有学术经历、财务经历的高管较高的自主管理权，让学者型高管和财务型高管拥有较大的决策范畴，从而制定高质量的成本控制决策，但是要缩小具有从军经历的高管在企业成本控制决策过程中的自由管理权。本书研究得出，高管学术经历、财务经历对企业成本粘性的积极影响在外部市场化水平较高的情况下更为显著，这主要是因为相比于市场化进程慢的地区，市场化进程快的地区其政府对企业的干预程度较小、地区的司法环境较好、制度环境更为完善，此时管理者会拥有更充分的自主管理权，其自身的管理风格和专长等可以得到有效的发挥。然而，本书发现，较快的市场化进程会强化高管从军经历对企业成本粘性的负面影响，因为较快的市场化进程同样也会赋予具有从军经历的高管更多的行为自由度，给予具有从军经历的高管充分的自主管理权，此时，具有从军经历的高管成本决策的基调更可能会依据自身的价值观和管理风格而定，从而强化具有从军经历的高管对企业成本粘性的负面影响。因此我们在研究高管特征对组织行为的影响时要考虑高管自主管理权的调节作用，辩证地看待自主管理权的作用。即使市场化进程比较快，监管环境比较好，也要严格加强对管理者的内外部监管，促使高管的背景特征能够发挥出企业和市场所希望的结果。尤其是在成本决策过程中，我们要加强对具有从军经历的高管自主管理权的监督与制约，鼓励政府等监管部门对具有从军经历的高管自主决策权进行必要且合理的干预，抑制具有从军经历的高管因盲目乐观预期而导致的企业成本粘性问题，促进市场经济健康发展。

第五，未来监管部门除了要实施监督企业的正式制度外，还要强化对企业非正式制度的监督，督促企业加强高管团队建设，通过高管层面的监督来提升公司治理水平，降低企业成本粘性。本书在研究企业内部控制质量对高管学术经历、财务经历与企业成本粘性的关系影响时发现，高管学术经历和财务经历对企业成本粘性的抑制作用在企业内部控制质量较差时更为显著，这表明了高管学术经历、财务经历与企业内部控制具有很强的替代关系，因此对于企业内部控制机制不够完善的企业，未来可以通过选聘自律性强、道德水平高、重视声誉的学者型高管和具有丰富实务工作经验的财务型高管来提升企业内部治理水平，降低企业代理成本。此外，对于拥有从军经历的高管所在的企业则要进一步地完善内部控制建设，本书的结果表明，良好的内部控制环境能够削弱高管从军经历对企业成本粘性的加剧作用，为此，外界监管主体应有意识地加强对拥有从军经历的高管的监督和引导，督促企业提升内部控制质量，规范军人高管在企业成本决策过程中的行为偏好，降低企业成本粘性。总体来看，完善的内部控制正式制度和新兴的非正式制度建设都对企业的健康发展十分重要。

第六，本书的研究结论表明高管职业经历可能不仅是高管的一个背景特征，在一定程度上，高管学术经历、财务经历和从军经历也会代表公司潜在的成本决策风格和行为倾向，具有一定的信息传递效应，因此对于外部监管部门、媒体、投资者和大众而言，不仅要关注企业年报中公开披露的财务信息，更应当积极关注公司管理层性格特征、教育背景、个人工作经历等软信息的披露，以此来综合分析和评价管理层或公司整体的经营风格和行为倾向，从而有针对性地对高管进行监督和引导，促使其不断提高资源配置效率，助力企业不断保持健康平稳的发展。

8.3 研究不足

本书对我国制造业企业成本粘性存在性进行了分析，对高管学术经历、财务经历和从军经历如何影响企业成本粘性的研究结论进行了总结，还据此在降低企业成本粘性和提高资源配置效率等方面提出了相关政策建议，但本书的研究仍存在以下不足之处：

首先，本书的样本只选取了制造行业的上市公司数据，并没有对其他行业的数据进行研究，而成本粘性并不仅出现在制造行业，其他行业也存在成本粘性，因此本书的研究结论对于其他行业可能会有差异。此外，有关成本粘性的影响因素众多，本书主要基于高管学术经历、财务经历、从军经历视角分析其对企业成本控制决策的影响，所考虑的影响因素可能不够全面，无法囊括高管所有职业经历对企业成本粘性的潜在影响。

其次，高管学术经历、财务经历和从军经历的内涵很丰富，但是其数据有限，高管职业经历数据会存在缺失，虽然本书对于缺失的职业经历数据通过新浪财经、百度百科等进行了搜索和补充，但也难以保证数据的完备性，且在数据的收集过程中还存在一定的主观判断，本书在收集高管财务经历和从军经历数据时需要根据关键词、关键字进行搜索，这不可避免地会存在一定的判定误差，从而导致数据的遗漏和偏差，此外在收集这三种高管职业经历数据时发现，大多数高管个人简历或者百度百科中对其职业经历的描述都是以"曾经在××处任职"的语言进行描述，缺乏高管职业经历的具体开始和结束日期，数据的参差不齐和大量缺失使本书很难准确鉴定高管学术经历、财务经历和从军经历的具体年限，无法对高管职业经历的年限影响进行比较分析，尽管本书也在研究中采取了双重差分法、倾向评分匹配法、工具变量法等多种检验方法来降低研究中潜在的内生性问题，增强本书研究结论的严谨性和说服力，但依然不可否认这些方法并不能完全避免所有的内生性问题。

最后，成本粘性的研究文献近年来才逐渐增加，关于成本粘性的度量方法目前仍然存在争论，其计量方法依然不成熟。虽然 Weiss（2010）提出可以基于季度收入费用数据进行测量，但是由于我国上市公司的季度财务报告披露的数据在一定程度上缺乏可信度，这会造成基于季度数据计算的成本粘性存在测量误差，因此本书并未借鉴这一衡量方法。

8.4　未来展望

首先，本书的研究样本选取的都是制造行业的上市公司，但实际上不同行业具有不同的背景和特征，其成本粘性也具有差异性，因此本书的研究结论可能无法反映整体行业情况，未来的研究应将样本拓宽至全行业，并且进一步考虑各个行业的生产特点、竞争情况、生命周期等差异性对本书研究结论的潜在影响。

其次，针对高管职业经历数据的局限性，未来我们有待补充更加翔实的高管不同职业经历数据，以保证本书研究结论的稳健性。此外，我们可以进一步研究整个高管团队中不同职业经历高管人员的比重对企业成本粘性的影响；研究高管是否会将其职业经历的烙印特征带入整个高管团队；企业或团队整体的文化、价值观等是否会受高管职业经历的影响，是否又会影响整个团队的管理风格和风险偏好，等等，这些都值得我们未来进一步探索。本书主要研究了高管学术经历、财务经历和从军经历对企业成本粘性的影响，而高管的人生经历不仅包括这些工作经历，还会涉及其他的生活经历，如饥荒经历、灾难经历等，基于烙印理论，这些经历也会在经历者身上打下深刻的烙印，会影响其进入企业后的管理风格和行为表现，未来我们可以继续探索拥有这些不同人生经历的高管对企业成本决策的影响，以期有新的发现。

最后，本书在研究高管的学术经历、财务经历和从军经历对企业成本粘性的影响时，都检验了外部市场化进程对高管职业经历与企业成本粘性关系的影响，最终的结果也都表明高管职业经历对企业成本粘性的影响在市场化进程比较快的情况下更为显著，这部分研究结论实则是为了说明高管特征对组织效率的影响需要高管具有较大的管理自主权，而高管拥有多大的管理自主权并非简单地用公开数据来替代衡量，未来的研究应致力于采用访谈、问卷调查等研究方法来直观且准确地反映高管享有自主行为空间的大小，在此基础上探讨管理自主权对高管职业经历与企业成本决策行为关系的影响。

参考文献

［1］Adams R. B., Ferreira D. Women in the Boardroom and Their Impact on Governance and Performance［J］. Journal of Financial Economics, 2009, 94(2): 291–309.

［2］Ali A., Zhang W. N. CEO Tenure and Earnings Management［J］. Journal of Accounting and Economics, 2015, 59(1): 60–79.

［3］Anderson M. A., Banker R. D., Huang R., et al. Cost Behavior and Fundamental Analysis of SG&A Costs［J］. Journal of Accounting, Auditing & Finance, 2007, 22(1): 1–28.

［4］Anderson M. C., Banker R. D., Janakiraman S. N. Are Selling, General, and Administrative Costs "Sticky"?［J］. Journal of Accounting Research, 2003, 41(1): 47–63.

［5］Ang J. R., Cole J. Lin. Agency Costs and Ownership Structure［J］. Journal of Finance, 2000, 55(1): 81–106.

［6］Ashbaugh-Skaife H., Collins D., Kinney W., LaFond R. The Effect of SOX Internal Control Deficiencies and Their Remediation on Accrual Quality［J］. Accounting Review, 2008, 83(1): 217–250.

［7］Baker S. R., Bloom N., Davis S. J. Measure Economic Policy Uncertainty［R］. Working Paper, Stanford University, University of Chicago, 2013.

［8］Bamber L. S. Jiang X. F., Wang I. Y. What's My Style? The Influence of Top Managers on Voluntary Corporate Financial Disclosure［J］. Accounting

Review, 2010, 85(4): 1131–1162.

[9] Banker R., Byzalov D., Chen L. Employment Protection Legislation, Adjustment Costs and Cross-Country Differences in Cost Behavior [J]. Journal of Accounting & Economics, 2013, 55(1): 111–127.

[10] Banker R., Chen L. Labor Market Characteristics and Cross-Country Differences in Cost Stickiness [R]. Working Paper, Temple University and Georgia State University, 2006a.

[11] Banker R., Chen L. Predicting Earnings Using a Model Based on Cost Variability and Cost Stickiness [J]. Accounting Review, 2006b, 81(2): 285–307.

[12] Banker R., Ciftci M., Mashruwala R. Managerial Optimism and Cost Behavior [R]. SSRN Working Paper, 2010.

[13] Banker R. D., Byzalov D., Ciftci M., Mashruwala R. The Moderating Effect of Prior Sales Changes on Asymmetric Cost Behavior [J]. Journal of Management Accounting Research, 2014, 26(2): 221–242.

[14] Banker R. D., Byzalov D., Plehn-Dujowich J. M. Sticky Cost Behavior: Theory and Evidence [R]. Working Paper, 2011.

[15] Banker R. D., Johnston H. H. An Empirical Study of Cost Drivers in the U. S. Airline Industry [J]. Accounting Review, 1993, 68(3): 576–601.

[16] Bantel K. A., Jackson S. E. Top Management and Innovations in Banking: Does the Composition of the Top Team Make a Difference [J]. Strategic Management Journal, 1989, 5(10): 107–124.

[17] Barker V. L., Mueller G. C. CEO Characteristics and Firm R&D Spending [J]. Management Science, 2002, 48(6): 782–801.

[18] Barney J. B. Resource-based Theories of Competitive Advantage: A Ten-Year Retrospective on the Resource-based View [J]. Journal of Management, 2001, 27(6): 643–650.

［19］Beaudry P., Caglayan M., Schiantarelli F. Monetary Instability, the Predictability of Prices and the Allocation of Investment: An Empirical Investigation Using UK Panel Data ［J］. American Economic Review, 2001, 91(3): 648–662.

［20］Belghitar Y., Clark E. The Effect of CEO Risk Appetite on Firm Volatility: An Empirical Analysis of Financial Firms ［J］. International Journal of the Economics of Business, 2012, 19(2): 195–211.

［21］Benmelech E., Frydman C. Military CEOs ［J］. Journal of Financial Economics, 2015, 117(1): 43–59.

［22］Berger P. G., Ofek E., Yermack D. L. Managerial Entrenchment and Capital Structure Decisions ［J］. Journal of Finance, 1997(52): 1411–1438.

［23］Berkowitz L., Lepage A. Weapons as Aggression-Eliciting Stimuli ［J］. Journal of Personality & Social Psychology, 1967, 7(2): 202–207.

［24］Berle A. A., Means C. C. The Modern Corporation and Private Property ［M］. New York: The Modern Corporation & Private Proper, 1932.

［25］Bernile G., Bhagwat V., Rau P. R. What Doesn't Kill You Will Only Make You More Risk-Loving: Early-Life Disasters and CEO Behavior ［J］. Journal of Finance, 2017, 72(1): 167–206.

［26］Bertrand M., Schoar A. Managing With Style: The Effect of Managers on Firm Policies ［J］. The Quarterly Journal of Economics, 2003, 118(4): 1169–1208.

［27］Bhattacharya U., Hsu P. H., Tian X. et al. What Affects Innovation More: Policy or Policy Uncertainty?［R］. Working Paper, 2014.

［28］Bushman R. M., Smith A. J. Financial Accounting Information and Corporate Governance ［J］. Journal of Accounting and Economics, 2001, 32(1–3): 237–333.

［29］Byoun S., Chang K., Kim Y. S. Does Corporate Board Diversity

Affect Corporate Payout Policy [R]. SSRN Working Paper, 2011.

[30] Calleja K., Steliaros M., Thomas D. C. A Note on Cost Stickiness: Some International Companies [J]. Management Accounting Research, 2006, 17(1): 127–140.

[31] Cannon J. P., Homburg C. Buyer-Supplier Relationships and Customer Firm Costs [J]. Journal of Marketing, 2001, 65(1): 29–43.

[32] Chang H., Hall C. M., Paz M. T. Customer Concentration and Cost Structure [R]. Working Paper, 2015.

[33] Charness G., Gneezy U. Strong Evidence for Gender Differences in Risk Taking [J]. Journal of Economic Behavior & Organization, 2012, 83(1): 50–58.

[34] Charnov B. H. The Academician as Good Citizen [A] //Ethical Dilemmas for Academic Professionals [M]. Springfield, IL, 1987: 3–20.

[35] Chen C. X, Lu H., Sougiannis T. The Agency Problem, Corporate Governance, and the Asymmetrical Behavior of Selling, General, and Administrative Costs [J]. Contemporary Accounting Research, 2012, 29(1): 252–282.

[36] Chen Y. Career Concerns and Excessive Risk Taking [J]. Journal of Economics & Management Strategy, 2015, 24(1): 110–130.

[37] Cho C. H., Jung J. H., Kwak B., et al. Professors on the Board: Do They Contribute to Society Outside the Classroom? [J]. Journal of Business Ethics, 2017, 141(2): 393–409.

[38] Chown S. M. The Wesley Rigidity Inventory: A Factor-Analytic Approach [J]. Journal of Abnormal and Social Psychology, 1960, 61(3): 491–494.

[39] Cooper R., Kaplan R. S. The Design of Cost Management Systems: Text, Cases and Readings [M]. New Jersey: Prentice Hall, 1999.

［40］Croson R., Gneezy U. Gender Differences in Preferences ［J］. Journal of Economic Literature, 2009, 47(2): 1–27.

［41］Custódio C., Metzger D. Financial Expert CEOs: CEO's Work Experience and Firm's Financial Policies ［J］. Journal of Financial Economics, 2014, 114(1): 125–154.

［42］Daboub A. J., Rasheed A. M. A., Priem R. L, et al. Top Management Team Characteristics and Corporate Illegal Activity ［J］. Academy of Management Review, 1995, 20(1): 138–170.

［43］Daniel K., Tversky A. Choices, Values and Frames ［M］. Cambridge: Cambridge University Press, 2000.

［44］Dickson B. J. Integrating Wealth and Power in China: The Communist Party's Embrace of the Private Sector ［J］. China Quarterly, 2007(192): 827–854.

［45］Dierynck B., Landsman W. R., Renders A. Do Managerial Incentives Drive Cost Behavior? Evidence about the Role of the Zero Earnings Benchmark for Labor Cost Behavior in Private Belgian Firms ［J］. Accounting Review, 2012, 87(4): 1219–1246.

［46］Dittmar A. K., Duchin R. Looking in the Rear View Mirror: The Effect of Managers' Professional Experience on Corporate Financial Policy ［J］. Review of Financial Studies, 2016, 29(3): 565–602.

［47］D'Mello R., Gao X., Jia Y. Internal Control and Internal Capital Allocation: Evidence from Internal Capital Markets of Multi-Segment Firms ［J］. Review of Accounting Studies, 2016, 22(1): 1–37.

［48］Du W. Xiaopin: Chinese Theatrical Skits as Both Creatures and Critics of Commercialism ［J］. China Quarterly, 1998(154): 382–399.

［49］Duffy T. Military Experience and CEOs: Is There a Link? ［R］. Korn/Ferry International Report, 2006.

［50］Eckel C. C., Grossman P. J. Men, Women and Risk Aversion: Experimental Evidence ［J］. Handbook of Experimental Economics Results, 2008, 1(7): 1061−1073.

［51］Elder G. H., Clipp E. C. Combat Experience and Emotional Health: Impairment and Resilience in Later Life ［J］. Journal of Personality, 1989, 57(2): 311−341.

［52］Elder G. H., Gimbel C., Ivie R. Turning Points in Life: The Case of Military Service and War ［J］. Military Psychology, 1991, 3(4): 215−231.

［53］Elder G. H. Military Times and Turning Points in Men's Lives ［J］. Developmental Psychology, 1986, 22(2): 233−245.

［54］Field L. C., Mkrtchyan A. The Effect of Director Experience on Acquisition Performance ［J］. Journal of Financial Economics, 2016, 123(3): 488−511.

［55］Finkelstein S., Hambrick D. C. Top-Management-Team Tenure and Organizational Outcomes: The Moderating Role of Managerial Discretion ［J］. Administrative Science Quarterly, 1990, 35(3): 484−503.

［56］Finkelstein S., Hambrick D. Sirategic Leadership: Top Executives and Their Effects on Organizations ［M］. Cincinnati: South-Western College Pub., 1996.

［57］Finkelstein S. Power in Top Management Teams: Dimensions, Measurement and Validation ［J］. Academy of Management Journal, 1992, 35(3): 505−538.

［58］Flood P. C., Fong C. M., Smith K. G., et al. Top Management Teams and Pioneering: A Resource-Based View ［J］. International Journal of Human Resource Management, 1997, 8(3): 291−306.

［59］Forbes D. Are Some Entrepreneurs More Overconfident than Others ［J］. Journal of Business Venturing, 2005, 20(5): 623−640.

［60］Francis B., Hasan I., Wu Q. Professors in the Boardroom and Their Impact on Corporate Governance and Firm Performance［J］. Financial Management, 2015, 44(3): 547–581.

［61］Frank J. Some Psychological Determinants of the Level of Aspiration［J］. American Journal of Psychology, 1935(47): 285–293.

［62］Fraser S., Greene F. The Effects of Experience on Entrepreneurial Optimism and Uncertainty［J］. Economics, 2006, 73(290): 69–192.

［63］Gee W. Rural-Urban Heroism in Military Action［J］. Social Forces, 1931, 10(1): 102–111.

［64］Gibbons R., Murphy K. J. Optimal Incentive Contracts in the Presence of Career Concerns: Theory and Evidence［J］. Journal of Political Economy, 1992, 10(3): 468–505.

［65］Graham J. R., Harvey C. R., Puri M. Managerial Attitudes and Corporate Actions［J］. Journal of Financial Economics, 2013, 109(1): 103–121.

［66］Gaines-Ross L. CEO Reputation: A Key Factor in Shareholder Value［J］. Corporate Reputation Review, 2000, 3(4): 366–370.

［67］Griffith J. Multilevel Analysis of Cohesion's Relation to Stress, Well-Being, Identification, Disintegration, and Perceived Combat Readiness［J］. Military Psychology, 2002, 14(3): 217–239.

［68］Gul F., Srinidhi B., Tsui J. Board Diversity and the Demand for Higher Audit Effort［R］. SSRN Working Paper, 2008.

［69］Gulen H., Ion M. Policy Uncertainty and Corporate Investment［J］. Review of Financial Studies, 2016, 29(3): 523–564.

［70］Güner A. B., Malmendier U., Tate G. Financial Expertise of Directors［J］. Journal of Financial Economics, 2008, 88(2): 323–354.

［71］Hambrick D. C., Mason P. A. Upper Echelons: The Organization as a

Reflection of Its Top Managers [J]. Academy of Management Review, 1984, 9(2): 193-206.

[72] Hambrick, D. C., Finkelstein S. Managerial Discretion: A Bridge Between Polar Views of Organizational Outcomes [J]. Research in Organizational Behavior, 1987, 9(4): 369-406.

[73] Hamermesh D., Pfann G. Adjustment Costs in Factor Demand [J]. Journal of Economic Literature, 1996, 34(3): 1264-1292.

[74] Herold D. M., Jayaraman N., Narayanaswamy C. R. What is the Relationship between Organizational Slack and Innovation? [J]. Journal of Managerial Issues, 2006, 18(3): 372-392.

[75] Hill C., Phan P. CEO Tenure as a Determinant of CEO Pay [J]. Academy of Management Journal, 1991, 34(3): 707-717.

[76] Hitt M. A., Tyler B. Strategic Decision Models: Integrating Different Perspectives [J]. Strategic Management Journal, 1991, 12(5): 327-351.

[77] Holzhacker M., Krishnan R., Mahlendorf M. D. The Impact of Changes in Regulation on Cost Behavior [J]. Contemporary Accounting Research, 2015, 32(2): 567-574.

[78] Homburg C, Nasev J. How Timely are Earnings When Costs are Sticky? Implications for the Link Between Conditional Conservatism and Cost Stickiness [R]. SSRN Working Paper, 2008.

[79] Huang H., Lee E., Lyu C., Zhu Z. The Effect of Accounting Academics in the Boardroom on the Value Relevance of Financial Reporting Information [J]. International Review of Financial Analysis, 2016(45): 18-30.

[80] Huang J., Kisgen D J. Gender and Corporate Finance: Are Male Executives Overconfident Relative to Female Executives? [J]. Social Science Electronic Publishing, 2013, 108(3): 822-839.

［81］Iyer D. N., Miller K. D. Performance Feedback, Slack, and the Timing of Acquisitions［J］. Academy of Management Journal, 2008, 51(4): 808–822.

［82］James C. M., Houston J. F. Do Relationships Have Limits? Banking Relationships, Financial Constraints, and Investment［J］. Journal of Business, 2001, 74(3): 347–374.

［83］Jensen M., Zajac E. J. Corporate Elites and Corporate Strategy: How Demographic Preferences and Structural Position Shape the Scope of the Firm［J］. Strategic Management Journal, 2004, 25(6): 507–524.

［84］Jensen M. C. Agency Costs of Free Cash Flow, Corporate Finance, and Takeovers［J］. American Economic Review, 1986(76): 323–329.

［85］Jensen M. C., Meckling W. H. Theory of the Firm: Managerial Behavior, Agency Costs and Ownership Structure［J］. Journal of Financial Economics, 1976, 3(4): 305–360.

［86］Jiang B., Murphy P. J. Do Business School Professors Make Good Executive Managers?［J］. Academy of Management Perspectives, 2007, 21(3): 29–50.

［87］Jiang F. X., Zhu B., Huang J. C. CEO's Financial Experience and Earnings Management［J］. Journal of Multinational Financial Management, 2013, 23(3): 134–145.

［88］Kalwani M. U., Narayandas N. Long-Term Manufacturer-Supplier Relationships: Do They Pay off for Supplier Firms?［J］. Journal of Marketing, 1995, 59(1): 1–16.

［89］Kama I., Weiss D. Do Managers' Deliberate Decisions Induce Sticky Costs?［J］. Journal of Accounting Research, 2013, 51(1): 201–224.

［90］Kaplan R. S. Cost and Effect: Using Integrated Cost Systems to Drive Profitability and Performance［M］. Boston: Harvard Business Press,

1997.

［91］Kaplan S. N., Klebanov M. M., Sorensen M. Which CEO Characteristics and Abilities Matter?［J］. Journal of Finance, 2012, 67(3): 973–1007.

［92］Killgore W. D. S, Cotting D. I, Thomas J. L, et al. Post-Combat Invincibility: Violent Combat Experiences are Associated With Increased Risk-Taking Propensity Following Deployment［J］. Journal of Psychiatric Research, 2008, 42(13): 1112–1121.

［93］Kimberly J., Evanisko M. Organizational Innovation: The Influence of Individual, Organizational, and Contextual Factors on Hospital Adoption of Technological and Administrative Innovations［J］. Academy of Management Journal, 1981, 24(4): 689–713.

［94］Koch-Bayram I. F., Wernicke G. Drilled to obey? Ex-Military CEOs and Financial Misconduct［J］. Strategic Management Journal, 2018, 39(11): 2943–2964.

［95］Koo J. H. S., Song S., Paik T. Y. Earning Management and Cost Stickiness［J］. Advanced Science and Technology Letters, 2015(84): 40–44.

［96］Kothari S. P. Capital Markers Research in Accounting［J］. Journal of Accounting and Economies, 2001, 31(1): 105–231.

［97］Krishnan J. Audit Committee Quality and Internal Control: An Empirical Analysis［J］. Accounting Review, 2005, 80(2): 649–675.

［98］Law K. K. F., Mills L. F. Military Experience and Corporate Tax Avoidance［J］. Review of Accounting Studies, 2017, 22(1): 141–184.

［99］Lerner J. S., Keltner D. Beyond Valence: Toward a Model of Emotion-Specific Influences on Judgment and Choice［J］. Cognition and Emotion, 2000, 14(4): 473–494.

［100］Lichtenstein S., Fischhoff B. Do Those Who Know More Also

Know More About How Much They Know ［J］. Organizational Behavior and Human Performance, 1977, 20(2): 159.

［101］Lin N. Social Capital: A Theory of Social Structure and Action ［M］. Cambridge: Cambridge University Press, 2001.

［102］Lin C., Ma Y., Officer M. S., Zou H. CEOs' Military Experience and Acquisition Decisions ［R］. SSRN Working Paper, 2013.

［103］Ling L. L., Neal T. L., Zhang I. X., Zhang Y. CEO Power, Intenal Control Quality, and Audit Committee Effectiveness in Substance Versus in Form ［J］. Contemporary Accounting Research, 2016, 33(3): 1199–1237.

［104］Liu K., Li J., Hesterly W. S., Cannella A. A. Top Management Team Tenure and Technological Inventions at Post-IPO Biotechnology Firms ［J］. Journal of Business Research, 2012, 65(9): 1349–1356.

［105］Malmendier U., Tate G., Yan J. Overconfidence and Early-Life Experiences: The Effect of Managerial Traits on Corporate Financial Policies ［J］. Journal of Finance, 2011, 66(5): 1687–1733.

［106］Malmendier U., Tate G. CEO Overconfidence and Corporate Investment ［J］. Journal of Finance, 2005, 60(6): 2661–2700.

［107］Marquis C., Tilcsik A. Imprinting: Toward a Multilevel Theory ［J］. Academy of Management Annals, 2013, 7(1): 195–245.

［108］Mathias B. D., Williams D. W., Smith A. R. Entrepreneurial Inception: The Role of Imprinting in Entrepreneurial Action ［J］. Journal of Business Venturing, 2015(30): 11–28.

［109］Matsunaga S., Yeung E. Evidence on the Impact of a CEO's Financial Experience on the Quality of the Firm's Financial Report and Disclosures ［R］. Working Paper, University of Oregon, and University of Georgia, 2008.

［110］Matsunaga S. R., Wang S., Yeung P. E. Does Appointing a Former

CFO as CEO Influence a Firm's Accounting Policies [R]. Working Paper, Social Science Electronic, 2013.

[111] Michel J. G., Hambrick D. C. Diversification Posture and Top Management Team Characteristics [J]. Academy of Management Journal, 1992, 35(1): 9–37.

[112] Mizruchi M. S, Stearns L. B. Social Networks, CEO Background and Corporate Financing: A Dyadic Analysis of Similarity of Borrowing by Large US Firms, 1973–1993 [EB/OL]. http: //www-personal.umich. edu/~mizruchi/dyad.pdf, 2002.

[113] Morin R. Suarez A. Risk Aversion Revisited [J]. Journal of Finance, 1983, 38(4): 1201–1216.

[114] Nohria N., Gulati R. Is Slack Good or Bad for Innovation [J]. Academy of Management Journal, 1996, 39(5): 1245–1264.

[115] Noreen E., Soderstrom N. The Accuracy of Proportional Cost Models: Evidence from Hospital Service Departments [J]. Review of Accounting Studies, 1997(2): 89–114.

[116] Noreen E. Conditions Under Which Activity-based Cost Systems Provide Relevant Cost [J]. Journal of Management Accounting Research, 1991, 3(1): 159–168.

[117] O'Keefe B. Battle-tested: How a Decade of War Has Created ... A New Generation of Elite Business Leaders [J]. Human Resource Management International Digest, 2010, 18(6): 36–40.

[118] Özlen M. K. Successful Skill Transfer: Military Service Experience and Company Performance [J]. European Researcher, 2014, 79(7–2): 1357–1366.

[119] Palmer C. A Theory of Risk and Resilience Factors in Military Families [J]. Military Psychology, 2008, 20(3): 205–217.

［120］Pang J., Zhang X., Zhou X. From Classroom to Boardroom: The Value of Academic Independent Director ［R］. Working Paper, 2018.

［121］Peng W. Q., Wei K. J. Women Executives and Corporate Investment: Evidence from the S&P 1500 ［R］. Working Paper, Hong Kong University of Science and Technology, 2006.

［122］Peteraf M. A. The Cornerstones of Competitive Advantage: A Resource-Based View ［J］. Strategic Management Journal, 1993, 14(3): 171–191.

［123］Roll R. The Hubris Hypothesis of Corporate Takeovers ［J］. The Journal of Business, 1986, 59(2): 197–216.

［124］Schloetzer J. D. Process Integration and Information Sharing in Supply Chains ［J］. The Accounting Review, 2012, 87(3): 1005–1032.

［125］Srinidhi B., Gul F. A., Tsui J. Female Directors and Earnings Quality ［J］. Contemporary Accounting Research, 2011, 28(5): 1610–1644.

［126］Stulz R. Managerial Discretion and Optimal Financing Policies ［J］. Journal of Financial Economics, 1990, 26(1): 3–27.

［127］Subramaniam C., Weidenmier M. Additional Evidence on the Sticky Behavior of Costs ［R］. Working Paper, 2003.

［128］Tang J., Crossan M., Rowe W. G. Dominant CEO, Deviant Strategy, and Extreme Performance: The Moderating Role of a Powerful Board ［J］. Journal of Management Studies, 2011, 48(7): 1479–1503.

［129］Taylor R. N. Age and Experience as Determinants of Managerial Information Processing and Decision Making Performance ［J］. Academy of Management Journal, 1975, 18(1): 74–81.

［130］Waller M., Huber G., Glick W. Functional Background as a Determinant of Executives' Selective Percepion ［J］. Academy of Management Journal, 1995, 38(4): 943–974.

［131］Wang X. T., Kruger D. J., Wilke A. Life History Variables and Risk-Taking Propensity［J］. Evolution and Human Behavior, 2009, 30(2): 77–84.

［132］Wansink B., Payne C. R., Van Ittersum K. Profiling the Heroic Leader: Empirical Lessons from Combat-Decorated Veterans of World War Ⅱ［J］. The Leadership Quarterly, 2008, 19(5): 547–555.

［133］Weinstein N. D. Unrealistic Optimism about Future Life Events［J］. Journal of Personality and Social Psychology, 1980(39): 806–820.

［134］Weiss D. Cost Behavior and Analysts' Earnings Forecasts［J］. Accounting Review, 2010, 85(4): 1441–1471.

［135］Wieland A., Sarin R. Domain Specificity of Sex Differences in Competition［J］. Journal of Economic Behavior & Organization, 2012, 83(1): 151–157.

［136］Wiersema M. E, Bantel K. A. Top Management Team Demography and Corporate Strategic Change［J］. The Academy of Management Journal, 1992, 35(1): 91–121.

［137］Wong L., Bliese P., Mcgurk D. Military Leadership: A Context Specific Review［J］. The Leadership Quarterly, 2003, 14(6): 657–692.

［138］Xue S., Hong Y. Earnings Management, Corporate Governance and Expense Stickiness［J］. China Journal of Accounting Research, 2016, 9(1): 41–58.

［139］Yim S. The Acquisitiveness of Youth: CEO Age and Acquisition Behavior［J］. Journal of Financial Economics, 2013, 108(1): 250–273.

［140］步丹璐，文彩虹，Rajiv Banker. 成本粘性和盈余稳健性的衡量［J］. 会计研究，2016（1）：31–95.

［141］曹文彪. 专家与学者——关于两类知识分子的一项社会文化考察［J］. 学术研究，2015（12）：5–13.

［142］曹雅楠，蓝紫文. 高管从军经历能否抑制上市公司股价崩盘

风险——基于高管人力资本与社会资本的视角［J］. 上海财经大学学报，2020，22（4）：123-137.

［143］曹越，郭天枭. 高管学术经历与企业社会责任［J］. 会计与经济研究，2020，34（2）：22-42.

［144］车嘉丽，段然. 战略差异度、女性高管与企业成本粘性——来自制造业上市公司的经验证据［J］. 广东财经大学学报，2016（6）：64-74.

［145］车幼梅，陈煊. 管理层自利行为对成本粘性的影响研究［J］. 现代管理科学，2013（8）：96-111.

［146］陈灿平. 企业费用"粘性"行为影响因素研究——基于地区经济生态差异视角［J］. 财经理论与实践，2008，29（156）：92-95.

［147］陈传明，孙俊华. 企业家人口背景特征与多元化战略选择——基于中国上市公司面板数据的实证研究［J］. 管理世界，2008（5）：124-188.

［148］陈良华，胡雨菲，迟颖颖. 基于供应链视角的供应商关系对企业成本粘性影响研究［J］. 河海大学学报（哲学社会科学版），2019，21（3）：37-45.

［149］陈伟宏，钟熙，宋铁波，周荷晖. 高管从军经历、竞争情形与企业研发投入［J］. 研究与发展管理，2019，31（6）：80-90.

［150］池国华，杨金，邹威. 高管背景特征对内部控制质量的影响研究——来自中国 A 股上市公司的经验证据［J］. 会计研究，2014（11）：67-75.

［151］邓建平，曾勇. 金融关联能否缓解民营企业的融资约束［J］. 金融研究，2011（8）：78-92.

［152］董红晔. 财务背景独立董事的地理邻近性与股价崩盘风险［J］. 山西财经大学学报，2016，38（3）：113-124.

［153］杜剑，于芝麦. 上市公司并购交易中的成本粘性和价值创造

[J]. 现代财经，2018（9）：61-76.

[154] 杜兴强，周泽将. 信息披露质量与代理成本的实证研究——基于深圳证券交易所信息披露考评的经验证据[J]. 商业经济与管理，2009（12）：76-90.

[155] 杜勇，周丽. 高管学术背景与企业金融化[J]. 西南大学学报（社会科学版），2019，45（6）：63-74.

[156] 樊纲，王小鲁，马光荣. 中国市场化进程对经济增长的贡献[J]. 经济研究，2011（9）：4-16.

[157] 冯正直，廖雅琴，汪凤. 军人心理素质概念与结构的研究[J]. 第四军医大学学报，2007，28（8）：754-757.

[158] 傅强，方文俊. 管理者过度自信与并购决策的实证研究[J]. 商业经济与管理，2008（4）：76-80.

[159] 葛尧. 成本粘性对企业绩效的影响研究——来自我国上市公司的经验证据[J]. 价格理论与实践，2017（6）：105-109.

[160] 耿云江，胡姝敏. 成本粘性对企业绩效的影响研究[J]. 会计与控制评论，2018（8）：136-147.

[161] 耿云江，王丽琼. 成本粘性、内部控制质量与企业风险——来自中国上市公司的经验证据[J]. 会计研究，2019（5）：75-81.

[162] 龚光明，曾照存. 公司特有风险、管理者风险特质与企业投资效率——来自中国上市公司的经验数据[J]. 经济与管理研究，2013（11）：67-75.

[163] 郭文静. 高管学术经历与公司创新[J]. 经济研究导刊，2019（6）：10-13.

[164] 韩岚岚，马元驹. 内部控制对费用粘性影响机理研究——基于管理者自利行为的中介效应[J]. 经济与管理研究，2017（1）：131-144.

[165] 何瑛，张大伟. 管理者特质、负债融资与企业价值[J]. 会计研究，2015（8）：65-73.

［166］胡华夏，洪荭，李真真，肖露璐．成本粘性刺激了公司研发创新投入吗？［J］．科学学研究，2017，35（4）：633-640.

［167］黄灿，年荣伟，蒋青嬗，郑鸿."文人下海"会促进企业创新吗？［J］．财经研究，2019（5）：111-124.

［168］黄蕾．高管团队异质性、CEO 权力与企业成本粘性的实证分析［J］．财经理论与实践，2019（4）：72-80.

［169］惠丽丽，谢获宝，魏其芳．XBRL 标准应用能有效提升分析师盈余预测质量吗？——基于成本粘性的分析视角［J］．证券市场导报，2019（4）：42-51.

［170］江伟，底璐璐，姚文韬．客户集中度与企业成本粘性——来自中国制造业上市公司的经验证据［J］．金融研究，2017（9）：192-206.

［171］江伟，胡玉明，吕喆．应计盈余管理影响企业的成本粘性吗［J］．南开管理评论，2015，18（2）：83-92.

［172］江伟，姚文韬，胡玉明.《最低工资规定》的实施与企业成本粘性［J］．会计研究，2016（10）：56-63.

［173］江伟，姚文韬．所有权性质、高管任期与企业成本粘性［J］．山西财经大学学报，2015，37（4）：45-56.

［174］江伟．董事长个人特征、过度自信与资本结构［J］．经济管理，2011（2）：78-85.

［175］姜付秀，黄继承．CEO 财务经历与资本结构决策［J］．会计研究，2013（5）：27-95.

［176］姜付秀，石贝贝，马云飙．信息发布者的财务经历与企业融资约束［J］．经济研究，2016（6）：83-97.

［177］姜付秀，尹志宏，苏飞，黄磊．管理者背景特征与企业过度投资行为［J］．管理世界，2009（1）：130-139.

［178］姜付秀，张晓亮，蔡文婧．CEO 的财务经历有利于缓解企业融资约束吗［J］．经济理论与经济管理，2018（7）：74-87.

［179］姜付秀，张晓亮，郑晓佳. 学者型 CEO 更富有社会责任感吗——基于企业慈善捐赠的研究［J］. 经济理论与经济管理，2019（4）：35-51.

［180］蒋德权，徐巍. 费用粘性会影响盈余信息质量吗？——来自我国上市公司的经验证据［J］. 商业经济与管理，2016（8）：77-86.

［181］蒋德权. 投资效率、费用粘性与货币政策——来自中国上市公司的经验证据［J］. 山西财经大学学报，2014，36（4）：27-37.

［182］颉茂华，刘斯琴，杨彩霞. 产品市场竞争度、竞争战略选择对成本粘性的影响研究［J］. 产业经济研究，2016（1）：11-19.

［183］孔玉生，朱乃平，孔庆根. 成本粘性研究：来自中国上市公司的经验证据［J］. 会计研究，2007（11）：58-96.

［184］赖黎，巩亚林，马永强. 管理者从军经历、融资偏好与经营业绩［J］. 管理世界，2016（8）：126-136.

［185］赖黎，巩亚林，夏晓兰. 管理者从军经历与企业并购［J］. 世界经济，2017，40（12）：141-164.

［186］李丹蒙，叶建芳，张培莉. 客户集中度、CEO 背景特征与企业费用粘性［J］. 南方经济，2020（3）：105-118.

［187］李粮，宋振康. 经理人自利动机对费用粘性的影响研究［J］. 山西财经大学学报，2013（12）：93-103.

［188］李粮，赵息. 公司高管乐观预期对费用粘性的影响研究［J］. 北京理工大学学报（社会科学版），2013（6）：64-70.

［189］李培功，肖珉. CEO 任期与企业资本投资［J］. 金融研究，2012（2）：127-141.

［190］李培林，张翼. 国有企业社会成本分析——对中国 10 个大城市 508 家企业的调查［J］. 中国社会科学，1999（5）：41-56.

［191］李四海，陈旋. 企业家专业背景与研发投入及其绩效研究——来自中国高新技术上市公司的经验证据［J］. 科学学研究，2014，32（10）：

1498–1508.

［192］李小林，叶德珠，张子健．CEO 财务经历能否降低公司权益资本成本？［J］．外国经济与管理，2018，40（9）：96–111.

［193］李晓溪，刘静，王克敏．家族创始人职业经历与企业财务保守行为研究［J］．财经研究，2016，42（4）：92–101.

［194］李焰，秦义虎，张肖飞．企业产权、管理者背景特征与投资效率［J］．管理世界，2011（1）：135–144.

［195］李颖，王晓燕，伊志宏．分析师跟踪与企业去产能——基于成本粘性视角的研究［J］．宏观经济研究，2020（5）：145–165.

［196］连燕玲，周兵，贺小刚，温丹玮．经营期望、管理自主权与战略变革［J］．经济研究，2015（8）：31–44.

［197］梁上坤，陈冬，胡晓莉．外部审计师类型与上市公司费用粘性［J］．会计研究，2015（2）：79–86.

［198］梁上坤，董宣君．行业竞争程度与成本费用粘性［J］．现代管理科学，2013（7）：75–78.

［199］梁上坤．股权激励强度是否会影响公司费用黏性［J］．世界经济，2016（6）：168–192.

［200］梁上坤．管理者过度自信、债务约束与成本粘性［J］．南开管理评论，2015（3）：122–131.

［201］梁上坤．机构投资者持股会影响公司费用粘性吗？［J］．管理世界，2018（12）：133–148.

［202］梁上坤．媒体关注、信息环境与公司费用粘性［J］．中国工业经济，2017（2）：154–173.

［203］梁上坤．政策不确定性与公司成本决策［J］．经济学报，2020，7（1）：172–210.

［204］廖方楠，韩洪灵，陈丽蓉．高管从军经历提升了内部控制质量吗？——来自我国上市公司的经验证据［J］．审计研究，2018（6）：121–

128.

［205］廖飞梅，朱清贞，叶松勤. 政策性负担、信息透明度与企业费用粘性［J］. 当代财经，2019（12）：119-130.

［206］林晚发，刘颖斐，杨琴. 高管财务经历与企业信用评级：基于盈余管理的视角［J］. 管理科学，2019，32（4）：3-16.

［207］刘嫦，孙洪锋，李丽丹. 财务柔性是否强化了公司的成本粘性？［J］. 中央财经大学学报，2020（8）：61-72.

［208］刘继红，金佩佩，王成方. 高管的学术经历与企业汇率风险［J］. 国际商务（对外经济贸易大学学报），2020（1）：99-114.

［209］刘青，张超，吕若思，卢进勇. "海归"创业经营业绩是否更优：来自中国民营企业的证据［J］. 世界经济，2013（12）：70-89.

［210］刘树成. 中国经济增长与波动 60 年：繁荣与稳定Ⅲ［M］. 北京：社会科学文献出版社，2009.

［211］刘伟，刘洋. 军人企业家：谨防过度的军人品质［J］. 社会心理科学，2010，25（4）：98-100.

［212］刘武. 企业费用"粘性"行为：基于行业差异的实质研究［J］. 中国工业经济，2006（12）：105-112.

［213］刘彦文，王玉刚. 中国上市公司费用粘性行为实证分析［J］. 管理评论，2009（3）：98-106.

［214］刘媛媛，刘斌. 劳动保护、成本粘性与企业应对［J］. 经济研究，2014（5）：63-76.

［215］陆正飞，王雄元，张鹏. 国有企业支付了更高的职工工资吗？［J］. 经济研究，2012（3）：28-39.

［216］罗宏，曾永良，刘宝华. 国有企业高管薪酬、公司治理与费用粘性［J］. 经济经纬，2015，32（2）：99-104.

［217］罗进辉，李雪，向元高. 军人高管是积极的创新者吗？——来自中国家族控股上市公司的经验证据［J］. 管理学季刊，2017，2（3）：

91–118.

［218］马宁. 风险投资、企业会计信息透明度和代理成本［J］. 管理评论，2019，31（10）：222–233.

［219］马永强，张泽南. 金融危机冲击、管理者盈余动机与成本费用粘性研究［J］. 南开管理评论，2013，16（6）：70–80.

［220］毛洪涛，李子扬，程军. 非经济动因可引致企业粘性成本行为吗——基于社会成本理论及中国市场背景的实证分析［J］. 南开管理评论，2015，18（6）：136–145.

［221］毛新述，王斌，林长泉，王楠. 信息发布者与资本市场效率［J］. 经济研究，2013（10）：69–81.

［222］牟韶红，李启航，陈汉文. 内部控制能够抑制成本费用粘性吗——基于信息视角的理论分析与经验证据［J］. 当代财经，2015（2）：118–129.

［223］牟伟明. 自由现金流、董事会治理与费用粘性研究［J］. 经济与管理研究，2018，39（5）：103–113.

［224］穆林娟，张妍，刘海霞. 管理者行为、公司治理与费用粘性分析［J］. 北京工商大学学报（社会科学版），2013（1）：75–81.

［225］潘爱玲，刘文楷，王雪. 管理者过度自信、债务容量与并购溢价［J］. 南开管理评论，2018，21（3）：35–45.

［226］钱学洪. 董事财务背景与企业研发投资［J］. 管理研究，2016，37（12）：152–159.

［227］秦翡. 高管学术经历、现金持有与公司业绩［J］. 贵州财经大学学报，2019（4）：40–50.

［228］秦兴俊，李粮. 公司治理对经理人自利动机与费用粘性的影响研究［J］. 当代财经，2014（2）：115–128.

［229］权小锋，醋卫华，尹洪英. 高管从军经历、管理风格与公司创新［J］. 南开管理评论，2019，22（6）：140–151.

［230］权小锋，徐星美，蔡卫华. 高管从军经历影响审计费用吗？——基于组织文化的新视角［J］. 审计研究，2018（2）：80-86.

［231］全怡，陶聪. 女性高管与企业费用粘性——基于管理层自利的视角［J］. 会计与经济研究，2018（5）：40-58.

［232］全怡，严丽娜，刘磊. 注册地变更与企业费用粘性——基于政策性优惠和负担的视角［J］. 会计研究，2019（8）：47-54.

［233］邵剑兵，吴珊. 管理者从军经历与政府补助——基于慈善捐赠和冗余雇员的双重视角［J］. 上海财经大学学报，2018（3）：63-78.

［234］沈华玉，张军，余应敏. 高管学术经历、外部治理水平与审计费用［J］. 审计研究，2018（4）：86-94.

［235］沈艺峰，王夫乐，陈维. "学院派"的力量：来自具有学术背景独立董事的经验证据［J］. 经济管理，2016（5）：176-186.

［236］石贝贝，陈乾，杨晓彤. 财务背景的 CEO "保守"吗？——基于企业创新的视角［J］. 经济与管理研究，2019（11）：129-144.

［237］宋常，杨华领，李沁洋. 审计师行业专长与企业费用粘性［J］. 审计研究，2016（6）：72-79.

［238］苏文兵，李心合，段治翔. 基于成本粘性的盈利预测及其精度检验［J］. 数量统计与管理，2012（9）：30-40.

［239］孙嘉舸，王满. 竞争战略、地区要素市场化水平与费用粘性［J］. 财经问题研究，2019（1）：105-113.

［240］孙玮，钱俊伟. 需求不确定性、纵向一体化和费用粘性［J］. 财经问题研究，2019（12）：81-87.

［241］孙文章，李延喜，陈克兢. 管理者风险偏好与公司盈余质量的关系研究［J］. 大连理工大学学报（社会科学版），2016，37（4）：71-76.

［242］孙铮，刘浩. 中国上市公司费用"粘性"行为研究［J］. 经济研究，2004（12）：26-34.

［243］万寿义，王红军. 管理层自利、董事会治理与费用粘性——来

自中国制造业上市公司的经验证据［J］. 经济与管理，2011（3）：26–32.

［244］万寿义，徐圣男. 我国上市公司费用粘性行为的经验研究——基于不同成本类型的视角［J］. 价格理论与实践，2012a（12）：73–74.

［245］万寿义，徐圣男. 中国上市公司费用粘性行为的经验证据——基于上市公司实质控制人性质不同的视角［J］. 审计与经济研究，2012b（7）：79–86.

［246］王昌荣，李娜. 高管特征、自信度与企业创新成果关系研究——基于制造业企业的经验数据［J］. 经济问题，2019（5）：83–90.

［247］王海红. 费用粘性与企业绩效的关系——基于我国制造业上市公司的实证研究［J］. 现代经济信息，2017（12）：100.

［248］王菁华，茅宁. 经济政策不确定性与企业成本粘性——基于中国 A 股上市企业的实证分析［J］. 外国经济与管理，2019，41（10）：45–59.

［249］王珏，王明丽. 成本粘性、企业成长性与企业价值［J］. 财会通讯，2017（24）：35–42.

［250］王堃，唐英凯，陈遥知，唐艺桐.“缓解”还是“加剧”：董秘的财务经历与企业融资约束——以新三板上市公司为样本的经验证据［J］. 投资研究，2020，39（2）：75–103.

［251］王明虎，席彦群. 产权治理、自由现金流量和企业费用粘性［J］. 商业经济与管理，2011（9）：68–89.

［252］王明虎，章铁生. 产品市场竞争、资本结构波动与费用粘性［J］. 商业经济与管理，2017（3）：69–80.

［253］王鹏，毛霁篪. CEO 特征、风险偏好与内部人交易［J］. 南京审计大学学报，2018（3）：45–54.

［254］王睿，韦鹏. 中国经济换挡对企业成本费用粘性的影响［J］. 财经问题研究，2016（7）：117–121.

［255］王守海，许薇，刘志强. 高管权力、审计委员会财务专长与财

务重述［J］. 审计研究，2019（3）：101-110.

　　［256］王霞，薛跃，于学强. CFO 的背景特征与会计信息质量——基于中国财务重述公司的经验证据［J］. 财经研究，2011，37（9）：123-144.

　　［257］王霞，张敏，于富生. 管理者过度自信与企业投资行为异化——来自我国证券市场的经验证据［J］. 南开管理评论，2008，11（2）：77-83.

　　［258］王小鲁，樊纲. 中国分省份市场化指数报告［J］. 社会科学研究，2017（19）：8-28.

　　［259］王晓，高洁，陆强. 审计意见、高管财务背景与内部控制缺陷修正［J］. 运筹与管理，2019（10）：141-149.

　　［260］王雄元，高开娟. 客户关系与企业成本粘性：敲竹杠还是合作［J］. 南开管理评论，2017（1）：132-142.

　　［261］王元芳，徐业坤. 保守还是激进：管理者从军经历对公司风险承担的影响［J］. 外国经济与管理，2019，41（9）：17-46.

　　［262］王元芳，徐业坤. 高管从军经历影响公司治理吗？——来自中国上市公司的经验证据［J］. 管理评论，2020，32（1）：153-165.

　　［263］魏明海，陈胜蓝，黎文靖. 投资者保护研究综述：财务会计信息的作用［J］. 中国会计评论，2007（1）：131-150.

　　［264］文雯，张晓亮，宋建波. 学者型 CEO 能否抑制企业税收规避［J］. 山西财经大学学报，2019（6）：110-124.

　　［265］吴思，陈震. 交叉上市、股权制衡与企业成本粘性［J］. 当代财经，2018（2）：124-133.

　　［266］吴应宇，蔡佳丽. 成本粘性对会计稳健性的影响——基于盈余反应非对称视角［J］. 东南大学学报（哲学社会科学版），2017，19（6）：54-147.

　　［267］肖士盛，靳庆鲁，陈信元，行业竞争与公司成本粘性：基于实

物期权的视角［J］. 管理科学学报，2016，19（3）：48-63.

［268］谢获宝，惠丽丽. 成本粘性、公司治理与高管薪酬业绩敏感性——基于企业风险视角的经验证据［J］. 管理评论，2017，29（3）：110-125.

［269］谢获宝，惠丽丽. 代理问题、公司治理与企业成本粘性——来自我国制造业企业的经验证据［J］. 管理评论，2014（12）：142-159.

［270］谢庆. 论会计教学中会计思维的培养［J］. 现代经济信息，2008（5）：172-173.

［271］徐高彦，蒋冬翟，胡世亮. 并购扩张战略、成本粘性与衰退企业反转［J］. 财经问题研究，2020（5）：102-110.

［272］许晓芳，沃健，方略. CEO 性别、产权性质与公司过度投资行为［J］. 财经论丛，2018（4）：66-74.

［273］阳镇，陈劲，商慧辰. 何种经历推动数字化：高管学术经历与企业数字化转型［J］. 经济问题，2022，518（10）：1-11.

［274］杨澄. 差异化战略、产业政策与成本粘性［J］. 暨南学报（哲学社会科学版），2018（2）：72-83.

［275］杨德明，林斌，王彦超. 内部控制、审计质量与代理成本［J］. 财经研究，2009，35（12）：40-49，60.

［276］叶德珠，李小林. CEO 财务经历与债务资本成本［J］. 产经评论，2017（5）：135-152.

［277］于浩洋，王满，黄波. 内部控制质量、供应商关系与成本粘性［J］. 管理科学，2017，30（3）：122-135.

［278］于连超，张卫国，睦鑫，毕茜，张亨溢. 高管从军经历与企业金融化：抑制还是促进？［J］. 科学决策，2019（6）：20-42.

［279］苑泽明，宁金辉，金宇. 高管学术经历对环保投资的影响［J］. 财会月刊，2019（14）：12-20.

［280］苑泽明，王培林，富钰媛. 高管学术经历影响企业研发操纵了

吗？［J］. 外国经济与管理，2020（4）：1-14.

［281］曾三云，刘文军，龙君. 制度环境、CEO 背景特征与现金持有量［J］. 山西财经大学学报，2015，37（4）：57-66.

［282］曾宪聚，陈霖，严江兵，杨海滨. 高管从军经历对并购溢价的影响：烙印——环境匹配的视角［J］. 外国经济与管理，2020，42（9）：94-106.

［283］张川，罗文波，樊宏涛. CFO 背景特征对企业财务重述的影响——审计质量的调节效应［J］. 南京审计大学学报，2020（4）：1-10.

［284］张传奇，孙毅，芦雪瑶. 现金流不确定性、管理者风险偏好和企业创新［J］. 中南财经政法大学学报，2019（6）：71-81.

［285］张传奇，孙毅. 债务约束、过度投资和成本粘性的关系研究——基于中国制造业上市公司的实证证据［J］. 云南财经大学学报，2018（2）：69-80.

［286］张海亮，刘冰毅，王海军. 谁更会未雨绸缪：CEO 特征与衍生产品战略选择研究［J］. 上海财经大学学报，2018，20（5）：72-86.

［287］张继德，纪佃波，孙永波. 企业内部控制有效性影响因素的实证研究［J］. 管理世界，2013（8）：179-180.

［288］张建华. 向解放军学习：最有效率组织的管理之道（第三版）［M］. 北京：北京出版社，2015.

［289］张静，林婷，孙光国. 从军高管能抑制企业盈余管理吗？——基于高管个人道德品性的视角［J］. 北京工商大学学报（社会科学版），2019，34（5）：57-68.

［290］张路，李金彩，张瀚文，王会娟. 管理者能力影响企业成本粘性吗？［J］. 会计研究，2019（3）：71-77.

［291］张晓亮，文雯，宋建波. 学者型 CEO 更加自律吗？——学术经历对高管在职消费的影响［J］. 经济管理，2020（2）：106-126.

［292］张晓亮，杨海龙，唐小飞. CEO 学术经历与企业创新［J］. 科

研管理，2019（2）：154–163.

［293］张正勇，吉利．企业家人口背景特征与社会责任信息披露——来自中国上市公司社会责任报告的经验证据［J］．中国人口·资源与环境，2013（4）：131–138.

［294］章贵桥．人民币汇率波动、成本粘性与企业自由现金流——来自 A 股上市公司 2003—2011 年经验证据［J］．财经论丛，2015（2）：58–66.

［295］赵璨，曹伟，姚振晔，王竹泉．"互联网 +"有利于降低企业成本粘性吗？［J］．财经研究，2020，46（4）：33–47.

［296］赵慧．经济政策不确定性、高管个人经历与公司财务行为研究［D］．天津：天津财经大学，2018.

［297］赵黎兵．高管学术经历与公司盈余管理行为［J］．浙江金融，2019（8）：28–34.

［298］赵珊珊，王素荣，陈晓晨．高管学术经历、企业异质性与企业创新［J］．现代财经，2019（5）：73–89.

［299］赵文平，张一楠，王园园．高管财务背景、真实及应计盈余管理［J］．财会月刊，2015（5）：38–42.

［300］赵振洋．货币政策、股票价格对企业费用黏性的影响研究——基于我国上市公司的经验分析［J］．价格理论与实践，2015（6）：88–90.

［301］郑建明，孙诗璐，靳小锋．盈余质量、CEO 背景特征与股价崩盘风险［J］．财经问题研究，2018（12）：82–89.

［302］周兵，钟廷勇，徐辉，任政亮．企业战略、管理者预期与成本粘性——基于中国上市公司经验证据［J］．会计研究，2016（7）：58–66.

［303］周虹，李端生．高管团队异质性、CEO 权力与企业内部控制质量［J］．山西财经大学学报，2018，40（1）：83–95.

［304］周楷唐，麻志明，吴联生．高管学术经历与公司债务融资成本［J］．经济研究，2017（7）：169–183.

［305］周林洁，刘慧龙，章红霞. 董事会留有前任总经理会如何影响公司资源调整？——基于成本粘性视角的实证分析［J］. 金融研究，2019（2）：169-187.

［306］朱敏，高管学术经历与企业创新关系研究——基于组织冗余的调节作用［J］. 财务与金融，2019（3）：84-89.

［307］朱乃平，刘志梧. 成本粘性及应对策略［J］. 财务与会计，2009（3）：65-66.

［308］朱焱，邢路杰. 中国上市公司高管学术经历对企业现金持有的影响［J］. 财经理论与实践，2019，40（6）：91-97.